가람 이병기 전집 26

교육학 Ⅱ

— 문학독본 상·표준 옛글 —

이 도서는 2024년 국립대학육성사업의 지원을 받아 수행되었음
이 도서는 2024년 익산시와 전라북도의 지원에 의해 간행되었음

가람 이병기 전집

26

교육학 II

문학독본 상·
표준 옛글

전북대학교출판문화원

교육학 Ⅱ

문학독본 상 · 표준 옛글

목 차

문학독본 상

文學讀本 上

문학독본 상文學讀本 上

이병기李秉岐 편編

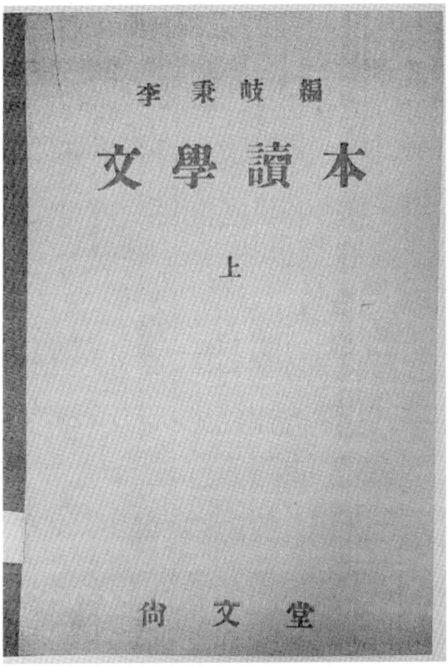

『문학독본 상』(이병기, 상문당, 1948) 표지

상문당尙文堂

일러두기

1. 여기에 수록된 글은 가람 이병기의 『문학독본 상』(상문당, 1948)을 수록한 것이다.
2. 원문의 한자어는 가독성을 위하여 '한글漢字' 식으로 표기하였다.
3. 각주 번호는 원래 없었으나 편집자가 붙임.

목차

백제百濟의 가요歌謠

문일평文一平[1]

낙화암落花岩에 봄이 들면 붉은 꽃이 연지를 찍고, 영월대迎月臺[2]에 밤이 오면 가늘은 달이 눈섭을 그리며, 연하고도 부드러운 산수山水의 곡선미曲線美와 서로 어울리어, 이 염려艶麗한 꽃과 달은 오늘날도 오히려 남국南國 가인佳人의 따스한 정취情趣를 자아내고 있지마는, 성왕聖王[3] 이래以來 예술藝術의 나라 빛난 수도首都로 이름 높던 백제百濟 서울의 번영繁榮은 낡은 꿈 자취로 사라지고 말았다.

왕흥사王興寺 임류각臨流閣 같은 황금黃金 벽옥碧玉의 장식이 으리으리한 사원寺院과 이궁離宮이 있어서, 이른바 장려壯麗한 중에도 묘취妙趣를 띠우고 고아高雅한 속에도 유운幽韻을 붙이어, 백제百濟 사람의 건축상建築上 신기神技를 기껏 들어내었으되, 그만 사자泗沘[4] 왕성王城이 적適에게 무너

1 문일평文一平=호號 호암湖巖. 사학가(史學家, 1888-1939). 동경東京 조대早大 정치학부政治學部 수修. 상해上海 대공화보사大共和報社를 거쳐서 귀국歸國하여 중외中外 일보日報. 조선朝鮮 일보日報의 편집자문編輯諮問.

2 영월대迎月臺=부소산扶蘇山 동봉東峯에 있음. 서봉西峰에는 송월대送月臺.

3 성왕聖王=백제百濟 이십육세二十六世 왕王(523-553 A.D.)

4 사자泗沘=부여扶餘. 여지승람輿地勝覽 왈曰 "부여扶餘 본백제本百濟 소부리군所夫里郡, 일운사자一云泗沘."

질 때 모진 불꽃으로 말미암아 재가 되어 버린 것은 천추千秋의 유한遺恨이다.

아비지阿非知[5]가 지었다는 황룡사黃龍寺[6] 구층탑九層塔까지 없어진 오늘날에 와서 백제百濟 사람의 건축상建築上 솜씨를 엿봄에는, 비록 내해는 아니지마는 저 일본日本의 법륭사法隆寺와, 그리고 부끄러운 표징標徵이지마는 오직 평제탑平濟塔이 있을 뿐인즉, 백제百濟의 예술藝術이 건축상建築上으로 보아 이미 거의 전멸全滅에 돌아간 것은 사실事實이다.

그러나 어찌 홀로 건축建築에 한限해서만 그러하랴. 음악音樂과 시가詩歌에 있어서도 또한 그러하다. 고려사高麗史[7] 속악지俗樂誌에 백제百濟의 악가樂歌라고 몇 장의 곡조曲調 이름만이 적혀 있고, 알맹이인 가요歌謠 그것은 비속卑俗하다 하여 뽑아 버렸음은 우리 손으로 우리 예술藝術을 무찌른 일례一例이다.

만일 삼국유사三國遺事[8]가 서동요薯童謠 한 수를 전傳하지 아니하고 악학궤범樂學軌範[9]이 정읍사井邑詞 한 수를 남겨 놓지 아니 하였더면, 오늘날 백제百濟의 가요歌謠란 것이 씨도 없어지고 말 번하였다.

이 한두 수 노래가 어찌다가 남아 있음은 참으로 천행天幸이라 할 것이며, 더구나 그것이 모두 다 남녀男女 사이에 관關한 로만스로, 하나는 왕실王室의 것이요, 또 하나는 민가民家의 것이니만치 상하上下 양층兩層을 대

5 아비지阿非知=백제百濟 공장工匠. 선덕왕善德王 12년(643 A.D.) 신라新羅에 가서 황룡사黃龍寺 구층탑九層塔을 지었다 함.

6 황룡사黃龍寺=진흥왕眞興王 14년(553. A.D.) 경주慶州에 창건創建.

7 고려사高麗史=139권卷 100책冊 세종世宗이 정인지鄭麟趾 등等에게 명命하여 선選하게 함. 단종端宗 2년(1454 A.D.) 간刊.

8 삼국유사三國遺事=승僧 일연一然(1206-1289) 저著. 중종中宗 임신壬申(1512) 재간본再刊本.

9 악학궤범樂學軌範=9권卷 3책冊. 성종成宗 명편名篇(1475). 광해光海 2년(1610) 승교承校 인출印出.

표代表한 곳에 많은 흥미興味를 자아내는 바 있다.

서동요薯童謠는 일생一生을 풍류風流에 싸여 지내던 백제百濟 무왕武王이, 어렸을 때 신라新羅 진평왕眞平王의 셋째 따님 선화공주善花公主의 절세絶世 미희美姬임을 듣고, 그를 연모戀慕하여 스스로 매 장수로 변장變裝하고 신라新羅 서울에 들어가, 아이들에게 매를 나누어 주며 이 노래를 부르게 하니,

선화공주님은 남몰래 얼러 두고
(善花公主主隱 他密只 嫁良 置古)
서동방을 밤에 몰래 안고 간다
(薯童方乙 夜矣 卯乙 抱遺 去如)

이 가요歌謠가 얼마 아니하여 온 서울에 널리 퍼져 궁중宮中까지 들리매 공주公主는 필경 쫓겨나게 되었다. 서동薯童은 이 틈을 타서 약 바르게 근시近侍의 한 사람이 되어 공주公主와 서로 사랑하게 되어 마침내 봄바람의 나비 모양으로 짝을 지어 백제百濟 본국本國으로 달아 돌아와, 서동薯童은 백제왕百濟王이 되고 선화는 왕비王妃가 되었다 한다.

정읍사井邑詞는 작자作者의 이름은 알 수 없으되, 남편을 멀리 보내고 오래 동안 고규孤閨를 지키는 어떤 상인商人의 아내가 그 그리운 회포를 펼 길이 없어, 산山에 올라 안타까이 그 남편 있는 곳을 바라보며 달빛을 빌어 맺히고 맺힌 사랑을 그려 낼 새, 저자에 다니시다가 행여나 진 데를 디디실까 애처하는 노래 마디에 이르러는, 누구나 그 알뜰하고 간절한 정조情調에 심금心琴을 울리지 않을 수 없다.

ᄃᆞᆯ하 노피곰 도ᄃᆞ샤
어긔야 머리곰 비취오시라
　어긔야 어강됴리
　아으 다롱디리

져재 녀러신고요
어긔야 즌ᄃᆡ를 드ᄃᆡ욜셰라
　어긔야 어강됴리

어느이다 노코시라
어긔야 내 가는ᄃᆡ 졈그ᄅᆞᆯ셰라
　어긔야 어강됴리
　아으 다롱디리

이 정읍사井邑詞는 외형外形으로나, 내용內容으로나 서동요薯童謠에 견준다면 훨씬 예술적藝術的 가치價値를 가진 것이며, 서동요薯童謠와 같이 이두吏讀로 적히지 아니하고 한글로 적힌 것이 다르나, 둘 다 고어형古語形이므로 현어형現語形과는 그대로 맞추기 어렵다.

온갖 것이 파멸破滅된 백제百濟의 옛터에 오직 사랑의 불꽃에 타는 이 한두 수 가요歌謠가 남아 있음은, 마치 거친 예술藝術의 덤불 위에 그윽한 향기香氣를 뿜고 있는 한 두 포기 백합화白合花인 셈이다.

사람에게 있어 정서情緖 생활生活의 결정結晶이라 할 만한 노래, 그것이 비록 분량分量으로는 아주 보잘 것이 없으나 품질品質로는 마치 일과一顆의 명주明珠처럼 꺼지지 않는 빛을 번쩍이고 있음을 보겠다.

청산별곡青山別曲

살어리 살어리랏다 청산青山애 살어리랏다
멀위랑 다래랑 먹고 청산青山애 살어리랏다
 얄리얄리 얄랑셩 얄라리얄라

우러라 우러라 새여 자고 니러 우러라 새여
널라와 시름 한 나도 자고 니러 우니로라
 얄리얄리 얄랑셩 얄라리얄라

가던 새 가던 새 본다 믈아래 가던 새 본다
잉무든 장글란 가지고 믈아래 가던 새 본다
 얄리얄리 얄랑셩 얄라리얄라

이링공 뎌링공 ᄒᆞ야 나즈란 디내와손뎌
오리도 가리도 업슨 바므란 또 엇디호리라
 얄리얄리 얄랑셩 얄라리얄라

어듸라 더디던 돌코 누리라 마치던 돌코
믜리도 괴리도 업시 마자셔 우니노라

얄리얄리 얄랑셩 얄라리얄라

살어리 살어리랏다 바ᄅᆞ래 살어리랏다
ᄂᆞᄆᆞ자기[10] 구조개[11]랑 먹고 바ᄅᆞ래 살어리랏다
얄리얄리 얄랑셩 얄라리얄라

가다가 가다가 드로라 에졍지 가다가 드로라
사ᄉᆞ미 짒대예 올아셔 해금奚琴을 혀거를 드로라
얄리얄리 얄랑셩 얄라리얄라

가다니 ᄇᆡ브른 도ᄀᆡ 설진 강수를 비조라
조롱곳 누로기미와 잡ᄉᆞ와니 내 엇디 ᄒᆞ리잇고
얄리얄리 얄랑셩 얄라리얄라

10 ᄂᆞᄆᆞ자기=나문작이. 바닷가에 떠밀린 해초海草(한영대사전韓英大辭典)
11 구조개=굴과 조개.

서경별곡西京別曲

서경西京이 아즐가
서경西京이 셔울히마르는
 위 두어렁셩 두어렁셩 다링디리

닷곤ᄃᆡ 아즐가
닷곤ᄃᆡ 쇼셩경 고외마른
 위 두어렁셩 두어렁셩 다링디리

여ᄒᆡ므론 아즐가
여ᄒᆡ므론 질삼뵈 ᄇᆞ리시고
 위 두어렁셩 두어렁셩 다링디리

괴시란ᄃᆡ 아즐가
괴시란 ᄃᆡ 우러곰 좃니노이다
 위 두어렁셩 두어렁셩 다링디리

구스리 아즐가
구스리 바회예 디신ᄃᆞᆯ

위 두어렁셩 두어렁셩 다링디리

긴히ᄯᆞᆫ 아즐가
긴히ᄯᆞᆫ 그츠리잇가 나ᄂᆞᆫ
위 두어렁셩 두어렁셩 다링디리

즈믄ᄒᆡ를 아즐가
즈믄ᄒᆡ를 외오곰 녀신ᄃᆞᆯ
위 두어렁셩 두어렁셩 다링디리

신信잇ᄃᆞᆫ 아즐가
신信잇ᄃᆞᆫ 그츠리잇가 나ᄂᆞᆫ
위 두어렁셩 두어렁셩 다링디리
대동강大同江 아즐가
대동강大同江 너븐디 몰라셔
위 두어렁셩 두어렁셩 다링디리

ᄇᆡ내여 아즐가
ᄇᆡ내여 노ᄒᆞᆫ다 샤공아
위 두어렁셩 두어렁셩 다링디리

네가시 아즐가
네가 시럼난디 몰라셔
위 두어렁셩 두어렁셩 다링디리

녈ᄇᆡ예 아즐가
녈ᄇᆡ예 연즌다 샤공아
 위 두어렁셩 두어렁셩 다링디리

대동강大同江 아즐가
대동강大同江 건너편 고즐여
 위 두어렁셩 두어렁셩 다링디리

ᄇᆡ타들면 아즐가
ᄇᆡ타들면 것고리이다 나ᄂᆞᆫ
 위 두어렁셩 두어렁셩 다링디리

일츌日出

의유당意幽堂[12]

행여 일츌 못 볼가 노심초ᄉᆞ하야 새도록 자디 못ᄒᆞ고 ᄀᆞᆺ금 영ᄌᆡ[13]ᄅᆞᆯ 불러 샤공ᄃᆞ려 무ᄅᆞ라 ᄒᆞ니, ᄂᆡ일은 일츌을 쾌히 보시리라 ᄒᆞ다 ᄒᆞᄃᆡ ᄆᆞᄋᆞᆷ의 밋브디 아니ᄒᆞ야 초조ᄒᆞ더니, 먼ᄃᆡ ᄃᆞᆰ이 울며 년ᄒᆞ야 ᄌᆞ초니 기ᄉᆡᆼ과 비복을 호통ᄒᆞ여 어셔 니러나라 ᄒᆞ니, 밧긔 급댱[14]이 와 관텽 감관이 다 아직 너모 일ᄌᆞᆨᄒᆞ니 못 ᄯᅥ나시리라 ᄒᆞᆫ다 ᄒᆞᄃᆡ, 고디 아니 듯고 불불이 ᄌᆡ촉ᄒᆞ야 ᄯᅥᆨ국을 뿌어시ᄃᆡ 아니 먹고 밧비 귀경ᄃᆡ[15]에 오ᄅᆞ니, ᄃᆞᆯ빗치 ᄉᆞ면의 됴요ᄒᆞ니 바다히 어제밤도곤 희기 더ᄒᆞ고 광풍이 대작ᄒᆞ야 사람의 썌ᄅᆞᆯ ᄉᆞ못고 믈결 티ᄂᆞᆫ 소ᄅᆡ 산악이 움ᄌᆞᆨ이며 별빗치 ᄆᆞᆯ곳ᄆᆞᆯ곳ᄒᆞ야 동편의 ᄎᆞ례로 이셔 새기ᄂᆞᆫ 머럿고, 자ᄂᆞᆫ 아ᄒᆡᄅᆞᆯ 급히 ᄊᆡ와 왓기치워 ᄂᆞᆯ티며 기ᄉᆡᆼ과 비복이 다 니ᄅᆞᆯ 두ᄃᆞ려 ᄯᅥ니 ᄉᆞ군이 소ᄅᆡᄒᆞ여 호통왈,

12 의유당意幽堂=순조년純祖年 문인文人(19세기世紀) 상엽上葉. 성흥판관成興判官 의찬부인義贊夫人 저서著書 '의유당일기意幽堂日記'. 여기는 그 중 동명일긔의 일부분一部分.

13 영ᄌᆡ=하인下人의 이름.

14 급댱=급창及唱. 군위郡衛 하인下人의 일조一租.

15 귀경ᄃᆡ=龜景臺, 관텽 감관=관청감관官廳監官.

"샹없이 일즉이 와 아히와 실니 다 큰병이 나게 ᄒᆞ엿다."

ᄒᆞ고 소릐ᄒᆞ여 걱정ᄒᆞ니, 내 ᄆᆞ음이 불안ᄒᆞ야 ᄒᆞᆫ 소릐롤 못 ᄒᆞ고 감이 치워ᄒᆞᄂᆞᆫ 눈픠롤 못 ᄒᆞ고 죽은 ᄃᆞ시 안자시ᄃᆡ, 날이 샐 가망이 업ᄉᆞ니 년ᄒᆞ여 영ᄌᆡ롤 블러 동이 트ᄂᆞ냐 무ᄅᆞ니 아직 멀기로 년ᄒᆞ여 ᄃᆡ답ᄒᆞ고, 믈티ᄂᆞᆫ 소릐 텬디 딘동ᄒᆞ야 한풍 ᄶᅵ티기 더옥 심ᄒᆞ고 좌우 시인이 고개롤 기우려 입을 가슴의 박고 치워ᄒᆞ더니, ᄆᆞ이 이윽ᄒᆞᆫ 후 동편의 셩쉬[16] 드믈며 월쇡이 ᄎᆞᄎᆞ 여러디며 홍쇡이 분명ᄒᆞ니 소릐ᄒᆞ야 싀원ᄒᆞᆫ믈 브ᄅᆞ고 가마 밧긔 나셔니 좌우 비복과 기싱들이 옹위하야 보기롤 조이더니, 이윽고 날이 밝으며 블근 긔운이 동편 길게 벗텨시니 진홍 대단 여러 필을 믈 우희 펼틴 ᄃᆞᆺ 만경 창패 일시의 븕어 하늘의 ᄌᆞ옥ᄒᆞ고, 노ᄒᆞᄂᆞᆫ 믈결 소릐 더옥 장ᄒᆞ며 홍젼 ᄀᆞᆺᄒᆞᆫ 믈 빗치 황홀ᄒᆞ야 수쇡이 됴요ᄒᆞ니 촘아 금즉ᄒᆞ더라. 븕은 비치 더옥 븕으니 마조 션 ᄉᆞ롬의 ᄂᆞᆺ과 오시 다 븕더라. 믈이 구비뎌 치치니 밤의 믈티ᄂᆞᆫ 구비ᄂᆞᆫ 옥 ᄀᆞ티 희더니 즉금 믈 구비ᄂᆞᆫ 븕기 홍옥 ᄀᆞᆺᄒᆞ야 하ᄂᆞᆯ의 다하시니 장관을 니롤 거시 업더라.

븕은 기운이 펴뎌 하늘과 믈이 다 됴요ᄒᆞᄃᆡ 히 아니 나니 기싱들이 손을 두ᄃᆞ려 소릐ᄒᆞ야 애ᄃᆞ라 ᄀᆞ오ᄃᆡ,

"어제ᄂᆞᆫ 히다 도다 뎌 속의 드러시니 더 븕은 긔운이 나 프ᄅᆞ리 ᄀᆞ롬이 되리라."

혼공ᄒᆞ니 낙막ᄒᆞ여 그져 도라가려 ᄒᆞ니, ᄉᆞ군과 슉시셔,

"그러티 아냐. 이제 보리라."

ᄒᆞ시니, 이랑이[17] ᄎᆞ셤이 ᄂᆡ쇼ᄒᆞ야 일의ᄃᆡ,

"쇼인 등이 이번 분이냐. ᄌᆞ로 보아ᄉᆞ오니 엇디 모ᄅᆞ리잇가. 마누하님

---

16 셩쉬=星宿이, 성숙星宿가.

17 이랑이, ᄎᆞ셤이, 보비=기생妓生의 이름.

큰 병환 나실 거시니 어셔 가옵ᄉᆞ이다."
ᄒᆞ거ᄂᆞᆯ, 가마 속의 드러 안ᄌᆞ니 봉의 어미 악쌔 ᄀᆞᆯ오ᄃᆡ,

"하인들이 다 ᄒᆞᄃᆡ 이제 ᄒᆡ 니ᄅᆞ라 ᄒᆞᄂᆞᆫᄃᆡ 엇디 가시ㅣ오. 기ᄉᆡᆼ 아ᄒᆡ들은 철모ᄅᆞ고 즈레 이렁 구ᄂᆞᆫ다?"

이랑이 박당 왈,

"그것 들은 바히 모르고 ᄒᆞᆫ 말이니 고디 듯디 말나."
ᄒᆞ거ᄂᆞᆯ, 도라 샤공ᄃᆞ려 무르라 ᄒᆞ니, 샤공셔 오ᄂᆞᆯ 일츌이 유명ᄒᆞ리란다 ᄒᆞ거ᄂᆞᆯ, 내 도로 나셔니 ᄎᆞ셤이 보ᄇᆡᄂᆞᆫ 내 가마의 드ᄂᆞᆫ 샹 보고 몬져 가고 계집종 셰히 몬져 갓더라

홍ᄉᆡᆨ이 거록ᄒᆞ야 븕은 긔운이 하ᄂᆞᆯ올 쒸노더니, 이랑이 소ᄅᆡ를 놉히ᄒᆞ야 날을 불너 져긔 믈 밋ᄎᆞᆯ 보라 웨거ᄂᆞᆯ, 급히 눈을 드러 보니 믈 밑 홍운을 헤앗고 큰 실오리 ᄀᆞᆺᄒᆞᆫ 줄이 븕기 더욱 긔이ᄒᆞ며 긔운이 진홍 ᄀᆞᆺᄒᆞᆫ 거시 ᄎᆞᄎᆞ 나 손바닥 너ᄇᆡ ᄀᆞᆺᄒᆞᆫ 거시 그믐밤의 보ᄂᆞᆫ 숫블 빗 ᄀᆞᆺ더라. ᄎᆞᄎᆞ 나오더니 그 우흐로 젹은 회호리밤 ᄀᆞᆺᄒᆞᆫ 거시 븕기 호박구ᄉᆞᆯ 갓고 묽고 통낭ᄒᆞ기ᄂᆞᆫ 호박도곤 더 곱더라.

그 븕은 우흐로 흘흘 움죽여 도ᄂᆞᆫᄃᆡ, 처엄 낫던 븕은 긔운이 ᄇᆡᆨ지 반쟝 너븨만치 반ᄃᆞ시 비최며 밤 ᄀᆞᆺ던 긔운이 ᄒᆡ되야 ᄎᆞᄎᆞ 커가며 큰 ᄌᆡᆼ반 만ᄒᆞ여 븕웃븕웃 번듯번듯 쒸놀며, 젹ᄉᆡᆨ이 왼 바다희 시치며 몬져 븕은 긔운이 ᄎᆞᄎᆞ 가ᄉᆡ며 ᄒᆡ 흔들며 쒸놀기 더옥 ᄌᆞ로ᄒᆞ며 항 ᄀᆞᆺ고 독 ᄀᆞᆺᄒᆞᆫ 거시 좌우로 쒸놀며, 황홀이 번득여 냥목이 어즐ᄒᆞ며, 븕은 긔운이 명낭ᄒᆞ야 첫 홍ᄉᆡᆨ을 헤앗고 텬듕의 ᄌᆡᆼ반 ᄀᆞᆺᄒᆞᆫ 거시 수레박희 ᄀᆞᆺᄒᆞ야 믈 속으로셔 치미러 밧치ᄃᆞ시 올나 븟흐며 항독 ᄀᆞᆺᄒᆞᆫ 긔운이 스러디고, 처엄 븕어 것ᄎᆞᆯ 빗최던 거ᄉᆞᆫ 모혀 쇼 혀텨로 드리워 믈속의 풍덩 싸디ᄂᆞᆫ ᄃᆞᆺ 시브더라. 일ᄉᆡᆨ이 됴요ᄒᆞ며 믈결의 븕은 긔운이 ᄎᆞᄎᆞ 가ᄉᆡ며 일광이 쳥

낭ᄒᆞ니 만고 텬하의 그런 장관은 ᄃᆡ두ᄒᆞᆯ ᄃᆡ 업ᄉᆞᆯ ᄃᆞᆺᄒᆞ더라.

짐작의 처엄 ᄇᆡᆨ지 반당만티 ᄇᆞᆰ은 긔운은 그 속의셔 ᄒᆡ장ᄎᆞᆺ 나려 ᄒᆞ고 우리여 그리 ᄇᆞᆰ고, 그 희호리밤 ᄀᆞᆺᄒᆞᆫ 거ᄉᆞᆫ 진짓 일ᄉᆡᆨ을 ᄲᅡ혀 내니 우리 온 긔운이 ᄎᆞᄎᆞ 가ᄉᆡ며, 독 ᄀᆞᆺ고 항 ᄀᆞᆺᄒᆞᆫ 거ᄉᆞᆫ 일ᄉᆡᆨ이 모다리 고온 고로 보ᄂᆞᆫ 사ᄅᆞᆷ의 안녁이 황홀ᄒᆞ야 도모디 햇긔운인 ᄃᆞᆺ 시븐디라.

ᄎᆞ셤이 보ᄇᆡ 내 교ᄃᆞᆼ의 드니 몬져 가ᄂᆞᆫ ᄃᆞᆺ 시브더니 도로 왓던양 ᄒᆞ야 묘시[18] 보시믈 하례ᄒᆞ고, 이랑이 손을 두ᄃᆞ려 보시도다 ᄒᆞ여 즐겨 ᄒᆞ더라.

장관을 쁜더이 ᄒᆞ고 오려 ᄒᆞᆯᄉᆡ, 촌녀들이 작별 운집ᄒᆞ여 와셔 보며 손을 비븨여 므엇 달라 ᄒᆞ니 돈냥인디 주어 ᄂᆞᆫ화 먹으라 ᄒᆞ다.

햐처로 도라오니 쁜덥기 듕보ᄅᆞᆯ 어든 ᄃᆞᆺ ᄒᆞ더라.

18 묘시=卯時. 아침 5시時-7시時.

남북풍진南北風塵

삭풍朔風은 나모 끝에 불고 명월明月은 눈 속에 찬듸
만리萬里 변성邊城에 일장검一長劍 짚고 서서
긴파람 큰 한 소래에 거칠 것이 없세라.

김종서金宗瑞[19]

장검長劍을 빼혀 들고 백두산白頭山에 올라 보니
일엽一葉 제령鯷岺[20]이 호월胡越[21]에 잠겨세라
언제나 남북南北 풍진風塵을 헤쳐 볼고 하노라.

남이南怡[22]

활 지여 팔에 걸고 칼 갈아 옆에 차고
철옹鐵甕 성변城邊에 통통筒筒 베고 잠을 자니

---

19 김종서金宗瑞=호 절제節齊. 문종시文宗時 좌상左相. 단종端宗 계유癸酉(1453) 세조世祖 거사擧事 시時에 살해殺害 당當함.

20 남이南怡=태종太宗의 외손外孫. 세조시世祖時 병조판서兵曹判書 예종睿宗 등극登極 때(1469). 유자광柳子光의 모략謀略으로 복주服誅 당當 28세歲.

21 제령鯷岺=조선朝鮮.

22 호월胡越=북호北胡 남월南越, 즉卽 남북南北.

보완다 오왜랏 소래에 가슴 금즉 하여라.

임진林晉[23]

한산閑山섬 달 밝은 밤에 수루戍樓에 혼자 앉아
큰칼을 옆에 차고 깊은 시름 하는 적에
어디서 일성一聲 호가胡笳는 나의 애를 긋느니.

이순신李舜臣

23 임진林晉=명종시인明宗時人.

홍길동

허균許筠[24]

이 때에 상이 만조를 모으고 길동을 친국하실 새 팔도에서 여덟 길동을 잡아 올리니 저희 서로 다토아 이르되,

"네가 정작 길동이오 나는 길동이가 아니다."

하며 싸호니 어느 것이 정작 길동인지 분간ㅎ지 못할러라. 상이 고이히 여겨 즉시 홍 모를 부르사 무러 가로사대,

"지자는 막여부라 하니 저 여덟 중에서 경의 아들을 찾아내라."

홍공[25]이 황공하여 머리를 조아 죄를 청하여 가로되,

"신의 천생 길동은 좌편 다리에 붉은 점이 있사오니 일로 조차 알리로소이다."

하고 여덟 길동을 꾸짖어 가로되,

"네 지척에 임금이 계시고 또 아래로 아비 있거늘, 네 이렇듯 무엄하니

---

24 허균許筠=자字 단보端甫, 호號 교산蛟山, 양천인陽川人(1569-1618). 스승 이달李達이 서얼庶孼임으로 해서 당로當路에 버림받음을 목도目睹함으로부터 한 서얼 제도制度에 불평不平을 품고 혁명革命 운동運動을 하다가 광해光海 10년 8월 24일 사인四人의 동지同志와 함께 반역죄反逆罪로 참형慘刑. 시문詩文은 일세一世에 빼어났고, 홍길동전은 그의 이상理想을 그려냈음.

25 홍공洪公=길동吉童의 부父.

네 죄는 천고에 없을지라 죽기를 아끼지 말라."
하고 피를 토하며 엎더져 기절하니, 상이 대경하사 약방으로 구하라 하시되 차도 없는지라. 여덟 길동이 이 경상을 보고 일시에 눈물을 흘리며 낭중으로조차 환약 일 개씩을 내어 입에 드린 후 반향은 하여 홍공이 정신을 차리는지라. 길동 등이 상께 아뢰어 가로되,

"신의 아비 국은을 입사와 망극하온지라 어찌 감히 불칙한 행사를 하오리까마는, 오직 신이 천비 소생이오라 그 아비를 아비라 못 하옵고 그 형을 형이라 못 하오매, 평생에 일편지한이 가슴에 맺혔삽기로 집을 바리고 적당에 참예하오나, 백성은 추호도 범함이 없삽고 각읍 수령 중 준민 고택한 재물을 탈취하였사오며, 나라를 또 떠나 갈 곳이 있사오니 젛사오되 성상은 근심치 마옵시고 신을 잡는 관자[26]를 거두옵소서."
하며, 일시에 넘어지니 다 초인[27]이라. 상이 더욱 놀라시며 다시 정작 길동이 잡기를 팔도에 행관하시니라.

차설. 길동이 초인을 거둔 후에 사 대문에 방을 붙였으되,

"요신 홍 길동은 아모리 하여도 잡지 못하리니 병조판서 교지를 나리시면 잡히리이다."
하였거늘 상이 그 방을 보시고 조신을 모아 의논하시니 여러 신해 가로되,

"이제 그 도적을 잡으려 하옵다가 잡지 못하옵고 도로혀 병조판서를 제수하심은 불가 하여이다."

상이 올히 여기사 다만 경상 감사[28]에게 길동 잡기를 재촉하시더라.

26 관자=關子, 관문關文. 상관上官이 하관下官에게 보내는 공문公文.
27 초인=草人. 지푸라기로 만든 사람.
28 경상 감사=길동을 잡기 위하여 길동의 서형庶兄에게 경상 감사의 직권을 주었었다.

이 때 경상 감사가 엄지를 받들고 황송하여 어찌할 줄 모르더니, 일일은 길동이 공중으로 나려와 절하고 가로되,

"소제 지금은 정작 길동이오니 형장은 아모 염려 마르시고 소제를 결박하여 경사로 보내소서."

감사가 이 말을 듣고 손목을 잡아 눈물을 흘리며 가로되,

"이 무거한 아희야, 너도 날과 동기어늘 부형의 교훈을 듣지 아니하며 일국을 소동ㅎ게 하니 어찌 애닯지 아니리오. 네 이제 정작 잡혀 가기늘 자청하니 기특하도다."

하고, 즉시 사지를 결박하여 함거에 싣고, 건장한 장교 수십 명을 가리어 철통 같이 영거하여 풍우 같이 몰아가되, 길동의 안색이 조곰도 변ㅎ지 아니하더라.

여러 날 만에 서울에 다달으니 길동이 한 번 몸을 흔들매 쇠사슬이 끊어지고 함거가 깨어지니, 길동은 공중으로 솟아오르며 표연히 운무에 묻혀 가거늘, 영거하던 장교와 군졸들이 어이가 없어 공중을 바라보아 넋을 잃을 다름이라. 할일 없어 이 연유로 상달하온대, 상이 들으시고,

"천고에 이런 변이 어대 있으리오."

하시고, 크게 근심하시니, 여러 신하 중 한 신하 아뢰어 가로되,

"길동의 소원이 병조판서를 한번 지내면 조선을 떠나리라 하오니 한번 제 원을 풀면 제 스사로 사은하오리니 이 때를 타 잡음이 옳을가 하나이다."

상이 옳이 여기사 홍 길동으로 병조판서를 제수하시고 사문에 방을 붙이니라.

이 때 길동이 이 말을 듣고 즉시 사모 관대에 높은 초헌을 타고 병조 소속들이 호위하여 궐내로 사은하러 들어 갈 새, 백관들이 의논하되,

"길동이 오늘 사은하고 나오거든 도부수를 매복하였다가 쳐 죽이라."

약속을 정하더라.

길동이 궐내에 들어가 숙배하고 아뢰어 가로되,

"신의 죄악이 지중하옵거늘 도로혀 천은을 입사와 평생 한을 푸옵고 돌아가오나, 이제 전하를 영결하오니 엎디어 바라옵건대 성상은 만수무강 하옵소서."

하고, 몸을 공중에 소소와 구름에 싸여 가거늘 상이 이를 보시고 차탄하여 가라사대,

"길동의 신기한 재조는 고금에 희한하도다. 제 조선을 떠나려 하였으니 다시는 작폐할 길이 없으리라."

하시고, 팔도에 길동이 잡는 영을 걷우시니라.

각설. 길동이 적굴에 돌아와 여러 도적에게 분부하되,

"내 잠시 다녀 올 곳이 있으니 너희 등은 아모 대도 출입을 말고 나 돌아오기를 기다리라."

하고, 즉시 남경으로 가 여러 가지 문물을 구경하고 또 제도라 하는 섬중에 들어가 두로 다니며 산천도 구경하고 인심도 살피더니, 오봉산에 이른즉 신짓 제일 강산이오 주희칠백 리라. 내심에 헤아리되,

"내 이미 조선을 하직하였으니 아직 이 곳에 와 은거하였다가 대사를 도모하리라."

하고, 표연히 본 곳으로 돌아와 여러 사람다려 일러 가로되,

"너희 등은 아모 날 양천 강변에 가 배를 지어 모월 모일에 서울 한강으로 대령하라. 내 임금께 정조 일천 석을 얻어 올 것이니 기약을 어기지 말라."

하더라.

차설, 홍공이 길동의 작란이 없으므로 신병이 쾌차하고 상이 또한 근

심이 없이 지내더니, 이 때는 추구월 망간이라. 상이 월색을 띠어 후원에 배회하실 새 문득 일진 청풍이 일어나며 공중으로서 옥저 소래 청아한 가운데 한 소년이 나려와 따에 엎디거늘, 상이 놀라 물어 가로사대,

"선동이 어찌 인간에 나려 오며 무슨 일을 이르고저 하느뇨?"

소년이 가로되,

"신은 전임 병조판서 홍 길동이로소이다."

상이 가로사대,

"네 어찌 심야에 온다?"

길동이 아뢰어 가로되,

"신은 천비 소생이오라, 문과를 하오나 옥당에 참예ㅎ지 못하옵고 무과를 하오나 선전에 막히올지라. 이러므로 마음을 둘 곳이 없사와 적당에 들어 관부에 폐를 짓 삽고 조정을 요란ㅎ게 하였사오나, 이는 신의 일흠을 전하가 아시도록 하옴이러니 국은이 망극하와 신의 소원을 풀어 주옵시니, 응당 충성으로 전하를 받들어 섬김이 옳사오나 일이 그렇지 못하와 전하를 하직하옵고 조선을 떠나 한없은 길을 가오니, 정조 일천 석만 한강으로 대어 주옵시면 수천 인명이 보존할가 하나이다."

상이 즉시 허락하시니 길동이 천은을 사례하고 도로 공중으로 소소와 가거늘, 상이 그 신기함을 일컫고 날이 밝으매 선혜당상[29]에 전지하사,

"정조 일천 석을 한강으로 수운하라."

하시니, 선혜당상은 아모런 줄 모르고 거행하였더니, 문득 여러 사람이 큰 배를 대었다가 싣고 가니라.

— '조선朝鮮 문학文學 전집全集'에서 —

29 선혜당상宣惠堂上=대동미大同米, 포布, 전錢의 출납出納을 맡아보던 선혜청宣惠廳의 제조提調.

해협海峽의 로맨티시즘

임화林和[30]

바다는 잘 육착한 몸을 뒤척인다.
해협海峽 밑 잠자리는 꽤 거친 모양이다.

맑게 갠 새파란 하늘
높다란 해가 어느 새 한낮의 카아브를 꺾는다
물새가 멀리 날아 가는 곳,
부산釜山 부두埠頭는 벌써 아득한 고향故鄕의 포구浦口인가!

그의 발 밑,
하늘보다도 푸른 바다,
태양太陽이 기름처럼 풀려,
뱃전을 치고 뒤로 흘러 가니,

30 임화林和=시인詩人, 평론가評論家, 1908년생, 조선문학가동맹朝鮮文學家同盟 중앙위원中央委員. 시집詩集 현해탄玄海灘(1938). 동상시집同想詩集. 찬가讚歌. 시평집詩評集으로는 '문학文學의 이론理論' 그 밖에 신문학사新文學史.
로맨티시즘=Romanticism. 낭만주의浪漫主義.

옷깃이 머리칼처럼 바람에 휘날린다.

아마 그는
일본日本 열도列島의 긴 그림자를 바라보는 게다.
흰 얼굴에는 분명히
가슴의 '로맨티시즘'이 물결치고 있다.

예술藝術, 학문學問, 움직일 수 없는 진리眞理……
그의 꿈꾸는 사상思想이 높다랗게 구비치는 동경東京,
모든 것을 배워, 모든 것을 익혀,
다시 이 바다 물결 위에 올랐을 때,
나는 슬픈 고향故鄕의 한 밤,
홰보다도 밝게 타는 별이 되리라,
청년靑年의 가슴은 바다보다 더 설래었다.

바람 잔 바다,
무더운 삼복三伏의 고요한 대낮,
이천二千 삼백三百 톤噸의 큰 기선汽船이
앞으로 앞으로 내닫는 갑판甲板 위,
흰 난간 가에 벗어 젖힌 가슴,
벌건 살결에 부딪치는 바람은 얼마나 시원한가!

그를 둘러 싼 모든 것,
고깃배들을 피하여 내뽑는 고동 소리도

희망希望의 항구港口로 들어가는 군호 같다.
내려 앉았다 떴다 넘노니는 물새를 따라,
그의 눈은 몹시 한가로울 제
뱃 머리가 삑! 오른편으로 틀어졌다.

훤히 트이는 수평선水平線은 희망希望처럼 넓구나!
오오! 점점이 널린 검은 그림자,
그것은 벌써 나의 섬들인가?
물새들이 놀라 흩어지고 물결이 높다.
해협海峽의 한낮은 꿈 같이 허물어졌다.

몽롱한 연기,
희고 빛나는 은빛 날개,
우뢰 같은 음향,
바다의 왕자王者가 호랑이처럼 닥아 오는 앞을,
기웃거리며 지내는 흰 배는 정말 토끼 같다.

"반사이!" "반사이!" "다이닛……"
이등二等 캐빈[31]이 떠나갈 듯한 아우성은
감격感激인가? 협위脅威인가?
깃발이 마스트 높이 기어 올라갈 제,
청년靑年의 가슴에는 굵은 돌이 내려 앉았다.

31 캐빈=Cabin. 선실船室.

어떠한 불덩이가,
과연 층계를 내려가는 그의 머리보다도
더 뜨거웠을까?
어머니를 부르는, 어린애를 부르는
남도南道 사투리,
오오! 왜 그것은 눈물을 자아내는가?

정말로 무서운 것이……
불 붙는 신념信念보다도 무서운 것이……
청년青年! 오오, 자랑스러운 이름아!
적이 클수록 승리도 크구나.

삼등三等 선실船室 밑
똥그란 유리창을 내다 보고 내다 보고,
손가락을 입으로 깨물을 때,
깊은 바다의 검푸른 물살이 왈칵
해도海盜처럼 그의 가슴에 넘쳤다.

오오, 해협海峽의 낭만주의浪漫主義여!

— 시집詩集 '현해탄玄海灘'에서

태보泰輔[32]의 죽음

상이 상소上疏를 보시고 대노大怒하사 즉시 친국親鞫을 경설耕設하시고 삼인三人을 잡아 엄문嚴問하시대,

"너의가 신자臣子 도리에 군부君父를 비방하니 그 죄상이 가히 삼족三族에 범한지라, 다시 충의지심忠義之心을 무어 폐비廢妃를 받드지 아닐소냐?"

하시니, 삼인三人이 머리를 두다려 조금도 굴ㅎ지 아니하고 말삼이 강개하여 충의지심忠義之心이 두우斗牛에 사뭇치는지라. 상이 발노發怒하사 나졸羅卒을 호령하여 삼목지형三木之刑을 가초고 삼인三人을 형틀에 올려 형문刑問 일차一次씩 치니 소래 동구洞口 안까지 들리고 유혈이 낭자하니 판서判書 오吳 두인斗寅,[33] 이李 세화世華[34]는 칠십지년七十之年이라, 위령威令을 두리고 형벌을 이기지 못하여 머리를 숙이고 말을 못하되, 오식 빅태보朴泰輔 정신이 씩씩하고 말삼이 추상 같으며 몸에 님하여 피육皮肉이

---

32 박태보朴泰輔=자字 완抏, 호號 정제산인定齊散人. 나주인羅州人. 1654년생 숙종조肅宗朝 응교應敎. 인현왕후仁顯王后 폐비廢妃 사건事件에 고문拷問의 장독杖毒으로 죽음. 때에 36세(1689).

33 오두인吳斗寅=자字 원징元徵, 호號 양곡暘谷. 해주인海州人. 이튿날 의주義州 안치安置. 도중途中에 죽음. 때에 66세.

34 이세화李世華=자字 군실君實, 호號 쌍백당雙栢堂. 부평인富平人. 이튿날 정주定州 유찬流竄. 당當 60세歲. 얼마 되지 않아서 은사恩謝를 입었고, 갑술甲戌(1694) 폐비廢妃 복위復位 후後에는 다시 공형병예이조工刑兵禮吏曹를 고류固流하고 1701년年 병졸病卒.

산락散落하되 조금도 두리지 아니하고 한결같이 주달하되,

"군부君父 실덕失德하시매 신재 간ㅎ지 못하고 염참艶讒에 혹하사 무죄하신 국모國母를 폐하시니, 이는 천고의 없는 대변이오 풍속의 관계하온 일이오니, 신이 비록 미세하오나 국록國祿을 먹고 조행朝行에 참예하였는지라 군뷔 실덕하사 만대의 누명累名을 들으실 줄 알며 어찌 간ㅎ지 아니리잇가? 복원伏願, 성상聖上은 국모國母 참소한 자를 버히시고 망극하온 전교를 걷으시면 종사宗社의 복이오 생민生民의 만행이로소이다."

상이 더옥 노하사 용안龍眼을 높이 뜨시고 용상龍床을 치시고 여성厲聲대매大罵 왈曰,

"조고마한 놈이 여대도록 간악하냐? 날로써 참소 듣는 혼군昏君이라 하고, 저는 직언하는 충신이라 하니, 이런 대역 부도의 놈을 이만 형벌로 못할 것이니 압슬기壓膝器를 드리라!"

하시니, 태보泰輔 응성應聲 대왈對曰,

"전해 신을 죽이시면 말려니와, 인명人命이 있은 후에야 아비 실덕함을 아니 간하며, 어미 무죄하니 구하지 아니하오리잇가?"

상이 익노益怒하사 압슬壓膝로 바아시고 능장稜杖으로 치시니 좌위 차마 보지 못하고, 피육皮肉이 떠러지며 골절骨節이 들어나 뛰는 피 용포龍袍 아래 떠러지되 안색이 씩씩하고 조금도 굴치 아니하니, 날이 이미 저믈어시되 복초服招를 받지 못하므로 친국親鞫을 파ㅎ지 아니시고, 앉어 계시락 섯시락 하시며 꾸짖어 갈아사대,

"이는 간악한 독물毒物이라. 빨리 화형火刑으로 단근하라!"

하시니, 정전庭前에 불을 밝히고 화형火刑을 가초와 단근하니 누린내 참천參天하고 검은 피 따에 괴이니, 좌우 보는 재 낮을 가리고 눈물을 금ㅎ지 못하며 좌우 시신侍臣이 일신一身을 안접지 못하여 엄동 같이 떠되, 태보

泰輔는 인연 강직하니, 장하다, 충신 열새 백인百人의 모함을 고치리오. 일신一身이 다 오고라져 손과 발이 그지 없으니, 상이 나려다 보시고 착히 너기시나 종일 종야 근로하사 육체 불안하신 고로 괴로이 너기사 승지承旨를 명하여 갈아사대,

"네 가서 달내여 지만遲晩하게 하고 하옥下獄하라."

하시니, 승지 봉명하고 앞에 나아가 꾸짖어 왈曰,

"무삼 일로 상의上意를 거스려 저 모양이 되며, 성상聖上으로 하여금 경야經夜하여 옥체 잇부시게 하느뇨?"

언言 미필未畢에 태보泰輔 노왈怒曰 부릅뜨며 여성厲聲 대질大叱 왈曰,

"난신亂臣 적자賊子 국록國祿만 허비하고, 인군을 어진 일로 돕지 아니하며 아유첨령阿諛諂佞하여 무죄한 국모國母를 폐출廢黜하되 태연한 일로 알고 오히려 나를 꾸짖이니, 이는 금수禽獸와 이적夷狄이라! 나는 죽어도 용봉龍逢[35] 비우比于[36]의 무리 되려니와, 너희는 살아 있으매 국적國賊이오, 죽으매 더러운 귀신 될 것이매, 앙화 자손에 미치리라!"

하니, 승지承旨 무참하여 말이 없이 믈러나니, 상이 악착히 너겨 명하사 하옥下獄하고 명일明日로 갑산甲山 안치安置하라 하시며 추국推鞫을 철파하시니, 즉일 발행하여 일정一亭이 못가서 중궁전中宮殿 폐출하신 말삼을 듣고 실성 장탄하며, 장독杖毒과 화독火毒이 발하여 죽으니, 슬프다, 자고自古 이래以來로 충신 열사 죽은 이도 많거니와, 태보泰輔의 정충지절은 용봉龍逢 비우比于 후 일인一人이라. 일시一時의 아름다온 일홈이 세상에 가득하고 천추千秋 만세萬歲 후에도 금석金石에 삭여 유전하리니 어찌 죽었다 하리오마는, 칠십지년七十之年 생양가부모生養家父母 다 있으니 극히 참

---

35 용봉龍逢=관關 용봉龍逢, 고대古代 걸桀의 직신直臣.

36 비우比于=주紂의 직신直臣.

혹하고, 태보泰輔의 죽엄을 보고 장안長安 사서인士庶人이 아니 울 이 없이며, 간신奸臣 소인小人이라도 차탄하더라.

— '인현왕후전仁顯王后傳'[37]에서 —

37 인현왕후전仁顯王后傳=작자作者 불명不明. 이병기씨李秉岐氏 교주본校註本이 출판出版되었음.

혈血의 누淚[38]

이인직李人稙[39]

김씨는 혼자 빈 집에 잇셔셔 밤새도록 잠드지 못하고 별 생각이 다 난다. 북문 밧 너른 들에 철환 마저 죽은 송장과 죽으려고 숨 너머 가는 반 송장들은 제 각각 제 나라를 위하야 젼장에 나와셔 죽은 장수와 군사들이라 죽어도 졔 직분이어니와, 업뜨러지고 곱들러저셔 봄바람에 떠러진 꼿과 갓치 산곳마다 발에 발피고 눈에 걸리는 피란군들은 나라의 운수런가. 졔 팔자 긔박하야 평양 백셩 되얏던가. 짱도 죠션 땅이오, 사람도 죠션 사람이라, 새우 싸홈에 고래등 터지드시, 우리 나라 사람들이 남의 나라 싸홈에 이럿케 참혹한 일을 당하는가. 우리 마누라는 대문 밧게 한 거름 나가 보지 못하던 사람이오, 내 딸은 일곱 살 된 어린 아히라. 어듸셔 발펴 죽엇는가. 슬푸다, 저러한 송장들은 피가 시내 되야 대동강에 흘러들어 여을목 치는 소래 무심이 듯지 말지어다. 평양 백셩의 원통하고 셔른 소래 이 아닌가. 무죄히 죄를 밧는 것도 우리 나라 사람이오,

---

38 혈血의 누淚=후後에 '목단봉牧丹蜂'으로 개제改題함. 본문本文은 그 일절一節인데, 속칭俗稱 "아래아(ㆍ)자字의 용법用法이 너무 난잡亂雜하므로, 그것만 ㅏ, 一로 고쳤음.

39 이인직李人稙=호號 국초菊初. 강릉인江陵人(1869?-1916). 신문학新文學 최초最初의 작가作家. 소설小說 치악산雉岳山, 은세계銀世界, 혈血의 누淚.

무죄히 목숨을 지키지 못하는 것도 우리 나라 사람이라. 이것은 하날이 지흐신 일이런가, 사람이 지흔 일이런가 아마도 사람의 일은 사람이 진난 거시라. 우리 나라 사람이 제 몸만 위하고, 제 욕심만 채우려 하고, 남은 죽던지 사던지, 나라가 망하던지 흥하던지, 졔 벼슬만 잘 하야 제 살만 찌우면 제일로 아난 사람들이라.

평안도 백셩은 염라 대왕[40]이 둘이라. 하나난 황쳔에 잇고 하나난 평양 션화당[41]에 안졋는 감사이라. 황쳔에 잇난 염라 대왕은 나 만코 병드러셔 세상이 귀치 안케 된 사람을 잡아 가거니와, 평양 션화당에 잇난 감사난 몸 성하고 재물 잇는 사람은 낫낫치 자바 가니, 인간 염라 대왕으로 집집에 터주까지 겸한 겸관이 되얏난지 고사를 잘 지내면 탈이 업고, 못 지내면 왼 집안에 동토가 나셔 다 죽을 지경이라. 제 손으로 버러 노흔 제 재물을 마음 노코 먹지 못하고 쳔생 타고 난 제 목숨을 남의게 매여 노코 잇는 우리 나라 백셩들은 불상하다 하갯거던, 더구나 남의 나라 사람이 와셔 싸홈을 하나니 질알을 하나니, 그러한 셔슬에 우리는 패가하고 사람 죽는 것이 다 우리 나라 강하지 못한 탓이라.

오냐. 죽은 사람은 하릴 업다. 사라 잇는 사람들이나 이 후에 이러한 일을 또 당하지 아니하게 하난 것이 제일이라. 제 졍신 제가 차려셔 우리 나라도 남의 나라와 갓치 발근 셰상 되고 강한 나라 되야, 백셩된 우리덜이 목숨도 보젼하고 재물도 보젼하고, 각 도 션화당과 각 골 동헌 우에 아귀 귀신 갓튼 산 염라대왕과 산 터주도 못 오게 하고, 범 갓고 곰 갓튼 타국 사람덜이 우리 나라에 와셔 감히 싸홈할 생각도 아니하도록 한 후

40 염라대왕=閻羅大王. 명부冥府의 왕王. 망자亡者의 혼魂을 다스리고 사후死後 생전生前의 선악善惡을 판정判定 상벌賞罰한다 함.

41 션화당=宣化堂. 관찰사觀察使가 집무執務하던 대응大膺.

이라야, 사람도 사람인 듯 십고, 사라도 산 듯 십고, 재물 잇셔도 졔 재물인 듯하리로다.

처량하다 이 밤이여. 평양 백셩은 어대 가셔 사생 중에 드럿스며, 아귀 갓튼 염라대왕은 어느 구석에 백엿스며 우리 쳐자난 엇더케 되얏난고.

우리 내외 금슬이 유명이 죠튼 사람이오, 옥년이를 남 달으게 귀애하던 가졍이라. 그러하나 셰상에 뜻이 잇는 남자되야 쳐자만 구구히 생각하면 나라의 큰 일을 못하난지라 나난 이 길로 쳔하 각국을 단이면셔, 남의 나라 구경도 하고 내 공부 잘 한 후에, 내 나라 사업을 하리라 하고, 밝기를 기다려셔 평양을 떠나가니 그 발길 가난 대는 만리 타국이라.

그 부인은 일본 군 헌병부로 잡혀 갓스나, 규중에셔 생장한 부인이 그러한 난리 중에 그러한 풍파를 격것다 하난 말을 듯는 재 누가 불상타 하지 아니하리오. 통변이 말을 젼하난 대로 헌병장이 고개를 기우리고 불상하다, 가이업다 하더니, 그 밤에는 군중에셔 보호하고 그 잇튼날 제 집으로 돌려 보내니, 부인은 하로 밤 동안에 세상 풍파를 다 지내고 본 집으로 도라 왓더라.

아침 날 셔늘한 긔운에 빈 집 갓치 쌀쌀한 것은 업는데, 그 부인이 그 집에 드러와 보더니 쳐참한 마음이 새로히 나셔, 이 십구식에셔 나 혼자 사라 무엇하리, 하면셔 마루 끝헤 털석 걸어 안떠니 정신 업시 모흐로 쓰러젓다.

……

……

화약 연긔는 구름에 비 묻어 단이드시 평양의 총소리가 의주로 올머가더니 백마산에는 철환 비가 오고 압록강에는 송장으로 다리를 놋는다.

평양은 란리 평경이 되고 의주는 새로 란리를 만낫스니, 가령 화재

만난 집에셔 안빵에는 불을 잡앗스나 건넌방에는 불이 븟는 격이라. 안빵이나 건넌방이나 집은 한 집이언만은 안빵 식구는 제 방에만 불 꺼지면 다행으로 안다. 의주셔는 피비 오난대 평양 성중에는 차차 우숨 소리가 난다.

피란 가셔 어는 구석에 숨어 잇던 사람들이 차차 모여 들어셔 셩중에는 옛 모양이 도라 온다.

집집에 거러 닷쳣던 대문도 열리고, 골목골목에 사람의 자최가 업던 곳도 사람이 오락가락하고, 개 짓고 연긔 나난 모양이 셰상은 평화된 듯하나, 복문 안 김관일의 집에는 대문 닷친 대로 잇고, 그 집 문간에 사람이 와셔 찻난 자도 업섯더라.

하로난 엇더한 노인이 부담 말 타고 오다가 김씨 집 압헤서 말긔 나리더니, 김씨 집 대문을 흔드러 본즉 문이 걸니지 아니하얏거늘, 안으로 드러가더니 다시 나와셔 이웃 집에 말을 뭇는다.

(노인) 여보, 말좀 무러 봅시다. 저 집이 김 관일 김 초시 집이오?

(이웃 사람) 네, 그 집이오. 그러나 그 집에 아무도 업나 보오.

(노인) 나난 김 관일의 장인되는 사람인대, 내 사외는 민나 보앗스나, 내 딸과 외손녀는 피란 갓다가 집 차저 왓난지 몰나셔, 내가 여긔까지 온 길일러니, 지금 그 집에 드러가셔 본즉 아모도 업기로 궁금하여 뭇난 말이오.

(이웃 사람) 우리도 피란 갓다가 도로 온 지가 몃칠 되지 아니하엿스니, 이웃집 일이라도 자셰이 모르겟쇼.

로인이 하릴 업시 다시 김씨 집에 드러가셔 자세이 살펴 보니, 사람은 란리를 만나 도망하고 세간은 도젹을 마저셔 빈 농짝만 남앗난대, 벽에 언문 글시가 잇스니, 그 글시는 김관일 부인에 필젹인대, 대동강 물에 빠져 죽으려고 나가던 날에 셰상 영결하는 말이라.

로인이 그 필젹을 보고 놀랍고 슬픈 마음을 진졍치 못하엿더라.

압록강鴨綠江

이은상李殷相[42]

압록강鴨綠江은 참으로 조선인朝鮮人의 문화적文化的 부란기孵卵器였다. 그러므로 나는 이제 이 장류長流를 대對하여 심심深深 납배納拜를 하는 것이다.

그러나 조선 사람은 유구悠久한 세월歲月에 까 내인 병아리 그대로 만을 능사能事로 삼았던가?

우리는 어찌하여 일찌기 기껏 덤벼야 할 너른 벌판을 풍우風雨에 맡긴 채 공광空曠에 던져 두었고, 지금에 환멸幻滅의 궁창穹蒼을 어루만지며 나아가 수난무득受難無得의 겁중劫中에서 허우적거리나?

변변무상變變無常의 세상이매, 옛날 잠간 번쩍였던 한 때 영화榮華를 그 그림자만 붙들고서, 듣는 이 없는 고함高喊으로 그 목에 피가 묻도록 외친다 한들, 필경 오늘 밤 네 빈 머리를 무엇으로 채울 것이며, 네 곤困한 몸을 어디다가 눕힐 것인가?

열뇌熱惱의 인간人間인지라, 강풍江風이 얼굴을 스치기로 행여나 여기

---

42 이은상李殷相=호號 노산鷺山. 1903년 마산출생馬山出生. 문필가文筆家 저서著書에 노산鷺山 시조집時調集, 노산문선鷺山文選, 조선사화집朝鮮詞華集, 한라산漢拏山, 이충무공일대기李忠武公一代記 등이 있음.

청량清凉의 세계世界가 열릴까 하고, 코가 트이다 트이다 못해 도로 메이도록 바람을 마셔 보나, 삼생三生 구륜九輪[43]의 불타는 원정冤情만 도리어 부채질을 받을 뿐이다.

남은 다 시운時運 추진推進의 비기秘機를 붙잡고서, 저마다 영풍英風 웅략雄略을 들어내어 민중民衆의 몽매蒙昧와 뢰산瀨散을 때리고 차서, 이미 쏘아진 화살 같이 뒤가 있음을 모르는 동안, 조선 사람은 어찌하여 이 압록강鴨綠江의 급急한 파도波濤에서 겪어낸 항쟁력抗爭力을 잃어 버리고, 또 이 쉬지 않는 강류江流에서 닦아 받은 내구성耐久性을 팔아 버린 뒤, 심약기단心弱氣短한 '조잔凋殘의 도가都家' 노릇을 하자고 스스로 나아가 결단決斷하고 말았던고? 센 바람 험한 비 속에 변새邊塞 산야山野의 초화草花들은 오히려 저마다 대열大烈로서 제 생명生命의 높은 값을 자랑하는 듯, 지나가는 노방路傍에 울창鬱蒼한 삼림森林이 다 엄숙嚴肅한 풍모風貌에 백전百戰 치른 노장老將의 미더운 웃음을 웃는 듯한데, 사람은, 옳구나, 이 초목草木만 못하여, 제가 세워야 할 본원本願이 무엇인지 조차도 알지 못했고, 다소多少의 숙회宿懷가 있다 하여도 그것마저 극과克果할 기운과 욕심을 품지 못했다.

이제 미황迷徨에 들어 아무런 안광眼光도 없고, 그 무슨 섬력殲力도 없이, 스스로도 너무 또렷이 외돌아진 땟국 흐르는 고개아孤丐兒[44]의 호젓한 걸음걸이를 이 신엄神嚴 장숙壯肅한 압록鴨綠의 강파江波 위에 비치어 볼 때, 조선 사람 누구의 웃음이 감敢히 눈물로써 바꾸이지 않을 것이랴!

엄벙덤벙이란 것이 그렇게도 무서운 악마惡魔였고, 이렁저렁 이란 것이 그렇게도 얄궂은 요귀妖鬼였던 것임을 확실確實히, 참으로 확실確實히

43 구륜九輪=공륜空輪과 같음.

44 고개아孤丐兒=거지.

알아야겠다.

조선 사람의 역사歷史와 실정實情을 저야 바로 아는 듯이 그리면서도 잘못 살펴 온 모든 신구新舊 문권文券을 다 묶어 가지고, 이 정정연淨淨然, 묵묵연默默然히 흘러가는 압록강鴨綠江으로 가져 와, 먼저 스스로 자기自己를 정관靜觀하고, 그리하여 정대正大 적절適切한 법안法眼 아래서 완전完全히, 명쾌明快하게 남김없이 정리整理하고 결재決裁 받아 갈 것이라 한다.

지금 나는 여기에서 조선인朝鮮人의 역사歷史와 현실現實에 대對하여 잡다雜多한 구사句辭로 언전言詮 이변理辯하기를 즐기지 아니한다.

다만 형유形喩할 수 없는 침통沈痛한 감격感激 속에 회오悔悟와 맹서盟誓 등等 무거운 뭇 방망이가 한꺼번에 가슴을 두드락거림을 알 뿐이며, 구르나마 무슨 말을 적는달 진대, 인문人文 영세永世의 기반基盤을 전정奠定하고 민족民族 만대萬代의 존영尊榮을 선시宣示하던, 그 날의 첫 소리를 다시 음보音譜대로 울려 보는 일방一方, 유폐幽閉되고 압숙壓縮된 우리 대호흡大呼吸을 완전完全히 세계적世界的 문화文化 무대舞臺에까지 그 숨이 오고 가도록 열어 젖치어, 조선 사람 생활生活에 윤광潤光이 흐르게 함이 있지 않을 수 없을 것을, 이 강반江畔의 밭 두렁에, 산 모롱이에, 그리고 저 물결 위에, 자기 딴은 제법 큰 글자로 조선 사람의 눈에는 다 보이도록 써 둔다고나 할까?

어제까지의 모든 일은 다 어제까지에 갔다고 하자. 오늘부터라도 우리 민기民氣의 관격關格된 것을 터야 할 것이요, 문화文化의 궐냉厥冷된 것을 되살려야 할 것이니, 온갖 것의 침체沈滯를 소통疏通하고, 모든 것의 정돈停頓을 추진推進하여야겠다.

언제까지나 남의 하풍下風에 자족自足할 자 아니오, 무엇으로든지 남의 답릉踏凌을 감수甘受할 자 아닌 우리이매, 형식形式에 사로잡히고, 공망空

妄에 뜬 장단치고, 철쇄鐵鎖로 저를 가두어, 그리고도 잘난 척하고 넉넉한 척하던, 오랜 동안의 미몽적迷夢的 철학哲學을 한 줌의 잔재殘滓도 없이 완전完全히 없애 버리고, 협화協和 생신生新한 보무步武로 대이상大理想 득달得達에의 일심부난一心不亂 용감무퇴勇敢無退가 오직 저 압록강鴨綠江의 도도滔滔 료료潦潦한 강파江波와 같아야 하리라고 몇 번이나 다시금 생각하고 맹서盟誓하는 것이다.

우리는 압록강변鴨綠江邊의 청성진淸城津에 이르러 잠간 하차下車하여, 강가에 돌을 빌려 앉았다.

건너 편 저네 땅 장전하구長甸河口는 삼각형三角形 와가瓦家들이 고색古色을 지닌 채로 꼭꼭 차근차근히 자리 잡고 앉은 것이, 지나가는 사람의 얼른 보는 눈에도 다들 무엇엔지 생활生活의 안정安定을 얻은 것 같다.

그리자 강류江流 위로 떠내려 오는 양삼兩三 집集 검은 배! 청의靑衣를 입은 사람들이다. 한 배에 아마 사오십四五十 명名씩이나 탄 모양이니, 저 백百 수십數十 명名의 청인淸人들이 지금 어디로 가는 것인가?

응당應當 저들은 다 상인商人이거나 농민農民일 것이니, 제각기 제 생활生活을 위爲하여 압록강鴨綠江을 오르내리며, 이 강을 저렇게 이용利用하는 것이리라.

남은 몰라도 나는 분명分明 한 척의 조선 배나마 이 강 위에 떠 있는 것을 보고 싶었다. 참으로 마음 속에 고대苦待하며 보고 싶었다. 그러나 우리가 의주義州에 대이기까지, 필경 조선 배는 한 척도 보여 주지 아니하였다.

우리는 이 강을 '압록강'이라 부르고, 만주滿洲 사람들은 '얄루장'이라 부르거니와, 이 강 위에 흰 옷 입은 사람들의 생활生活 활동活動이 이 같이도 영성零星한지라, 이 강은 '압록강'이 아니요 호선胡船 뜬 '얄루장'임을 알겠구나!

이 강은 얄루장, 압록강이 아니로다.
내리고 오르는 배마다 보고 보아도 호선胡船일세
석양夕陽에 백의白衣 행인行人이 눈물지며 지나노라.

청성진淸城津을 떠나, 한 십리여十里餘 오제암烏啼岩이란 조그마한 촌락村落을 지나간다. 들으니, 근자近者에 이루어진 마을이란다. 앞도 산, 뒤도 산, 옆으론 강물! 절애絶崖 노변路邊에 이루어진 촌락村落인데, 내 길이 한가閑暇만 하였더면 하룻밤 여기서 자고나 가지고 싶다.

이 촌락村落 이름을 누구가 지었는지는 모르거니와, 아마 '월락오제상만천月落烏啼霜滿天'[45]이란 시구詩句 쯤은 풀던 사람인가 보다.

오제암烏啼岩! 어허, 저것 보게! 너무도 공교롭지 아니하냐? 이름 맞추어 강산江山으로 까마귀 서너 마리가 날아온다. 과연 그 이름 잘 맞았다. 그러나 나는 역시 이 까마귀를 통通하여 나의 본정本情을 구호口號하되,

까마귀 울며 울며 어디서 날아 오나
강 건너 저네 산에 종일을 헤매다가
들 밖에 해진다 하매 내 땅 찾어 되오느냐.

나는 얼른 부른 내 노래와 함께 조선朝鮮 이민移民의 정황情況이 눈에 떠올라 괴로움을 참기 어렵기로, 나는 몇 번이나 손등으로 내 눈을 비비고 쓸었다. 그리자, 또 한 가지 우연한 일이 아닌 것은, 길이 나를 위爲하여 짐짓 이 괴로운 강물을 피避해 주는 것이다. 야지野地로 들어서니, 예는 옥강진玉江鎭! 옛날 옥강보玉江堡[46]의 관방關防이 있던 곳으로, 이 근처近處

---

45 월락月落 오제운烏啼云=장張 계繼 풍교야박楓橋夜泊 시時=월락오제상만천月落烏啼霜滿天 강풍어화대수면江楓漁火對愁眠 고소성외한산사姑蘇城外寒山寺 야반종성도객선夜半鐘聲到客船.

46 옥강보玉江堡=재주在州(의주義州 동북東北 오십리五十里)(여지승람與地勝覽).

에 주위周圍 칠백七百 사십사四十四 척尺, 고高 오五 척尺 오五 촌寸이라던 석성石城의 유기遺基가 아직도 남아 있다. 그리고 그리 크지 아니한 소강류小江流를 만나니, 이는 옥강玉江[47]인데, 저 천마산天魔山[48]으로부터 오는 물과 또 여자산呂子山으로부터 흐르는 물이 산양천山羊遷에 이르러 합수合水가 되어, 서西으로 오십五十 리里를 흘러, 마침내 압록강鴨綠江으로 들어가는 강이다. 여람輿覽[49]에 의依하면, 이 강중江中에서 담청옥淡青玉이 나기 때문에 옥강玉江이라 이름하였다고 한다. 사실事實 유무有無는 오늘 와서 알 길이 없거니와, 과연 옥玉이라도 있을 듯이 맑은 강류江流이다.

어허! 아름다운 자연自然! 이 길에서 보나 저 길에서 보나 산수山水만은 참으로 아름답다. 조선朝鮮의 어느 곳에 버릴 자연自然이 있던가? 아무데고 이르러 살펴보면 거기마다 다 아름다운 곳일러라.

그러나 산수山水가 아름다울수록 역사歷史의 슬픔과 인정人情의 아픔이 더하여짐은 진실로 괴로운 일이다. 오, 옥강玉江의 아름다움이여! 옥강玉江의 괴로움이여!

---

47 옥강玉江=재주在州 동북東北 육십리六十里. 유有 이원二源. 일출一出 천마산天魔山. 일출一出 여자산呂子山. 지산양변합至山羊邊合. 우서류오십리입우압록강又西流五十里入于鴨綠江. 강중산담청옥고명지江中産淡青玉故名之. (동서소書).

48 천마산天魔山=재고정령북在古定寧北. 거주일백오십리距州一白五十里. (동서소書).

49 여람輿覽=신증동국여지승람新增東國輿地勝覽. 55권券 25책冊. 성종成宗이 선성군宣城君 노사신盧思愼 등等에게 명命하여 대명일통지大明一統志를 본떠 동국여지승람東國輿地勝覽을 찬撰하게 함. 중종中宗 이십오년(1530) 다시 이행李荇 등等에게 명命하여 증보增補 정정訂正한 것.

홍원저조洪原低調[50]

이병기李秉岐[51]

어뜩 새벽부터 반이 트이는 하늘
가로 두른 선은 담록淡綠과 연분홍빛
내 매양 자고 일어나 거울 삼어 보노라.

○

몹시 기다리다 아이들 편지 보니
팔순八旬된 아버지 주야로 염려하시며
차디찬 방에 겨오셔 이 겨울을 나신다고.

○

바다를 앞에 두고 보랴 보든 못하여도
전진前津 송도松島[52]의 그 모양 그 이름과
아울러 파도波濤 소리는 귀에 이미 젖었다.

---

50 홍원저조洪原低調=1942년 10월, 조선어학회朝鮮語學會 사건事件에 연좌連坐하여 홍원洪原 재감在監 일년一年 동안의 소작所作.

51 이병기李秉岐=호號 가람. 여산인礪山人. 1891년생 시인詩人, 고전문학가古典文學家. 서울대학 교수敎授. '가람시조집嘉藍時調集' 외外에 고전주해서古典註解書 다수多數.

52 전진前津 송도松島=홍원洪原 앞 바다의 경승지명景勝地名.

○

눈 언덕 다 꺼지고 볼은 옴푹 들어 가고
뼈다귀 비어져 나무나 돌 같으되
맑고도 찰찰한 마음 전생前生 일도 다 헬레.

○

이불 반퉈 덮고 숨도 죽이고 누워
맘도 움실움실 이와 함께 설레다가
이 밤도 겨우 든 잠을 비가 도로 깨운다.

계곡溪谷

맑은 시내 따러 그늘 질은 소나무숲
높은 가지들은 비껴 드는 볕을 받어
가는 잎 은바늘처럼 어지러이 반작인다.

청靑기아 두어 장을 법당法堂에 이어 두고
앞뒤 비인 뜰엔 새도 날어 아니 오고
홈으로 나리는 물이 저나 저를 울린다.

화홍문華虹門

염상섭廉尙燮[53]

一

수성水城[54]이 아니라 "수성愁城"이요, 화산華山[55]이 아니라 "화산禍山"이라는 민요民謠가 있을 만치, 규모規模의 대大, 영건營建의 정精, 경개景槪의 미美를 모아, 뒤주 대왕大王[56]의 원령怨靈을 받들어 위로하고, 인자人子의 성誠, 위친爲親의 도道를 다 하고저 국력國力을 기우려 경지영지經之營之한 옛날의 화성華城, 오늘의 수원水原, 그 중中에도 "화홍관창華虹觀漲"[57]의 승

53 염상섭廉尙燮=호號 횡보橫步, 상섭想涉(1897-). 소설가小說家. 저서著書=견우화牽牛花, 해바라기, 만세전萬歲前, 삼대三代.

54 수성水城=수원水原의 신라新羅 적 이름.

55 화산華山=재수원서남在水源西南. 융능隆陵. 건능健陵이 있음.

56 뒤주대왕大王=사도세자思悼世子의 별명別名. 정조正祖의 아버지. 부父 영조英祖의 노怒에 촉觸하여 뒤주 속에 넣어 기름에 떠 죽임이 되었음. 이 사연은 '한중록恨中錄'에 자세하다.

57 화홍관창華虹觀漲=수원水源 팔경八景의 일一, 이 밖에 서호낙조西湖落照, 광교적설光敎積雪, 화산두견華山杜鵑, 자각대월紫閣待月, 북지상련北池賞蓮, 남제장류南堤長柳, 구산납량龜山納涼.

경勝景은 가엾게도 인제는 지난 밤 꿈이 되었고나! 자랑이 극極하면 패敗하나니 화홍華虹은 그 관창觀漲으로 이름이 높았던지라, 이제 다시 그 노창怒漲으로 해혼駭魂 됨이 또한 자연自然의 수數라 할까?

二

깊고 깊게 십十 사四 척尺을 파, 사수砂水로 저축杵築하고, 어린魚鱗 전석磚石 굳게 묻은 위에, 길에 넘는 장석長石을 말단末端에 수식竪植하고, 홍관虹竇마다 사이사이 청연晴蜒, 악형岳形 가지가지 무부珷玞로써 꾸민 굳고도 고우며 곱고도 아담雅淡한 일곱 홍관虹竇은 또 다시 찾을 길 없으며, 교활矯濶 삼십 일척三十一尺, 기장其長 구십오척九十五尺의 크나큰 석교石橋 위에 누각累閣으로 첩堞을 쌓아, 아래는 여듧의 방안方眼 대포혈大砲穴을 뚫고 위에는 열 넷의 소포혈小砲穴을 사기어 굳게 지키며, 북北에 기대어 육간六間의 문루門樓를 세웠으니, 사면四面엔 분합分閤이요, 동서남東西南엔 하엽荷葉 난우欄于이라. 선비 유兪 한지漢芝[58]의 휘호揮毫로 "화홍문華虹門"이라, 편扁을 걸었으매 화홍華虹의 신기루蜃氣樓를 입었는가 의심疑心ㅎ더니, 백유百有 이십여二十餘 년年의 그의 장관壯觀도 또한 이에 진盡하였고나!

三

우리의 자랑하는 건축建築 미술美術의 보배며, 수성水城이 있고 화홍華虹

58 유한지兪漢芝=자字 덕휘德輝, 호號 기원綺園(1760-?). 전篆 예隸로 유명有名.

이 있음보다도 화홍華虹이 있음으로 수성水城이 빛나더니, 이제는 우후雨後의 홍관虹寬 되고, 사상砂上의 신기루蜃氣樓 되었도다. 광교산光敎山[59] 대천大川의 그 큰물을 입에 물어 남수문南水門에 고이 토吐하여 줄 이 또 다시 어디가 찾을꼬? 구九 척尺에 가까운 높이와 팔八 척尺의 넓이를 가진 일곱 수문水門으로도 사길 길 바이없고, 이二 척尺에 넘는 석교石橋의 두텀으로도 막기 어려울 만치 탁랑濁浪은 그다지 어지럽고, 건조建造는 그다지 허술하던가? 그러하면 이는 그를 위爲하며, 창랑漲浪에서 거두어 준 수성水城이 저버림이요, 위爲하여 그 미관美觀을 배불리 하여 준 화성華城 인사人士ㅣ 게으른 탓일지로다. 그러나 이제는, 오직 창상滄桑[60]의 덧없음을 탄식할 다름일진저!

四

옛날을 생각하니, 효도孝道로 이름나신 정조正祖[61] 임군께서 등극登極하신지 십팔년十八年 갑인甲寅, 해가 바뀌자마자 이레 만에 영중추부사領中樞府事[62] 번암선생樊巖先生 채蔡 제공濟恭[63]에게 명命하사, 부석浮石하여 시역始役ㅎ게 하시니, 이 곧 화성華城 경영經營의 비롯이라, 달을 넘어 이십팔일二十八日에 장안長安, 팔달八達 양문兩門과 아울러 화홍문華虹門을 개기開基하고 해를 거듭 하면서는, 을묘乙卯 정월正月 십삼일十三日에 문루門樓마저

59 광교산光敎山=재수원동북在水源東北. 표고標高 582m.

60 창상滄桑=창해滄海 상전桑田의 략略. 시대時代의 변천變遷을 이름.

61 정조正祖=이조李朝 제第 22세世(1777-1880).

62 영중추부사領中樞府事=중추부中樞府의 수직首職.

63 채제공蔡濟恭=자字 백규伯規. 호號 번암樊巖(1720-1799).

세웠으니, 이는 장조황제莊祖皇帝[64] 뫼시우고, 정조正祖 임금 맞으려면 우禹 임군의 본을 떠야 하겠으므로 이거니와, 때마침 정월正月 망간望間이라, 망월望月 답교踏橋를 아울러 즐기고저 이 문루門樓, 이 다리에 운취雲聚 환오歡娛 하던 당시當時의 풍류랑風流郎과, 가인佳人 묘아妙娥의 자취야 어떻하였을꼬? 물환物換 성이星移 백유百有 이십년二十年이라, 이금而今에 찾을 배 아니로되, 달이 가실 사이 없던 능행陵幸의 성의盛儀와 아울러 석일昔日의 번영繁榮을 살필 제, 이제 이 참해慘骸야 너무나 쓸쓸ㅎ지 않느냐!

64 장조莊祖 황제皇帝=사도세자思悼世子를 고종高宗 광무光武 삼년三年 의황제懿皇帝로 추존追尊하며 묘호廟號를 장조莊祖로 추상追上하였음.

조침吊針[65]

유維 세차歲次 모년某年 모월某月 모일某日에 미망인未亡人 모씨某氏ᄂᆞᆫ 두어 자字 글로써 침자針子의게 고告ᄒᆞ노니, 인간人間 부녀婦女의 손 가온ᄃᆡ 종요로운 거시 바ᄂᆞᆯ이로ᄃᆡ 셰샹 ᄉᆞ람이 귀히 아니 녀기ᄂᆞᆫ 거ᄉᆞᆫ 도처到處에 흔ᄒᆞᆫ 바이로다. 이 바ᄂᆞᆯ은 ᄒᆞᆫ낱 작은 물건이나 이러ᄐᆞ시 슬퍼ᄒᆞᆷ은 나의 정회情懷가 남과 다름이라. 오호嗚呼 통재慟哉라, 아깝고 불샹ᄒᆞ다. 너를 어더 손 가온ᄃᆡ 지닌 지 우금于今 이십二十 칠년七年이라. 어이 인정人情이 그럿치 아니ᄒᆞ리오.

슬프다, 눈믈을 ᄌᆞᆷ간 거두고 졍신을 겨우 진정鎭定ᄒᆞ여 너의 행상行狀과 나의 회포懷抱를 총총悤悤히 적어 영결永訣ᄒᆞ노라. 연전年前에 우리 괴삼촌媿三寸ᄭᅦ옵셔 동지冬至 상사上使[66] 낙점落點[67]을 무르와[68] 북경北京을 다녀오신 후後에 바ᄂᆞᆯ 여러 쌈을 주시거ᄂᆞᆯ, 친정親庭과 원근遠近 일가의게도 보ᄂᆡ고 비복婢僕들도 쌈쌈이 낫낫치 나눠 주고, 그 중에 너를 택擇ᄒᆞ야 손에 익히고 익히여 지금ᄭᆞ지 해로偕老 되엿더니, 슬프다, 녹분綠分이 비

65 적침吊針=제침문祭針文이라고도 함. 약 100년전 부인夫人 유씨兪氏의 작作이라 하나 불명不明.

66 동지冬至 상사上使=동지사冬至使는 해마다 청국淸國에 가던 정기定期 사절使節. 상사上使, 부사副使, 서상관書狀官을 삼사三使라 함.

67 낙점落點=왕王이 인선人選할 때 표標하는 점點.

68 무르와=왕王한테서 받게 되는 일.

상非常ᄒᆞ야 너의를 무수無數 일코 부터쳐 바려스되 오즉 너 하나를 연구年久히 보전保全ᄒᆞ니, 비록 무심無心ᄒᆞᆫ 물건이나 엇지 ᄉᆞ랑스럽고 미혹迷惑지 아니ᄒᆞ리오. 앗갑고 불샹ᄒᆞ며 ᄯᅩ한 쓸쓸하도다.

나의 신세 박명薄命ᄒᆞ야 슬하膝下에 ᄒᆞᆫ 자녀子女 업고, 인명人命이 무셔워셔 일즉이 죽지 못ᄒᆞ고, 가산家産이 빈궁貧窮ᄒᆞ야 침선針線에 ᄆᆞ음을 붓쳐, 널로 ᄒᆞ야 시름을 닛고 생애生涯 도움이 적지 아니ᄒᆞ더니, 오ᄂᆞᆯ날 너를 영결永訣ᄒᆞ니, 오호嗚呼 통재慟哉라. 귀신鬼神이 시기猜忌ᄒᆞ고 하ᄂᆞᆯ이 미워 ᄒᆞ심이로다.

앗갑다 바ᄂᆞᆯ이여, 어엿브다 바ᄂᆞᆯ이여. 너는 미묘微妙ᄒᆞᆫ 품질品質과 특이特異ᄒᆞᆫ 재치才致를 가졋스니, 물중物中의 명물名物이요. 철중鐵中의 쟁쟁錚錚이라. 민첩敏捷ᄒᆞ고 날ᄅᆡ기ᄂᆞᆫ 백대百代의 협객俠客이요, 굿세고 곳기ᄂᆞᆫ 만고萬古의 충렬忠烈이라. 추호秋毫 ᄀᆞᆺ흔 부리ᄂᆞᆫ 말ᄒᆞᄂᆞᆫ ᄃᆞᆺᄒᆞ고, 두렷ᄒᆞᆫ 귀ᄂᆞᆫ 소ᄅᆡ를 듯ᄂᆞᆫ ᄃᆞᆺᄒᆞᆫ지라. 능라綾羅와 비전緋殿에 난봉鸞鳳과 공작孔雀을 수繡노흘 ᄯᅢ 그 민첩敏捷ᄒᆞ고 신기神奇ᄒᆞᆷ은 귀신鬼神이 돕ᄂᆞᆫ 듯ᄒᆞ니, 엇지 인력人力의 미칠 바리오. 오호嗚呼 통재慟哉라.

자식子息이 귀貴ᄒᆞ나 손에 노힐 ᄯᅢ도 잇고, 비복婢僕이 순順ᄒᆞ나 명命을 거스릴ᄯᅢ 잇ᄂᆞ니, 너의 미묘微妙ᄒᆞᆫ 재질才質이 나의 선후前後에 수ᄋᆞᆼ酬應ᄒᆞᆷ은 ᄉᆡᆼ각ᄒᆞ면 자식子息의게 지나고 비복婢僕의게 지나ᄂᆞᆫ지라 천은天銀[69]으로 집을 ᄒᆞ고 오색五色으로 파란玻瓓을 노하 겻고롬에 ᄎᆡ엿스니 부녀婦女의 노리개라. 밥 먹을 적 만져 보고 잠잘 적 만져 보아 너로 더블어 벗시되여, 여름 나제 주렴珠簾이며 겨을 밤에 등잔燈盞을 상대相對ᄒᆞ야, 누비며 호며 감치며 박으며 공그릴 ᄯᅢ에, 겹실을 ᄭᅬ엿스니 봉미鳳尾를 두르ᄂᆞᆫ

69 천은天銀=은동銀銅의 합금合金.

듯, 쌈쌈이 씌여 갈 적에 수미首尾가 상응相應ᄒᆞ고 솔솔이 붓쳐 ᄂᆡᄆᆡ 조화造化가 무궁無窮ᄒᆞ다. 이 생生에 백년百年 동거同居ᄒᆞ랏더니, 오호嗚呼 애재哀哉라 바ᄂᆞᆯ이여.

금년今年 십월十月 초初 십일十日 술시戌時에 희미ᄒᆞᆫ 등잔燈盞 아ᄅᆡ셔 관ᄃᆡ 깃을 달다가, 무심중간無心中間 자ᄭᆞᆫ동 부러지니 깜작 놀나왜라. 아야 아야 바ᄂᆞᆯ이여, 두 동강이 나앗고나. 정신이 아득ᄒᆞ고 혼백魂魄이 산란散亂ᄒᆞ야, ᄆᆞ음을 ᄲᆡ아 ᄂᆡᄂᆞᆫ 듯 두골頭骨을 ᄶᅦ쳐 ᄂᆡᄂᆞᆫ 듯, 이윽도록 기새氣塞혼절昏絶ᄒᆞ엿다가 겨오 정신精神을 차려 만져 보고 니어 본들 속졀업고 ᄒᆞᆯ일 업다. 편작扁鵲[70]의 신술神術로도 장생불사長生不死 못ᄒᆞ엿네, 동ᄂᆡ 장인匠人의비 ᄲᆡ이련들 엇지 능히 ᄲᆡ일손가. ᄒᆞᆫ 폴이 ᄶᅦ여 낸 듯 ᄒᆞᆫ 다리를 베여 낸 듯. 앗갑다 바ᄂᆞᆯ이여, 옷셥흘 만져 보니 ᄭᅩ쳣던 자리가 업네.

오호嗚呼 통재慟哉라. 내가 ᄉᆞᆷ가지 못ᄒᆞᆫ ᄐᆞᆺ시로다. 무죄無罪ᄒᆞᆫ 너를 맛치니 백인伯仁[71]이 유아이사由我而死라. 누를 한恨ᄒᆞ며 누를 원怨ᄒᆞ리오. 능란能爛한 성품性品과 공교工巧ᄒᆞᆫ 재질才質을 나의 힘으로 엇지 다시 바라리오, 절묘絶妙ᄒᆞᆫ 의형儀型은 눈 속에 삼삼ᄒᆞ고, 특별特別ᄒᆞᆫ 품재品才ᄂᆞᆫ 심회心懷가 막막ᄒᆞ다. 네 비록 물건物件이나 무심無心치 아니ᄒᆞ면 후세後世에 다시 만나 평생平生 동고지정同苦之情을 다시 니어, 백년百年 고락苦樂과 일시생사一時生死를 ᄒᆞᆫ가지로 ᄒᆞ기를 바라노라.

오호嗚呼 애재哀哉라. 바ᄂᆞᆯ이여.

---

70 편작扁鵲=전국戰國 시대時代의 명의名醫. 성姓은 진秦. 명名은 월인越人.

71 백인伯仁=진인晋人 주의周顗의 자字. 왕도王導의 화난禍難 음陰으로 신구伸救하다가 도리어 화禍를 입게 되었다. 그 때, 도導는 상당相當한 권세權勢가 있었으나 그를 구救하기를 불원不願하여 백인伯仁은 죽었다. 후後에 도導는 자기自己를 구救하여 준 백인伯仁의 표문表文을 보게 되자, 그제야 깨달아 "아수불살백인我雖不殺伯仁, 백인유아이사伯仁由我而死."하면서 울었다.

백설부白雪賦

김진섭金晋燮[72]

말하기조차 어리석은 일이나 도회인都會人으로서 비를 싫어하는 사람은 많을지 몰라도, 눈을 싫어하는 사람은 아마 거의 없을 것이다. 눈을 즐겨하는 것은 비단 개와 어린이들뿐만이 아니오, 겨울에 눈이 내리면 온 세상世上이 일제一齊히 고요한 환호성歡呼聲을 소리 높여 지르는 듯한 느낌이 난다. 눈 오는 날에 나는 일찌기 무기력無氣力하고 우울憂鬱한 통행인通行人을 거리에서 보지 못하였으니, 부드러운 운편雲片이 생활生活에 지친 우리의 굳은 얼굴을 어루만지고 간지릴 때, 우리는 어찌된 연유緣由인지 부지중不知中 온화溫和히게 된 마음과 인간人間다운 색채色彩를 띤 눈을 가지고 이웃 사람들에게 경쾌輕快한 목례目禮를 보내지 않을 수 없게 되는 것이다.

나는 겨울을 사랑한다. 겨울의 모진 바람 속에 태고太古의 음향音響을 찾아 듣기를 나는 좋아하는 자이기 때문이다. 그러나 무어라 해도 겨울다운 서정시抒情詩는 백설白雪 이것이 정숙靜肅히 읊조리는 것이니, 겨울

72 김진섭金晋燮=호號 청천聽川(1903-). 동경東京 법정法政 대학大學 독문과獨文科 졸卒. 에세이스트. "해외문학海外文學" 동인同人. 현現 고려대학高麗大學 교수敎授.

이 익어 가면 최초最初의 강설降雪에 의依해서 멀고 먼 동경憧憬의 나라는 비로소 도회都會에까지 고요히 고요히 들어오는 것인데, 눈이 와서 도회都會가 잠시暫時 문명文明의 구곡舊穀을 탈脫하고 현란眩爛한 백의白衣를 갈아입을 때, 눈과 같이 온 이 넓고 힘세고 성聖스러운 나라 때문에 도회都會는 문득 얼마나 조용해지고 자그만 해지고 정숙貞淑해지는지 알 수 없는 것이지만, 이때 집이란 집은 모두가 먼 꿈속에 포군히 안기고 사람들 역시亦是 희귀稀貴한 자연自然의 아들이 되어 모든 것은 일시一時에 원시原始 시대時代의 풍속風俗을 탈환奪還한 상태狀態를 정呈한다. 온 천하天下가 얼어붙어서 찬 돌과 같이도 딱딱한 겨울날의 한 가운데, 대체大體 어디서부터 이 한限없이 부드럽고 깨끗한 영혼靈魂은 아무 소리도 없이 한들한들 춤추며 내려오는 것인지, 비가 겨울이 되면 얼어서 눈으로 화化한다는 것은 참으로 고마운 일이다. 만일萬一에 이 색연索然한 삼동三冬이 불행不幸히도 백설白雪을 가질 수 없다면 우리의 적은 위안慰安은 더욱이나 그 량量을 줄이고야 말 것이니, 가령假令 우리가 아침에 자고 일어나서 추움으로써 열고 싶지 않든 창窓을 가만히 밀고 밖을 한 번 내다보면, 이것이 무어랴, 백설白雪 애애皚皚한 세계世界가 눈앞에 전개展開되어 있을 때, 그때 우리가 마음에 느끼는 것은 과연果然 무엇일까? 말할 수 없는 환희歡喜 속에 우리가 느끼는 감상感想은, 물론勿論 우리가 간밤에 고운 눈이 이같이 내려서 쌓이는 것도 모르고, 이 아름다운 밤을 헛되이 자 버렸다는 것에 대對한 후회後悔의 정情이요, 그래서 설사設使 우리는 어제 밤에 잘 적엔 인생人生의 무의미無意味에 대對해서 최후最後의 단안斷案을 내린 배 있었다 하더라도, 적설積雪을 조망眺望하는 이 순간瞬間에만은 생生의 고요한 유열愉悅과 가슴의 가벼운 경악驚愕을 아울러 맛볼지니, 소리 없이 온 눈이 소리 없이 곧 가 버리지 않고, 마치 그것은 하늘이 내리워 주신

선물인 거나 같이, 순결純潔하고 반가운 모양으로 우리의 마음을 즐겁게 하고 또 순화純化시켜 주기 위爲해서, 아직도 얼마 사이까지는 남아 있어 준다는 것은, 흡사恰似 우리의 애인愛人이 우리를 가만히 몰래 습격襲擊함으로 의依해서 우리의 경한驚嘆과 우리의 열락悅樂을 더 한 층層 고조高調하려는 그것과도 같다고나 할는지! 우리의 온 밤을 행복幸福스럽게 만들어 주기는 하나, 아침이면 흔적痕迹도 없이 사라지는 감미甘美한 꿈과 같이 그렇게 민속敏速하다고는 할 수 없어도 한 번 내린 눈은, 그러나 그다지 오래 동안은 남아 있어 주지는 않는다. 이 지상地上의 모든 아름다운 것은 슬픈 일이나, 얼마나 단명短命하며 또 얼마나 없어지기 쉬운가! 그것은 말하자면 기적奇蹟 같이 와서는 행복幸福 같이 달아나 버리는 것이다.

편연便娟 백설白雪이 경쾌輕快한 윤무輪舞를 가지고 공중空中에서 편편翩翩히 지상地上에 내려 올 때, 이 순치馴致할 수 없는 고공高空 무용舞踊, 이 원거리遠距離에 뻗힌 과감果敢한 분란紛亂은 이를 보는 사람으로 하여금 거의 처연凄然한 심사心事를 가지게까지 하는데, 대체大體 이들 흰 생명生命은 이렇게 수많이 모여선 어디로 가려는 것인고? 이는 자유自由의 도취陶醉 속에 부유浮游함을 말함인가, 혹惑은 그는 우리의 참여參與하기 어려운 열락悅樂에 탐닉耽溺하고 있음을 말한인가? 백설白雪이여! 잠시暫時 묻노니, 너는 지상地上의 누가 유혹誘惑했기에 이곳에 내려오는 것이며, 그리고 또 너는 공중空中에서 무질서無秩序의 쾌락快樂을 배운 뒤에 이곳에 와서 무엇을 시작始作하려는 것이냐? 천국天國의 아들이요, 경쾌輕快한 족속族屬이요, 바람의 희생자犧牲者인 백설白雪이여! 과연果然 뉘라서 너희의 무정부주의無政府主義를 통제統制할 수 있으랴! 너희들은 우리들 사람까지를 너희의 혼란混亂 속에 휩쓸어 넣을 작정作定일 줄은 알 수 없으되, 그리고 또 사실상事實上 그 속에 혹或은 기뻐이, 或은 할 수 없이 휩쓸려 들어

가는 자도 많이 있으리라마는, 그러나 사람이 과연果然 그런 혼돈混沌한 와중渦中에서 능能히 견딜 수 있으리라고 너희는 생각하느냐?

백설白雪의 이 같은 난무亂舞는 물론勿論 언제까지나 계속繼續되는 것은 아니다. 일단一旦 강설降雪의 상태狀態가 정지停止되면 눈은 지상地上에 쌓여 실實로 놀랄 만한 통일체統一體를 현출現出시키는 것이니, 이와 같은 완전完全한 질서秩序, 이와 같은 화려華麗한 장식裝飾을 우리는 백설白雪이 아니면 어디서 또다시 발견發見할 수 있을까? 그래서 그 주위周圍에는 또한 하나의 신성神聖한 정밀靜謐이 진좌鎭坐하여, 그것은 우리에게 우리의 마음을 엿듣도록 명령命令하는 것이니, 이 때 모든 사람은 긴장緊張한 마음을 가지고 백설白雪의 계시啓示에 깊이 귀를 기울이지 않을 수 없는 것이다. 보라! 우리가 절망絶望 속에서 기다리고 동경憧憬하던 계시啓示는 참으로 여기 우리 앞에 와서 있지는 않는가? 어제까지도 침울沈鬱한 암흑暗黑 속에 잠겨 있던 모든 것이 이제는 백설白雪의 은총恩寵에 의依하여 문득 빛나고 번적이고 약동躍動하고 웃음치기를 시작하고 있기 때문이다. 말라붙은 풀포기, 앙상한 나무 가지들조차 풍만豐滿한 백화白花를 달고 있음은 물론勿論이요, 괴벗은 전야田野는 성자聖者의 영지領地가 되고 공허空虛한 정원庭園은 아름다운 선물로 가득하다. 모든 것이 성화聖化되어 새롭고, 정결靜潔하고, 젊고, 정숙貞淑한 가운데 소생蘇生되는데, 그 질서秩序, 그 정밀靜謐은 우리에게 안식安息을 주며 영원永遠의 해조諧調에 대對하여 말한다. 이 때 우리의 회의懷疑는 사라지고 우리의 두 눈은 빛나며 우리의 가슴은 말할 수 없는 무엇을 느끼면서 위에서 온 축복祝福에 향向해서 오직 감사感謝와 찬탄讚嘆을 노래할 뿐이다.

눈은 이 지상地上에 있어 모든 것을 덮어 줌으로 의依해서 하나 같이 희게 하고 아름답게 하는 것이지만, 특特히 그 중中에도 눈에 덮인 공원公

園, 눈에 안긴 성사城舍, 눈 밑에 누운 무너진 고적古蹟, 눈 속에 높이 선, 동상銅像 등等을 봄은 일단一段으로 더 흥취興趣의 깊은 것이 있으니, 그것은 모두가 우울憂鬱한 옛 시詩를 읽는 것과도 같이, 그 배후背後에는 알 수 없는 신비神秘가 숨 쉬고 있는 듯한 느낌을 준다. 눈이 내리는 공원公園에는 아마도 늙을 줄을 모르는 흰 사슴들이 떼를 지어 뛰어 다닐지도 모르는 것이고, 저 성사城舍안 심원深園에는 이상한 향기香氣를 가진 알라바스터[73]의 꽃이 한 송이 눈 속에 외로이 피어 있는지도 알 수 없는 것이며, 저 동상銅像은 아무도 이 모든 비밀秘密을 저 혼자 알게 되는 것을 안타까이 생각하고 있을지도 모르기 때문이다. 그러나 무어라 해도 참된 눈은 도회都會에 속屬할 물건物件이 아니다. 그것은 산중山中 깊이 천인千仞만장萬丈의 계곡溪谷에서 맹수猛獸를 잡는 자의 체험體驗할 물건物件이 아니면 아니 된다 생각하여 보라! 이 세상世上에 있는 눈으로서는 여러 가지가 있을 것이니, 가령假令 열대熱帶의 뜨거운 태양太陽에 쪼임을 받는 저 킬리만자로[74]의 눈, 멀고 먼 옛날부터 아직껏 녹지 않고 안타르크티카[75]에 잔존殘存해 있다는 눈, 우랄[76]과 알라스카[77]의 고원高原에 보이는 적설積雪, 또는 오자마자 순식간瞬息間에 없어져 버린다는 상부上部 이태리伊太利의 눈 등等 — 이러한 여러 가지 종류種類의 눈을 보지 않고는 도저到底히 눈에 대對해서 말할 수 없다고 아니할 수 없다. 그러나 불행不幸히 우리의 눈에 대對한 체험體驗은 그저 단순單純히 눈 오는 밤에 서울 거리를

73 알라바스터=Alabaster. 설화석고雪花石膏. 순백색純白色의 돌.

74 킬리만자로-Kilimandjaro 산山. 아프리카 동부東部 Tanganyika 북동부北東部에 있는 사화산死火山. 주봉主峰은 6,010m로서 아프리카주洲 최고봉最高峰.

75 안타르크티카=Antarctica. 남극주南極洲.

76 우랄=Ural=우랄 산맥山脈 동방東方 지대地帶.

77 알라스카=Alaska. 본本 노령露領인데 1867년 아메리카 합중국合衆國이 720불弗로써 매수買收함.

술집이나 몇 집 더터 가며 배회徘徊하는 정도程度에 국한局限되는 것이니, 생각하면 사실事實 나의 백설부白雪賦란 것도 근거根據 없고 싱겁기가 짝이 없다 할밖에 없다.

그믐달

나빈羅彬[78]

나는 그믐달을 몹시 사랑한다.

그믐달은 너무 요염하여 감히 손을 댈 수 없고, 말을 붙일 수도 없이 깜찍하게 어여쁜 계집 같은 달인 동시에 가슴이 저리고 쓰리도록 가련한 달이다.

서산 위에 잠깐 나타났다 숨어 버리는 초생달은 세상을 후려 삼키려는 독부가 아니면 철 모르는 처녀 같은 달이지마는, 그믐달은 세상의 가진 풍상을 다 겪고 나중에는 그 무슨 원한을 품고서 애처롭게 쓸어지는 원부와도 같이 애절한 맛이 있나.

보름에 둥근 달은 모든 영화와 끝없는 숭배를 받는 여왕 같은 달이지마는, 그믐달은 애인을 잃고 쫓겨남을 당한 공주와 같은 달이다.

초생달이나 보름달은 보는 이가 많지마는 그믐달은 보는 이가 적어 그만큼 외로운 달이다. 객창 한등에 정든 임 그리워 잠 못 들어 하는 분이나, 못 견디게 쓰린 가슴을 움켜잡는, 무슨 한 있는 사람이 아니면 그

78 나빈羅彬=호號 도향稻香. 본명本名 경손慶孫(1902-1926). 경의전京醫專 중퇴中退. '백조白潮' 동인同人. 작품作品에는 환희幻戲. 어머니. 벙어리 삼룡三龍이, 청춘靑春 등等이 있음.

달을 보아 주는 이가 별로 없을 것이다. 그는 고요한 꿈 나라에서 평화롭게 잠들은 세상을 저주하여 홀로이 머리를 풀어 띠고 우는 청상[79]과 같은 달이다.

내 눈에는 초생달 빛은 따뜻한 황금빛에 날카로운 쇠 소리가 나는 듯하고, 보름달을 치어다보면 하얀 얼굴이 언제든지 웃는 듯하지마는, 그믐달은 공중에서 번듯하는 비수와 같은 푸른빛이 있어 보인다.

내가 한 있는 사람이 되어서 그러한지는 모르지마는, 내가 그 달을 많이 보고 또 보기를 원하지마는, 그 달은 한 있는 사람만 보아 주는 것이 아니라, 늦게 돌아가는 술주정군과 노름하다 오줌 누러 나온 사람도 보고, 어떤 때는 도적놈도 보는 것이다.

어떻든지 그믐달은 가장 정 있는 사람이 보는 중에, 또는 가장 한 있는 사람이 보아 주고, 또 가장 무정한 사람이 보는 동시에, 가장 무서운 사람들이 많이 보아 준다.

내가 만일 여자로 태어 날 수 있다 하면 그믐달 같은 여자로 태어나고 싶다.

79 청상=청상靑孀. 젊은 과부寡婦.

한중록恨中錄[80]

혜경궁惠慶宮[81]

그 날부터 부모겨오서 말씀을 고쳐 하시고, 어루신네 공경하야 대접하오시니 내 불안ㅎ고 슬픔이 형용ㅎ지 못하고, 선인[82]겨오서 우구하오시며 경계하오시든 말슴이 천언만어이오시니, 내 무삼 죄를 얻은 듯 몸 둘 바를 몰라 하는 중, 부모 떠날 일을 설워 어린 간장이 녹을 듯하니 만사에 흥황이 없어하는데, 지친과 원족까지라도 입궐 전 본다 하고 아니 와 보는 이 없으니, 원족은 밖으로서 대접하여 보내고, 양주 증대부 이하로 뵈올 때, 대부 한 분이 경계하시되,

"궁금 지엄하니 들어가신 후는 영결이로다."

하오시고,

"공경하며 조심하여 지내소서."

하시고,

80 한중록恨中錄=혜경궁惠慶宮이 그 말년末年에 사도思悼 세자世子의 비극悲劇을 주主로 하여 평생平生 일을 기록記錄한 책. (여기는 이병기씨李秉岐氏 교주본校註本에 의依함.)

81 혜경궁惠慶宮=홍봉한洪鳳漢(1713-1778)의 따님(1735-1815). 10세歲에 영조英祖의 둘째 아들 사도思悼 세자世子의 세자빈世子嬪이 됨. 정조대왕正祖大王의 어머니. 정조正祖 즉위卽位하며 혜경惠慶의 궁호宮號를 진進하다.

82 선인先人=돌아가신 아버지. 곧 홍봉한洪鳳漢.

"일흠이 거울 감 자와 도을 보 자니 들으신 후 생각하소서."

그 대부를 상시에 뵈온 일도 없으되 그 말씀을 들으니 절로 슬프더라.

삼간[83]이 십일월 십삼일이니, 남은 날이 점점 적으니 갑갑히 슬프고 설워, 밤이면 선비 품에서 자고 두 고모와 중모겨오서 어로만져 떠나기를 슓어하시고 부모겨서 어로마져 어엿비 하옵시고 잔잉히 너기오서 여러 날 잠을 못 자오시니, 이제라도 생각하면 흉금이 막히더라.

재간 이튿날 보모 최상궁[84]과 색장[85] 김가 효덕이라 하는 내인이 나오니, 그 상궁이 풍신이 크고 엄연하야 작은 궁희 모양이 아니고 누대 역사와 례모도 알고 범상ㅎ지 아니한지라.

선비겨오서 맞아 치관하오시고 대접하고 옷 척수하여 가더니, 삼간 미쳐 최상궁이 또 나오고 색장은 문가 다복이란 내인이 나오는데, 정성 왕후[86]겨오서 하여 나리오신 의복이니, 초록 뉴단 당저고리, 송화색 포도문단 저고리, 보라 도류단 저고리 한 작이오, 진홍 오호포문단 치마와 져포 적삼이러라.

내 어려서 고히 입어 보지 못하되, 남의 가진 것을 입고 가지고저 함이 없을 뿐 아니라, 내 지친의 년긔 같은 녀자 있어 그 집이 부요하야 귀녀 의복 자장[87]이 갖지 아니한 것이 없으되 내 불워한 배 없고, 일일은 그 아희가 당홍 개겨주 치마를 입고 오니 심히 고흔지라. 선비 보오시고,

"네 입고 시브냐?"

---

83 삼간=三揀. 세 번 째의 간택揀擇. 초간初揀. 재간再揀. 삼간三揀까지 있음.

84 최상궁=崔尙宮. 상궁尙宮은 내인內人들의 감독監督 지도指導와 여러 궁전宮殿의 문안問安을 맡은 내인內人.

85 색장=궁인宮人. 궁녀宮女. 시녀侍女.

86 정성 왕후=貞聖王后. 영조비英祖妃.

87 자장=資粧. 단장하는 제구.

하시기 대답하여,

"있으면 피하여 아니 입을 묘리 없으되, 장만하여 입기는 싫사오이다."
하니 선비 차탄하오서,

"너는 빈가 녀자가 그러하니, 네 성혼의 이 치마를 하여 주어 네 오늘날 어룬 같이 말하든 것을 표하리라."
하시더니, 내 몸이 이리 되니 선비 눈물 내시고,

"고흔 옷을 입히지 못하고 이 치마를 하여 주랴 하였더니 궁금의 들으니 사사 의복을 못 입을 것이매 내 하여 입히고 시븐 뜻을 일우리라."
하오시고 재간 후 삼간택 맞지 아닌 즈음에 이 치마를 하여 입히시고 슯어 하오시니 내 울고 입었더니라.

내 생각하니 종가 사우와 외조부모 사당에 하직하여야 마땅하거늘 가지라 하니, 금성위 백수가 중고모 소고러니 차차 전하여 선희궁[88]게 알외니, 자상으로 가라 하신다 하여, 내 선비를 뫼옵고 한 가마에 들어 종가에 가니, 당숙 내외 딸 없는 고로 싱시에 나를 다려다가 혹 머믈어 보내고 사랑하시더니, 우에서 아옵시고 대례를 한 가지 살피라 하오시는 전교 겨오사 당숙은 국혼 정한 후로 집에 와 머무시거니와, 당숙모겨서 날을 보시고 반기시며 사당에 인도하여 올려 허배 시기시니, 종가 사우에 사손이 뜰에서 절하는 예로되 내 허배 하기를 정당에 올라 하고 나려 오니 마음이 악연하더라.

그날에 외가로 가니 외삼촌댁이 맞아 반기고 떠나기 결연하여 하시고, 외종들이 내가 가면 업고 안아 친후히 구더니, 그날은 멀리 앉고 경대하니 내 마음이 더옥 슬프고 외삼촌 신시부와는 자별히 사랑하더니 떠나기

---

88 선희궁=宣禧宮. 영조英祖 영빈暎嬪. 사도세자思悼世子의 생모生母.

더 창결하더라.

두 분 이모도 다 뵈옵고 집으로 돌아왔더니 날 수가 흘러 삼간 날이 되니, 고모네겨서 집을 두루 다 살피라 하서 십이일 밤에 다리고 다니시니, 월색은 명랑하고 설상에 풍한한데 손을 이끌어 눈물이 흐르더라.

밤에 들어와 견대여 잠을 일우지 못하고 명일 일즉부터 입궐하라 재촉하니 궐내에서 삼간 미처 나온 의복을 입으니라.

원족 부녀들은 와서 하직하고 가까온 친척은 별궁으로 간다 하고 모혓더니, 사당에 올라 하직할 새 고유다례[89]를 지내오니, 내 배사할 제 뉘 아니 울어시며 내 마음은 끊어지는 듯이 섧고, 선인겨오서는 눈물을 참사오시고 모다 참아 떠나기 어려워 하든 정경이야 어찌 다 생각하리.

입궐하여 경춘전에 쉬여 통명전[90]으로 올라가서 삼전[91]에 뵈오니 인원왕후겨오서는 처음으로 감하오시고,

"아름답고 극진하니 국가의 복이라."

하오시며,

"슬거운 며느리니 내 잘 갈회엿노라."

하오시고, 정성 왕후겨오서 깃거하오심과 선희궁겨오서 극진히 자애하오심이 이를 것이 없으시니, 아희 적 마음이나 감은하여 우럴엇잡는 마음이 스사로 나는지라.

세수 고치고 원삼 입고 앉아 상 받고 일모의 재촉하매 삼전에 사배하고 별궁[92]에 나오니, 선대왕[93]겨오서 덩[94] 타는 곳의 친림하여 보오시고

89 고유다례=告由茶禮. 사당祠堂에 그 말미를 고하는 다례茶禮.

90 경춘전·통명전=景春殿. 通明殿.

91 삼전=三殿. 인원왕후仁元王后. 정성왕후貞聖王后. 선희궁宣禧宮.

92 별궁=別宮. 어의동於義洞 본궁本宮. 효종진랑孝宗晉郞.

집수하오시며,

"조히 가 있다 오라."

하오시고,

"소학[95]을 보낼 것이니 아비에게 배호고 잘 지내다가 들어오라."

하오시며, 권권련애 하오심을 받잡꼬 나오니 일모 거촉하더라.

궁인들이 좌우로 다리고 있으니 내가 선비를 떠나 잘 일이 악연하여 잠을 이루지 못하고 슬허하니 선비 마음이 또 어떠하시리오! 보모 최상궁이 성이 엄하고 사정이 없어,

"나라 법이 그렇지 아니하니 나려 가소서."

하여, 뫼옵고 자지 못하게 하니 그런 박절한 인정이 없더니라.

— '한중록恨中錄' 제第일권一卷에서 —

93 선대왕=先大王. 돌아가신 대왕大王, 영조英祖.

94 덩=공주公主, 옹주翁主가 타는 가마.

95 소학=소학小學.

가는 길

김소월金素月[96]

그립다
말을 할까
하니 그리워

그냥 갈까
그래도
다시 더 한번……

저 산山에도 가마귀 들에 가마귀
서산西山에도 해진다고
지저귑니다

앞 강江물 뒷 강江물

---

96 김소월金素月=민요시인民謠詩人. 본명本名 김정식金廷湜(1903-1934). 정주인定州人. 시집詩集 진달래꽃, 소월素月 시초詩抄.

흐르는 물은
어서 따라 오라고 따라 가자고
흘러도 연달아 흐릅디다려.

예전엔 미처 몰랐어요

봄가을 없이 밤마다 돋는 달을
"예전엔 미처 몰랐어요."

이렇게 사모치게 그리울 줄도
"예전엔 미처 몰랐어요."

달이 암만 밝아도 쳐다볼 줄을
"예전엔 미처 몰랐어요."

이제금 저 달이 설움일 줄을
"예전엔 미처 몰랐어요."

도강록渡江錄[97]

이윤재李允宰[98]

봉황산鳳凰山을 바라보니 그것은 아주 돌로 깎아 세운 듯 평지平地에 우뚝 솟아 있어, 마치 손바닥을 피어 손가락을 꼿꼿하게 세운 것 같기도 하고, 또 반쯤 피어 나온 연 봉오리 같기도 하고, 또 하늘 끝에 여름 구름이 기이한 형상으로 뻗치어 난 것 같기도 하여, 무어라고 형용하여 말하기 어렵다. 다만 한 가지 청수淸秀하고 윤택潤澤한 기운이 모자라는 것이었다.

나는 우리 서울의 도봉道峰, 삼각산三角山이 도리어 금강산金剛山보다 낫다고 본다. 왜 그러냐 하면 금강산金剛山이란 것은 본디 한 동부洞府로 생

---

97 도강록渡江錄=연암집燕巖集 중 열하일기熱河日記(1780)의 일부一部의 번역.
연암燕巖=박지원朴趾源의 호號, 자字 중미仲美(1737-1805). 양반兩班 유자儒者의 부패腐敗 정치政治에 분개憤慨하여 소년少年부터 과거科擧를 생각지 않고, 경經·병兵·농학農學을 연구硏究. 일생一生을 불우不遇하게 지냄. 연암집燕巖集 9권卷 3책冊. 실사구시實事求是의 학풍學風과 썩은 봉건사회封建社會를 통갈痛喝한 필치筆致는 도처到處에 번쩍이며, 그 중에도 허생전許生傳 양반전兩班傳 등等의 소설문학小說文學 작품作品은 유명有名함.

98 이윤재李允宰=호號 환산桓山. 1888년 김해金海 출생出生. 북경대학北京大學 사학과史學科 수업修業. 1927년부터 조선어사전朝鮮語辭典 사업事業 활동活動. 평생平生 이 일로 고심苦心하시다가 1942년 10월 조선어학회朝鮮語學會 사건事件에 함흥咸興 옥중獄中에서 악독惡毒한 고문拷問으로 말미암아 별세別世(1943년 12월 8일). 삼일三一 운동運動 시時와 1937년 수양修養 동우회同友會 사건事件에도 입옥入獄하시었음.

기어, 이른바 일만一萬 이천봉二千峰이 어느 것이나 다 기준奇峻하고 웅심雄深하지 아닌 것이 없으며, 그 형상은 짐승이 기어오름, 새의 날음, 신선의 높이 뜸, 부처의 도사리고 앉음 같아서, 음삼陰森하고 묘명渺冥한 것이 마치 귀굴鬼窟에 들어 간 듯하다.

내가 일찍 신원발申元發을 데리고 단발령斷髮嶺에 올라서 금강산金剛山을 바라본 일이 있었다. 그 때인즉 바야흐로 가을 하늘이 새파랗게 물들이고 석양夕陽이 비끼어 흘렀는데, 하늘에 닿은 듯한 청수淸秀한 빛과 몸에 뛰어날 만한 윤택潤澤한 꼴이라곤 찾아 볼 수도 없었다. 이것이 미상불 금강산金剛山을 위하여 한 가지 유감遺憾이 아닐 수 없다는 것이다.

그러자 배를 타고 상류上流에서 흘러 저어 두미강頭尾江 어구로 나와서, 서西으로 한양漢陽의 삼각산三角山을 바라본 즉, 그 창취蒼翠한 빛이 반공半空에 우뚝 솟고, 맑은 안개와 엷은 구름이 그 위에 덮인 것은 일층一層 더 아름답고 고운 것을 발견發見하겠더라. 또 일찍 남한산南漢山에 올라 남문南門에 앉아서 북北으로 한양漢陽을 바라보매, 마치 수월경화水月鏡花를 대對한 듯하였다. 어떤 이는 광기光氣의 부공浮空, 이것이 곧 왕기旺氣라고 말할 이도 있지마는, 왕기旺氣는 말하자면 왕기王氣니 우리 서울의 억만년億萬年토록 용반龍盤 호거虎踞의 형세를 이루었음이다. 그 영명靈明한 기운이야 으레이 다른 산山과 다른 것은 말할 것도 없는 것이다.

그래서 저 봉황산鳳凰山 산세山勢의 기초奇峭 준발峻拔하기로는 도봉道峰, 삼각산三角山보다 좀 낫다고 할 수 있겠으나, 부공浮空의 광기光氣 이것인즉 한양漢陽의 여러 산山에 비比하여 아주 어림도 없는 것이다.

원야原野가 질편한데 경간耕墾한 데라고는 한 군데도 볼 수 없으며, 군데군데 나무를 베어 낸 그루터기가 흩어져 있을 뿐이다. 소의 발굽, 수레

바퀴의 자국이 풀 사이 여기저기에 박히어 있는 것을 보니, 필시 여기가 책문柵門[99]에 가까움으로 해서 주민住民들이 무시無時로 성루城樓으로부터 나와 이리로 많이 다니는 것임을 짐작하겠더라.

빨리 몰아 칠십리七八里를 가서 성책城柵 밖에 닿으니, 염소와 돼지의 떼가 온 산山에 가득히 차 있고, 아침밥 짓는 연기가 나무에 둘러 있다.

나무를 쪼개어 책柵을 세워 대강 경계境界의 갈피를 삼았으며 책문柵門에는 이영을 덮었고, 큰 널반지 문이 있어 꽉 잠기어 있다.

책문柵門에서 수십보數十步 떨어지게 삼사三使의 막차幕次를 치고 여기에서 좀 쉬기로 하다. 조금 있다가 방물方物이 죄다 도착到着하므로 이것을 책문柵門 밖에 다 쌓아 놓았다.

여러 호인胡人의 구경하는 자들이 책문柵門 안에 죽 늘어섰는데 모두 민머리들이오 입에 담뱃대를 물었으며, 부채를 부치고 있다. 그 입성들은 형형색색이니, 혹은 흑공단黑貢緞 옷, 혹은 수화주秀花紬 옷, 혹은 생포生布, 생저生苧, 혹은 삼승포三升布, 혹은 야장사野藏糸 바지들이며, 허리춤에 주렁주렁 드리워 찬 것은 비단 주머니 서넛, 참칼에 쌍아雙芽를 꽂았고, 쌈지는 호로胡虜 모양 같은데 거기에 화초花草 금조禽鳥며 호인胡人의 명구名句들을 수놓았더라.

역관譯官과 마두배馬頭輩가 책문柵門 밖에 나서서 그들과 서로 반가이 악수握手를 하고 피차彼此 정답게 인사의 말을 한다. 호인胡人들은

"당신은 어느날 서울서 떠나셨습니까? 오시다가 수해水害나 보시지 아니했습니까?"

99 책문柵門=명明, 청淸 시대時代에 만주滿洲의 변새邊塞에 쌓은 본책本柵의 출입문出入門.

"댁내는 일향一向 태평하시오?"

"포은包銀은 넉넉히 얻으셨습니까?"

이렇게 여출일구如出一口로 묻곤 한다. 또

"한 상공韓 相公과 안 상공安 相公도 오십니까?"

이렇게 묻는 자도 있다. 한韓, 안安 이 두 사람은 다 의주義州 사람으로 해마다 북경北京 방면方面으로 다니며 무역貿易하는 매우 수단들이 있는 자들인데, 그 곳 사정事情에 여간 한숙嫺熟한 것이 아니라 한다. 상공相公이란 것은 상인商人끼리 존대하는 말이다. 사신使臣이 가게 되는 때면 정관正官에게 팔포八包를 주는 준례가 있다. 정관正官[100]이란 것은 비장裨將,[101] 역관譯官 해서 모두 삼십 원三十 員이요, 팔포八包란 것은 이왕에 관급官給으로 정관正官에게 인삼人蔘 몇 근씩 주어 팔포八包로 치는 것이다.

그런데 이제는 관급官給하는 일은 없어지고 제각기 자비은自費銀을 가져 가게 되었으며, 그저 포수包數로만 제한制限되어 당상堂上[102]은 포은包銀이 삼천 냥三千 兩, 당하堂下[103]는 이천 냥二千 兩 이렇게 정하여 있다. 이것을 가지고 연경燕京에 가서 마음대로 물화物貨를 무역貿易하는 것이 물론 좋으려니와, 빈한貧寒하여 스스로 가져갈 수 없게 되는 경우에는 그 포과包窠를 송도松都, 평양平壤, 안주安州 등지等地의 연상燕商[104]들에게다 판다.

100 정관正官 삼십원三十員=대청회전大淸會典 권卷 39운云=정사正使, 부사副使, 서상관書狀官 각各 일원一員 대통관大通官 삼원三員(수역首譯 당상관堂上官 일一, 상통사上通事 이二)=호공관護貢官(압물押物 종사관從事官) 이십사원二十四員.

101 비장裨將=사신使臣을 따라가면서 시중드는 관원官員.

102 당상堂上=정삼품正三品 명선대부明善大夫, 봉순대부奉順大夫, 통정대부通政大夫, 절충장군折衝將軍 이상以上의 관원官員.

103 당하堂下=창산대부彰善大夫, 정순대부正順大夫, 통훈대부通訓大夫, 어모장군御侮將軍 이하二下의 관원官員.

104 연상燕商=북경北京의 무역상貿易商.

그러면 연상燕商들은 그 포과包窠를 사서 은銀을 채워 가지고 가는 것이다. 이렇게 연경燕京으로 다니며 무역貿易을 업業으로 삼는 한韓, 안安같은 여러 상매商賣들은 연경燕京을 제 집 문정門庭 같이 줄곧 드나들어서 물화物貨를 판매販賣하는데, 그 곳 장사치하고 서로 등배가 맞아서 물건을 사고 파는 것이며, 값을 올리고 떨어뜨리려는 것이 온통 그들의 수중手中에 들어 있게 된다.

그래서 연화燕貨[105]가 갈수록 증가增加하여 가며, 물가物價의 변동이 전혀 그 자들로 말미암아 좌우左右되는 것이다. 그렇지마는 온 나라 사람들은 그런 줄은 도무지 깨닫지 못하고, 한갓 역관譯官들에게 허물을 돌리기만 할 뿐이다. 기실 역관譯官들은 만상灣商[106]들에게 권리權利를 빼앗기고 멀거니 보고만 있을 뿐으로, 어떠한 도리道理도 없었다. 여러 곳의 연상燕商들은 이것이 만상灣商들의 조종操縱으로 그렇게 된 소위所爲인 것까지 알면서도 실지實地로 목관관目觀하지 아니한 것이기 때문에 속으로 협감만 하고 말은 할 수 없는 터이라, 이리 하길 이미 오래 되었다.

책문柵門 밖에서 조반朝飯을 먹고 나서 행장行裝을 정돈整頓한죽 쌍낭雙囊 좌약左鑰이 그만 간 곳이 없어졌다. 뛰어 나가 풀밭을 헤집고 샅샅이 찾아보았으나 종내 얻지 못하고 말았다. 장張 복福을 보고

"네가 언제든지 행장行裝에는 조금도 조심이 없고 한눈만 팔고 다녔으니, 누구에게 탓할 것이냐. 겨우 책문柵門까지 와서 어느 새 이렇게 실물失物하기로 시작한다면, 속담에 사흘에 갈 길을 하루에 못 간다는 격으로 앞으로도 이천 리二千 里 길이나 더 가야 할 터인데, 만약 북경北京까지

105 연화燕貨=북경北京의 물화物貨.

106 만상灣商=의주義州 상인商人. 의주義州의 고호古號는 용만龍灣임.

대어가자면 네 오장五臟까지 다 잃어 보리고 말겠구나. 들은즉 구舊 요동遼東과 동東 악묘岳廟에는 자고自古로 간세배奸細輩가 많기로 유명한 곳이라는데, 네가 또 한눈을 팔다가는 물건을 얼마나 잃어버릴는지 모를 것이다."

이렇게 꾸짖었다. 장張 복福이 머리를 슥슥 긁으며,

"소인小人이 인제 알았사온 즉 그 두 곳을 구경할 적에는 소인小人이 두 손으로 꼭 눈깔을 욱여쥐고 있겠습니다. 그리하면 어느 놈이 빼어 가겠습니까?"

나는 하도 어이가 없어서

"오냐, 그래라"

하였다. 이 복福이란 여석은 나이가 젊고 또 지금 이런 데는 초행初行이며, 게다가 성질性質이 몹시 투미하여서 동행同行하는 마두배馬頭輩가 흔히 장난이 말로서 속이고 보면 복福이는 꼭 그것을 참으로 곧이듣는다. 이뿐 아니라 그는 무엇이든지 남의 말을 고대로 쏙 믿는 것이 다 이러하였다. 이제 먼 길을 가면서 이것을 데리고 가게 되니 참 기막힐 일이 아니냐.

다시 책문柵門 밖으로 나와서 그 안을 바라보니, 여간閭閻이 높이 솟았는데 지붕은 거개 오량五樑을 댄 것, 고초苦草로 이은 것, 그리고 궁륭형穹窿形의 높은 집들이다. 문호門戶가 정제整齊하고 가로街路가 평직平直하여, 그 양편 연변沿邊은 먹줄을 친 것 같으며 분墳은 죄다 벽돌로 쌓았다. 거리에는 승차乘車와 하차荷車가 끊일 새 없이 오고 가고 하며, 길 가에 벌려 놓은 기책器冊들은 모두 그림 그린 자기磁器 등속等屬이다. 어디로 보든지 그 제도制度가 촌야村野의 기색氣色으로는 조금치도 보이지 않는다. 홍우洪友 덕보德保[107]가 일찍 여기에 대하여 거대巨大한 규모規模와 세밀細密한 심법心法이라 한 것이 과연 그럴 듯하다.

대저 난문欄門은 이 나라의 동쪽 맨 끝이언마는 오히려 이러한 것을 볼 때에 전도前途의 유람遊覽할 것까지 갑자기 한풀 죽어져서 여기에서 그만 발길을 돌리고 말까 부다 하는 생각이 불현듯 일어나 스스로 배와 등곬이 화끈하여짐을 깨닫지 못하였다. 이 때 나는 맹성猛省하여 이렇게 말하였다.

이것이 일종一種 시기의 마음이로구나. 나의 본 성품이 담백淡白하였기 때문에 남의 것을 보고 간대로 부러워하거나 시기하는 생각을 갖지 않는다. 그래서 그것이 아주 마음속에 근절根絶될 줄 알았더니, 오늘날 한 번 남의 나라의 지경을 밟게 되매, 그 본 것이란 만분지萬分之 일一도 못 되거늘 이제 이렇게 부망浮妄에 들뜨게 됨은 대체 무슨 까닭인가? 이는 바로 본 바이 작은 까닭이로다. 만일 여래如來의 혜안慧眼으로써 십방十方 세계世界를 두루 볼 때에는 어떤 것이나 다 평등平等으로 보일 것이 아니냐. 온갖 것이 다 평등平等인 바에야 자연히 투기하고 부러워할 것이고가 없을 것은 정한 이치일 것이다.

그리고 장張 복福을 돌아보며

"이얘, 네가 만일 중국中國 땅에 태어난다면 어떻겠니?"

하고 물었다. 그는

"중국中國은 되놈의 나라이온데 소인小人은 당초에 원願하질 않습니다."

한다.

---

107 홍우덕보洪友德保=홍대용洪大容, 호號 담헌湛軒(1731-1783). 영조英祖 41년(1765) 그의 숙부叔父 홍억洪檍(사장관書狀官)을 따라 북경北京을 다녀와서 담헌연기湛軒燕記와 담헌연행록을 지었음.

그럴 즈음에 소경 하나가 커다란 주머니를 어깨에다 걸고 월금月琴을 뜯으며 걸어간다. 나는 이것을 보고 확실히 깨달았다. 그리하여 혼자말로

"흥! 저것이 참으로 평등平等의 눈이 아닌가!"

하였다.

재강[108]

이기영李箕永[109]

1

박 성녀는 앞내 다리를 건느다가 별안간 현깃증이 나서 그 자리에 주저앉았다. 그는 눈을 딱 감고 앉아서 한 동안 정신을 진정하고 있었다. 그가 별안간 현깃증이 그렇게 난 것은 빈 속이라 다리가 헛놓인 데다가, 등에 업힌 어린아이가 갑자기, 두 팔을 휘저으며 공중으로 몸을 솟구친 때문이었다. 어린아이는 냇물을 보고 좋아했다.

"아이구 이놈의 새끼야 가만히 좀 있거라. 그러지 않아도 현깃증이 나는데 깨딱하면 빠져 죽을 번했다."

그는 한 손으로 어린아이의 볼기짝을 탁 치며 브르짖었다. 눈을 떠보니 그 경황 중에도 함지박은 놓치지 않고 붙들었는지 그대로 있다. 그는

---

108 재강=장편소설長篇小說 '고향故鄕' 상권上卷 중中의 한 토막.

109 이기영李箕永=농민소설가農民小說家. 호號 민촌民村. 천안인天安人. 민촌民村, 서화鼠火, 감자 등等의 작품作品이 있음.

눈을 뜨면 어지러워서 다시 감았다. 그는 이게 웬일인지 몰랐다. 다리 밑에는 시뻘건 황토물이 용솟음치며 콸콸 흐른다. 그러나 비록 널쪽 다리라도 송판 두 쪽을 깔아 놓아서 그리 위험한 것도 없는데 그날은 변으로 익숙히 다니던 다리가 그렇게 무서웠다. 그는 눈을 뜨면 땅이 팽팽 돌아간다. 그리고 다리는 마치 파도를 헤치고 나가는 나룻배처럼 뒤눕는 듯하였다.

박 성녀는 참으로 어쩔 줄을 몰랐다. 그 순간 그는 있는 정신을 가다듬자 함지박을 붙들고 일어서는 길로 그만 한 곳을 노려보고는 일직선으로 달아났다. 이 바람에 어린아이는 악 소리를 치고 기함을 했다. 다리를 건너 온 박 성녀는 온 몸에 진땀이 흐른다. 그는 함지박을 내던지고 길 옆 풀언덕에 쓰러졌다.

냇물 흐르는 소리가 그제야 제대로 들린다. 앞뒤 논고 속에서는 맹꽁이 떼가 요란히 운다. 논고랑마다 빗물이 가득 실렸다.

"아이구, 아슬아슬해라. 히마트면 귀신도 모르게 죽을 번했지."

그는 긴 한숨을 내뿜고 일어나 앉아서 어린아이 입에 젖꼭지를 물렸다. 냇둑에 선 버드나무 고목은 어젯밤 바람에 부러져서 한 가지가 척 늘어졌다. 장하게 된 보리가 군데군데 엎쳤다. 아직도 빗방울을 먹음은 풀잎은 일광에 반짝인다. 까치 한 마리가 저 편에서 이 나무를 향하여 날아오며 깍깍 짖는다. 그놈은 꽁지를 별스럽게 깝죽대며 까치집 아래위로 오르내리며 짖는다. 마치 무슨 긴짐승이나 본 것처럼…· 그러자 냇물 건너 편 들판에서 "어쩌쩌!" 하고 소모는 소리가 원터 뒷산에 부딪쳐서 쨍- 하고 냇물을 가르며 울려온다. 박 성녀는 물끄러미 그 편을 바라보았다. 그 목소리 임자가 자기 영감과 같기 때문에—. 원칠이는 물 논 속에서 장기 멘 소를 몰고 간다.

"성님! 무얼 그렇게 맥 놓고 보시유!"

"아니 업동이네야. 왜 인제 가?"

박 성녀는 깜짝 놀래서 돌아다 보다가 반색을 하여 부르짖는다.

"난 벌써 가신 줄 알고 집에 안 들렀지라우."

업동이네는 '왜포' 수건을 쓰고 역시 빈 광주리를 똬리를 받쳐서 머리에 였다. 그리고 만삭이 되어 가는 바가지짝 같은 배를 안았다.

"냇물을 건느는데 별안간 어질증이 나서 간신이 건넜어. 참 별 꼴을 다 보았어. 그래 이렇게 앉었대여!"

박 성녀는 마치 남의 말을 하듯 하고 한 번을 씩 웃는다.

"원체 냇물이 많아서 무섭구먼유. 아침을 또 못 잡수셨는 게지?"

"아니야, 찬밥을 데워 먹었어."

박 성녀는 응뎅이를 털고 일어서며,

"그런데 오늘도 남었을까?"

"글세유, 늦지나 않었는지 원! 우리도 아침을 못 끄렸대유."

"그럼 어서 가 보세. 그나마 머리를 싸고 대 드니 좀쳇놈은 천신을 할 수 있어야지."

그들은 정거장 좌우로 즐비한 일본 사람들의 드높은 상점을 철뚝 너머로 건너다 보며 읍내로 뚫린 길을 터벅터벅 걸어간다.

2

아래 장터 영생 양조소永生釀造所 앞 광장에는 오늘도 남녀노소의 군중이 몇 겹으로 둘러서서 목을 길게 빼들고 무엇을 기다리고 있었다. 그들은 모두 제가끔 빈 그릇을 들고 있다. 누루퉁퉁한 얼굴에 초라한 의복으로 간신히 살을 가리고 있는 그들은 흉년을 만난 피란민을 방불하게 한다. 사실 그들은 먹을 것이 없었다.

"어떻게들 하는 셈야, 아무 소식 없으니!"

"글세 원 다들 어데 갔을까?"

텁석뿌리 옆에 섰던 젊은 곰보가 역시 진력이 나는 듯이 말댓구를 하며 군침을 삼킨다. 그는 말을 할 때마다 깡마른 모시롱이 뾸뜩뾸뜩 내민다. 한 사람이 말을 내니까 여러 사람들은 거기 따라서 또 지꺼분하게 떠든다. 우는 아이를 업은 여자들은 이런 데를 와서도 아이에게 지천구를 퍼붓고 손바닥으로 볼기짝을 때리었다.

"이놈의 새끼 뒤어져라!"

이 양조소는 그 전에 면사무소로 쓰던 집을 새로 사서 증축한 것이다. 주인 김 모원은 얼마 전까지 면장을 다니다가 어떠한 일로 권고사직을 당하였으나, 그는 상당한 재산이 있었기 때문에 다시 신용을 회복할 수 있었다. 그래서 수천 원을 들여서 양조소 도가를 시작했던 것이다.

이 집 술은 읍내는 물론이요, 멀리 서울까지 판로가 확장되었다. 사무실에서 양복장이 하나가 호기 있게 뛰어 나오자 군중은 웅싱거리며 일시에 그에게로 주목한다. 그는 참으로 자기의 행복한 처지에 자긍을 가진 사람처럼 그의 혈색 좋은 얼굴을 마치 "나 좀 봐라!"하는 듯이 번쩍 들고 군중을 둘레둘레 본다. 그는 양복바지 옆구리에 손을 찌르고 군중에게 연설하듯 한다. 면장 다니던 버릇이 그대로 남아 있다.

"에— 오늘도 이렇게 많이 왔는데 물건이 많지 못하니 우선 그런 줄을 미리 알란 말이야! 그러나 누군 주고 누군 안 줄 수 없으니까, 오 전 이상은 팔 수가 없어. 자! 그러면 이렇게 질서가 문란해서는 정신을 차릴 수가 없은즉, 차례차례로 하나씩 늘어서라구!"

말이 떨어지자 여러 사람들은 일시에 일렬종대로 늘어섰다. 서로 앞을 서랴고 떠밀고 끄잡고 하는 바람에 한동안 왁자지껄 하였다.

"마치 정거장에서 차 타러 나가는 것 같으네!"

"글세 말야, 하하……"

그들은 또 한 바탕 헤식은 웃음을 웃었다. 양조소에는 물물이 술지게미가 많이 나왔다. 그 전에는 가축을 기르는 사람들에게 헐값으로 팔고 거저 주기도 했는데, 누가 먼저 발견을 했는지 지게미를 사러 오기 시작했다. 그는 읍내 사는 막버릿군이었는데 몇 때를 굶고 나서 곰곰이 생각한 끝에 마침 동전 몇 닢이 있는 것을 가지고 재강을 사다가 끄려 먹어 보았다. 그 뒤로 이것이 전파되자 재강은 훌륭한 푼거리 양식으로 이 근처 가난한 사람들에게 소용되었다.

재강은 나기가 무섭게 번쩍번쩍 팔렸다. 그래서 그 전에는 그저 내버리듯 하던 재강이 훌륭한 상품이 된 것이다. 어떻든지 부근 촌락의 가난한 소작농은, 더구나 춘궁에는 먹을 것이 없어서 초근목피로 겨우 연명을 하는데, 이 고장과 같은 야산에는 풋나물도 흔하지 않아서 그것도 먼 산 나무를 가지 않으면 안 되었다. 그래서 다급하면 걸음하랴고 면에서 얻어 온 콩깨묵으로 죽을 쑤어 먹기도 하는데(비료를 뱃속에다 하는 셈인가?) 거기다 비교하면 이 재강이야말로 훌륭한 고등 요리가 아닌가? 이에 그들은 너도 나도 하고 재강이 났다는 소문을 듣는 대로 양조소 문 앞에 운집하는 터이었다. 그러나 양조소 주인은 마치 거저나 주는 것처럼 지금도 호기를 피우고 그들을 호령하였다. 사무실 안 헛청에는 큰 멍석을 깔고 거기다가 하인들이 연신 술지게미를 퍼 나른다.

"에 — 얼마야? 삼 전! 또 얼마야! 이 전 어치!"

덕성이는 한갑이와 마주 서서 팔을 걷어 올리고 재강을 팔았다. 그들은 사무실에서 도장을 찍어 넘기는 대로 전표의 금액을 들여다보고, 거기 따라서 드리미는 그릇에다가 재강을 담아 주고는 등을 내 밀었다.

"받은 사람은 어서 척척 나가라구! 또 없어?"

잠견 공동 판매소와 같이 촌사람들은 쑤왈거렸다.

— 장편長篇 '고향故鄕'에서 —

기음 노래

어유와 계장님네 이 기음 매자스라

기음 노래 내 브름세

천지 삼기실 제 사람이 같이 나니
너르나 너른 천하 많으나 많은 사람
현우가 다르거니 귀천인들 같을손가
성인이 법을 지어 사민이 난호시니
행실 닦고 글닑기는 선비님네 할 일이오
맨들기는 장인이오 바꼬기는 장사로다
치치한 우리들은 할 일이 무엇인고
속미와 포로[110]는 고금의 한 법이니
복전 력색[111]이 이 아니 근본인가
종년 작고가 수곤 줍도 알건마는
앙사 부흌[112]이 이 아니면 어이 하리

---

110 속미와 포로=粟米와 匏蘆.
111 복전 력색=服田力穡.
112 앙사 부흌=仰事 俯育.

창경이 처엄 울고 뽕닢이 프를 적의
동풍은 습습하고 세우는 몽롱한듸
밧츠로 가자세라 행혀 이 때 잃을세라
송아지 다 먹거냐 남은 발서 가는고나
자네 거름 다 내 간가 우리 씨앗 난화 가소
앞집 보십[113] 뒷집 장기 선후를 다톨손가
높은 언덕 낮은 이랑 차례로 일운 후의
고로고로 삐여세라 행혀 뷘데 이슬세라
이삭이 비록 선들 가꼬와야 아니 되랴
엇그제 갓맨 기음 어느 사이 발서 기네
가을을 바랴거니 세 벌 수고 꺼릴손가
끓는 흙 찌는 풀 속 상하로 오락가락
호뮈 쇠도 녹으려든 혈육이 견딜소냐
오뉴월 삼복 더위 땀으로 낯을 씻고
헌 삿갓 쇠코중의 열양[114]을 막을소냐
보리술 건듯 깨니 코노래도 경이 없네
붉은 다락 프른 난간 높은 벼개 둥근 부채
누으락 앉으락 가색 한난[115] 그 뉘 알리
비오면 장마질가 볕나면 가믈세라
독한 안개 모진 바람 시름도 하도 할사
추풍이 건듯 블어 백뇌 위상[116]하니

113 보십=보습.
114 열양=熱陽.
115 가색 한난=가색稼穡 간난艱難.
116 백뇌 위상=白露이 爲霜.

들 가온데 누른 구름 네 녘으로 한 빛이라
왼 여름 주린 배속 먹지 아녀 절로 부릐
이른 논에 참새 무리 늦은 논에 기러기 떼
남의 자배[117] 모로기는 얄뮈올손 즘생이라
내일은 들 걷우세 새벽밥 일즉 하소
낫 갈아 손의 들고 지게 꾸며 등의 걸고
뷔거니 묶거니 이거니 지거니
늙으신네 그늬질 점으신네 도리채질
섬우기네 사끼꼬네 어즈러이 구는지고
자네 밭의 몇 뭇인고 내 논 소출 이뿐일세
공사채[118] 다 갈희면 남은 것이 언마칠고

어유와 계장님네 이내 말슴 들어 보소
종넌토록 수고타가 하로 겨롤 못 얻을까
거넌 동내 떡을 하고 넘언 마을 술을 빚소
울 뒤헤 밤이 벌고 마당 가헤 대초 듣네
게찌니 닭삶으니 가지가지 향미로다
용봒이 봉탕인들 이에서 나을손가
김풍헌 이약정[119]을 좌상으로 뫼신 후에
헌펴랑이 뵈무즙이 차례로 앉은 후에
깉동의 나아 놓고 족박잔 가득 부어

117 자배=수고, 고생.

118 공사채=公社債.

119 김풍헌 이약정=金風憲 李約正. 풍헌風憲은 면리面里의 임원任員. 약정約正은 향약鄕約의 임원任員.

잡거니 밀거니 사양하여 추선할가
믈장구 초김피리 곡조도 좋을시고
술김의 흥이 나니 되춤이 절로 난다

어디서 면주인[120]은 블속객[121]이 오단 말고
잔기츰 굵은 호령 반절은 무슴일고
어서 나소 자로 나소 반객인들 내몰손가
환자 배자[122] 부셰 전령 응당 구실 말랴 할가
향청 분부 작청 구청 원님인들 어이 알리
한 집의 세네 군포[123] 제 구실도 못하거든
사돈일지 권당일지 일족물이[124] 더욱 설워
재너머 십여호가 어제 밤의 닷단 말가[125]

뉘라서 우리 정상 그려다가
구중궁궐의 님계신 데 드리리

120 면주인=면주인面主人. 주부군현면州府郡縣面의 사이에 심부름 하는 사람.
121 블속객=청請하지 않은 손.
122 환자 배자 운운云云=환자還子 비자碑子 부세賦稅 전령傳令.
123 군포=軍布. 군적軍籍이 있는 자者의 복역服役 불능不能 시時에 바치는 마포麻布. 무명 따위.
124 일족물이=일족一族이 공동共同 책임責任으로 부담負擔하기.
125 닷단 말가=탔단 말일레.

이화춘풍李花春風

"여바라 사령使令들아, 네의 원전에 엿주워라. 먼듸 있는 걸인乞人이 좋은 잔채에 당當하였으니 주회 좀 얻어먹자고 엿주어라."

저 사령使令 거동 보소.

"어늬 양반兩班이간듸 우리 안전님 걸인乞人 혼금閽禁하니 그런 말은 내도 마오."

등 밀쳐 내니 어찌 아니 명관名官인가. 운봉雲峯이 그 거동을 보고 본관本官에게 청請하는 말이,

"저 걸인乞人의 의관衣冠은 람누하나 양반兩班의 후예後裔ㄴ 듯하니, 말석末席에 앉히고 술잔이나 먹여 보냄이 어떠하뇨."

본관本官 하는 말이,

"운봉雲峯 소견所見대로 하오마는," 하니, 마는 소래 훗입맛이 사납것다. 어사御史 속으로,

"오냐, 도적질은 내가 하마. 오래[126]는 네가 져라."

운봉雲峯이 분부吩咐하야,

"제 양반兩班 듭시래라."

어사도御使道 들어가 단좌端座하야, 좌우左右를 살펴보니 당상堂上에 모

---

126 오래=오라. 도적이나 중죄인을 포박하는 포승.

든 수령守令, 다담을 앞우 놓고 진양조가 양양할 제, 어사도御使道 상을 보니 어찌 아니 통분痛忿하랴. 모 떨어진 개상판에 닥채 저붐[127] 콩나물 깍대기 목걸리 한 사발 노왓구나. 상을 발길로 탁 차 던지며 운봉雲峯의 갈비를 직신,

"갈비 한 대 먹고지거."

"다라도 잡수시요."하고, 운봉雲峯이 하는 말이,

"이러한 잔채에 풍류風流로만 놀아서는 맛이 적사오니 차운次韻 한 수首씩 하여 보면 어떠하오?"

그 말이 옳다 하니, 운봉雲峯이 운韻을 낼 제, 높을 고高 자字 지름 고膏 자字 두 자字를 내여 놓고, 차례로 운韻을 달 제, 어사도御使道 하는 말이,

"걸인乞人도 어려서 추구 권이나 읽었더니, 좋은 잔채 당當하여서 주효酒肴을 포식飽食하고, 그저 가기 무렴하니 차운次韻 한 수首 하사이다."

운봉雲峯이 반겨 듯고 필연筆硯을 내여 주니, 좌중座中이 다 못하야 글 두 귀를 지었으되, 민정民情을 생각하고 본관本官 정체政體를 생각하야 지었것다.

> 금준미주金樽美酒는 천인혈千人血이요,
> 옥반가효玉盤嘉肴는 만성고萬姓膏라.
> 촉루낙시燭淚落時 민루낙民淚落이오,
> 가성고처歌聲高處 원성고怨聲高라.

이 글 뜻은, 금동우의 아름다온 술은 일천一千 백성百姓의 피요, 옥玉소반의 아름다온 안주는 일만一萬 백성百姓의 기름이라. 춋불 눈물 떨어질

---

127 닥채 저붐=닥나무 채로 깎은 저까락.

때 백성百姓 눈물 떨어지고, 노래 소리 높은 고대 원망怨望 소래 높았더라. 이렇듯이 지었으되 본관本官은 몰라보고, 운봉雲峯이 글을 보며 내념內念에

"업풀사, 일이 났다!"

이 때 어사도御使道 하직下直하고 간 연후然後에 공형工刑 불러 분부吩咐하되

"야야 일이 났다!"

공방工房 불러 포진鋪陳 단속, 병방兵房 불러 역마驛馬 단속, 관청색官廳色[128] 불러 다담 단속, 옥형獄刑이 불러 죄인罪人 단속, 집사執事 불러 형고刑考 단속, 형방刑房 불러 문박文簿 단속, 사령使令 불러 합번合番[129] 단속, 한참 이리 요란할 제 물색없는 저 본관本官이,

"여보, 운봉雲峯은 어대를 다니시요."

"소피하고 들어 오오."

본관本官이 분부吩俯하되,

"춘향春香을 급急히 올리라!"

주광酒狂이 날 제 이 때 어사도御使道 군호할 제, 서리書吏보고 눈을 주니, 서리書吏 중방中房 거동 보소, 역졸驛卒 불러 단속할 제 이리 가며 수군수군, 저리 가며 수군수군. 서리書吏 역졸驛卒 거동 보소. 외올망건 공단쌔기 새펴립 눌러 쓰고, 석자감발 새집신에 한삼汗衫고의 산뜻 입고, 육모방치 녹피끈을 손목에 걸어 쥐고, 예서 번듯 제서 번듯, 남원읍南原邑이 우군우군 청파역졸靑坡驛卒 거동 보소. 달 같은 마패馬牌를 해 빛 같이 번듯 들어,

128 관청색官廳色=수령守令의 음식물飮食物을 차리는 위전衛前.

129 합번合番=중대重大한 사건事件이 있을 때 관원官員이 회사會舍 숙직宿直하는 것.

"암행어사暗行御史 출도出道야!" 웨는 소래 강산江山이 무너지고 천지天地가 뒤눕는 듯, 초목草木 금수禽獸ㄴ들 아니 떨랴. 남문南門에서 출도出道야 북문北門에서 출도出道야. 동서문東西門 출도出道 소래 청천靑天에 진동震動하고, 공형工刑 들라 웨는 소래 육방六房이 넋을 잃어,

"공형工刑이요."

등채로 휘닥닥. "애고 중다!"

"공방工房, 공방工房!"

공방工房이 보전 들고 들어오며

"안 할랴는 공방工房을 하라더니 저 불 속에 어찌 들랴!"

등채로 휘닥닥. "애고 박 터졌네!"

좌수座首 별감別監 넋을 잃고, 이방吏房 호방戶房 실혼失魂하고, 삼색三色 나졸羅卒 분주奔走하네. 모든 수령守令 도망逃亡할 제 거동 보소. 인印궤 잃고 과절 들고, 병부兵符 잃고 송편 들고, 탕근 잃고 용수 쓰고, 갓 잃고 소반 쓰고, 칼집 쥐고 오좀 뉘기, 부서지니 서문고요, 깨지나니 북장고라. 본관本官이 똥을 싸고 멍석 궁기 새양쥐 눈 뜨듯 하고, 내아內衙로 들어가서

"어 추워라! 문門 들어온다 바람 닫어라! 물 마른다 목 듸려라!"

관청색官廳色은 상을 잃고 문짝 이고 내다르니 서사書史 역졸驛卒 달려들어 휘닥닥 "애고 나 죽네!"

이 때 수의繡衣 사도使道 분부하외,

"이 골은 대감大監이 좌정座定하시던 골이라. 훤화諠譁를 금禁하고 객사客舍로 사처[130]하라."

---

130 사처=하처, 하처下處. 숙소宿所.

좌정座定 후後에 "본관本官은 봉고파직封庫罷職[131]하라" 분부吩咐하니, 본관本官은 봉고파직封庫罷職이요, 사四 대문大門에 방榜 붙이고 옥형獄刑을 불러 분부吩咐하되,

"네 골 옥수獄手를 다 올리라." 호령號令하니, 죄인罪人을 올리거늘, 다 각각各各 문죄問罪 후後에 무죄자無罪者 방송放送할 새,

"저 계집은 무엇인다?"

형리刑吏 엿자오대,

"기생妓生 월매月梅 딸이온듸 관정官庭에 폭악暴惡한 죄罪로 옥중獄中에 있삽내다."

"무삼 죄罪ㄴ다?"

형리刑吏 아뢰되,

"본관本官 사도使道 수청守廳으로 불렀더니 수절守節이 정절貞節이라, 수청守廳 아니 들랴 하고, 관청官廳에 폭악暴惡한 춘향春香이로소이다."

어사도御使道 분부吩咐하되,

"너만년이 수절守節한다고 관청官廳 폭악暴惡하였으니 살기를 바랠소냐. 죽어 마땅하되, 내 수청守廳도 거역拒逆할가?"

춘향春香이 기가 막혀,

"내레 오는 관장官長마닥 개개皆皆이 명관名官이로고나. 수의繡衣 사도使道 듣조시오. 층암層巖 절벽絶壁 높운 바우 바람 분들 무너지며, 청송靑松 녹죽綠竹 푸린 낡이 눈이 온들 변變하리까. 그른 분부吩咐 마옵시고 어서 바삐 죽여 주오." 하며,

"향단香丹 아, 서방書房님 어대 계신가 보아라. 어젯밤에 옥獄 문간門間

---

131 봉고파직封庫罷職=어사御使 혹或은 감사監司가 악정惡政을 시施한 수령守令을 파면罷免하고, 관고官庫를 봉쇄封鎖하는 것.

에 와 겼을 제 천만千萬 당부하였더니 어대를 가셨는지 나 죽는 줄 모르는가."

어사도御使道 분부吩咐하되,

"얼골 들어 나를 보라."

하시니, 춘향春香이 고개 들어 대상臺上을 살펴보니 걸객乞客으로 왔던 낭군郎君 어사도御使道로 두려시 앉었구나! 반웃음 반울음에,

"얼시구나 좋을시구! 어사御使 낭군郎君 좋을시고! 남원南原 읍내邑內 추절秋節들어 떨어지게 되얏더니, 객사客舍에 봄이 들어 이화춘풍李花春風 날 살린다. 꿈이냐 생시生時냐. 꿈을 깰가 염려로다."

— 김태준金台俊 교주校註 '춘향전春香傳'에서 —

강아지

박태원朴泰遠[132]

구보仇甫는 그에게 부디 차방茶房으로 와주기를 청請하고, 그리고 잠간 또 할 말을 생각하다가, 저편에서 전화電話를 끊어 버릴 것을 염려念慮하여 당황唐慌하게 덧붙여 말했다.

"꼭 좀, 곧 좀, 오—"

다행하게도 다시 돌아간 차방茶房 안에, 사람들은 많지 않았다. 또, 문득, 생각하고 둘러보니 그 벗 아닌 벗도 그 곳에 있지 않았다. 구보仇甫는 카운터 가까이 자리를 잡고 앉아, 마침, 자기가 사랑하는 스키파[133]의 '아이 아이 아이'를 들려주는 이 차방茶房에 애정愛情을 갖는다. 그것이 허락許諾 받을 수 있는 것이라면 그는 지금 앉아 있는 등의자藤椅子를 안락의자安樂椅子로 바꾸어, 감미甘美한 오수午睡를 즐기고 싶다, 생각한다. 이제 그는 그의 앞에 아까의 신기료 장수[134]를 보더라도, 고요한 마음을 가져

---

132 박태원朴泰遠=호號 구보仇甫, 소설가小說家. 1909년생年生. 장편長篇 '천변풍경天邊風景'. 여기는 '소설가小說家 구보仇甫씨의 일일一日'이라는 소설小說의 한 토막.

133 스키파=Tito Schipa. 1889년생. 1911년부터 이태리伊太利 일류一流 테노레 가수歌手로 출현出現.

134 신기료 장수=신발 수선업修繕業 행상行商.

그를 용납容納하여 줄 수 있을 게다.

조그마한 강아지가 저 편 구석에 앉아, 토스트[135]를 먹고 있는 사내의 그리 대단하지도 않은 구두코를 핥고 있었다. 그 사내는 발을 뒤로 물르며, "쉬- 쉬-" 강아지를 좇았다. 강아지는 연해 꼬리를 흔들며 그 사내의 얼굴을 쳐다보다가, 돌아 서서 다음 탁자卓子 앞으로 갔다. 그 곳에 앉아 있는 젊은 여자女子는, 그는 확실確實히 개를 무서워하는 듯싶었다. 다리를 잔뜩 웅크리고 얼굴빛조차 변變하여 가지고, 그는 크게 뜬 눈으로 개의 동정動靜만 살폈다. 개는 여전如前히 꼬리를 흔들며, 그러나 저를 귀貴해 주고 안해 주는 사람을 용하게 가릴 줄이나 아는 듯이, 그 곳에 오래 머무르지 않고 또 옆 탁자卓子로 갔다. 그러나 구보仇甫가 앉아 있는 자리에서는 그 곳이 잘 안 보였다. 어떠한 대우待遇를 그 가엾은 강아지가 그 곳에서 받았는지 그는 모른다. 그래도 어떻든 만족滿足한 결과結果는 아니었던 게다 강아지는 다시 그 곳을 떠나, 이제는 사람들의 사랑을 구求하기를 아주 단념斷念이나 한 듯이 구보仇甫에게서 한 간통 쯤 떨어진 곳에 가 두 발을 쭉 뻗고 모으로 쓰러져 버렸다.

강아지의 반半쯤 감은 두 눈에는 고독孤獨이 숨어 있는 듯싶었다. 그리고 그와 함께, 모든 것에 대對한 단념斷念도 그 곳에 있는 듯싶었다. 구보仇甫는 그 강아지를 가엾다, 생각한다. 저를 사랑하는 사람이 단 한 사람일지라도 이 차방茶房 안에 있음을 알려 주고 싶다, 생각한다. 그는 문득, 자기가 이제까지 한 번도 그의 머리를 쓰다듬어 준다거나 또는 핥는 대로 손을 맡기어 둔다거나, 그러한 그에 대對한 사랑의 표현表現을 한 일이 없었던 것을 생각해 내고, 손을 내밀어 그를 불렀다. 사람들은 이런 경우

135 토스트=toast. 구운 팡.

境遇에 휘파람을 분다. 그러나 원래元來 구보仇甫는 휘파람을 안 분다. 잠간暫間 궁리하다가, 마침내 그는 개에게만 들릴 정도程度로 "캄 히어,"하고 말해 본다.

강아지는 영어英語를 해득解得하지 못할는지도 모른다. 머리를 들어 구보仇甫를 쳐다보고, 그리고 아무 흥미興味도 느낄 수 없는 듯이 다시 머리를 떨어뜨렸다. 구보仇甫는 의자倚子 밖으로 몸을 밀어, 조금 더 큰 소리로, 그러나 한껏 부드럽게 또 한 번, "캄 히어." 그리고 그것을 번역飜譯하였다. "이리 온." 그러나 강아지는 먼점 번 동작動作을 또 한 번 되풀이 하였을 다름, 이번에는 입을 벌여 하품 비슷한 짓을 하고, 아주 눈까지 감는다.

구보仇甫는 초조焦燥와, 또 일종一種 분노憤怒에 가까운 감정感情을 맛보며, 그래도 그것을 억제抑制하고 이번에는 완전完全히 의자倚子에서 떠나, 그의 머리를 쓰다듬어 주려 하였다. 그러나 그보다도 먼저 강아지는 진저리치게 놀라, 몸을 일으켜, 구보仇甫에게 향向하여 적대적敵對的 자세姿勢를 취取하고, "캥 캥캥"하고 짖고, 그리고 제 풀에 질겁을 하여 카운터 뒤로 달음질쳐 들어갔다.

구보仇甫는 저도 모르게 얼굴을 붉히고, 그 강아지의 방정맞은 성정性情을 저주咀呪하며, 수건을 꺼내어 땀도 안 난 이마를 두루 씻었다. 그리고 그렇게까지 당부하였건만, 곧 와 주지 않는 벗에게조차 그는 가벼운 분노憤怒를 느끼지 않으면 안 된다.

— '소설가小說家 구보 씨仇甫 氏의 일일一日'에서 —

관동별곡關東別曲

송강松江[136]

강호江湖에 병病이 깁퍼 죽림竹林의 누엇더니
관동關東 팔백리八百里[137]에 방면方面을 맛디시니
어와 성은聖恩이야 가디록 망극罔極ᄒᆞ다
연추문延秋門 드리ᄃᆞ라 경회慶會 남문南門 ᄇᆞ라보며
하직下直고 믈너나니 옥절玉節이 압픠 셧다
평구역平丘驛 ᄆᆞᆯ을 ᄀᆞ라 흑수黑水로 도라 드니
섬강蟾江은 어듸메오, 치악雉岳은 여긔로다
소양강昭陽江 ᄂᆞ린 믈이 어드러로 든단 말고
고신孤臣 거국去國에 백발白髮도 하도 할샤
동주東州[138]밤 계오 새와 북관정北寬亭의 올나 ᄒᆞ니
삼각산三角山 제일봉第一峯이 ᄒᆞ마면 뵈리로다

---

136 송강松江=정철鄭澈의 호號, 자字 계함季涵(1536-1593). 대가인大歌人. 선조조宣祖朝 신臣. 강원도江原道 관찰사觀察使가 되었을 때 관동關東 산수山水를 노래한 것이 관동별곡關東別曲이다. 이 밖에 사미인곡思美人曲, 속미인곡續美人曲의 장가長歌와 많은 단가短歌 '송강松江 가사歌詞'에 수록收錄. '송강집松江集'이 있음.

137 팔백리八百里=경성京城서 강원도江原道 평해平海까지가 890리里.

138 동주東州=철원鐵原.

궁왕弓王 대궐大闕 터희 오작烏雀이 지지괴니
천고千古 흥망興亡을 아ᄂᆞᆫ다 몰ᄋᆞᄂᆞᆫ다
회양淮陽[139] 녜 일홈이 마초아 ᄀᆞᄐᆞᆯ시고
급汲 장유長孺[140] 풍채風彩를 고텨 아니 볼거이고
영중營中이 무사無事ᄒᆞ고 시절時節이 삼월三月인 제
화천花川 시내 길히 풍악楓岳으로 버더 잇다
행장行裝을 다 ᄯᅥᆯ치고 석경石逕의 막대 디퍼
백천동百川洞 겨ᄐᆡ 두고 만폭동萬瀑洞 드러가니
은銀 ᄀᆞᄐᆞᆫ 무지게, 옥玉 ᄀᆞᄐᆞᆫ 룡龍의 초리
섯돌며 ᄲᅮᆷᄂᆞᆫ 소ᄅᆡ 십리十里의 ᄌᆞ자시니
들을 제ᄂᆞᆫ 우레러니 보니ᄂᆞᆫ 눈이로다
금강대金剛臺 ᄆᆡᆫ 우층層의 선학仙鶴이 삿기 치니
춘풍春風 옥적성玉笛聲의 첫ᄌᆞᆷ을 ᄭᆡ돗던디
호의縞衣 현상玄裳이 반공半空ᄋᆡ 소소 ᄯᅳ니
서호西湖 녯 주인主人[141]을 반겨셔 넘노ᄂᆞᆫ ᄃᆞᆺ
소향로小香爐 대향로大香爐 눈 아래 구버 보며
정양사正陽寺 진헐대眞歇臺 고텨 올나 안ᄌᆞᆫ 말이
여산廬山 진면목眞面目이 여긔야 다 뵈ᄂᆞᆫ다
어와 조화옹造化翁이 헌ᄉᆞ토 헌ᄉᆞ할샤

139 회양淮陽=중국中國 한漢나라에도 같은 이름이 있음. 차주次註 참조參照.

140 급장유汲長孺=명名. 한무제시인漢武帝時人. 직련直鏈을 잘하므로 급직汲直이라고도 함. 치민治民을 잘하여 와치회양臥治淮陽하였다.

141 서호西湖 녯 주인主人=서호西湖는 당호塘湖. 주인主人은 임포林逋. 시화총귀詩話總龜에 왈曰="임포林逋 은우무隱于武 임지서호林之西湖 부취무자不聚無子 所居多植梅 축학所居多植梅 築鶴 핍주호중乏舟湖中 객지칙방학치지客至則放鶴致之 곤위매처학자困謂梅妻鶴子."

ᄂᆞᆯ거든 ᄯᅱ디 마나 셧거든 솟디 마나

부용芙蓉을 ᄭᅩ잣ᄂᆞᆫ ᄃᆞᆺ 백옥白玉을 믓것ᄂᆞᆫ ᄃᆞᆺ

동명東溟을 박ᄎᆞᄂᆞᆫ ᄃᆞᆺ 북극北極을 괴왓ᄂᆞᆫ ᄃᆞᆺ

놉흘시고 망고대望高臺 외로올샤 혈망봉穴望峰

하ᄂᆞᆯ의 추미러 므ᄉᆞ 말ᄉᆞᆷ ᄉᆞ로리라

천만겁千萬劫 디나도록 구필 줄 모ᄅᆞᄂᆞᆫ다

어와 너여이고,[142] 너 ᄀᆞᄐᆞ니 ᄯᅩ 잇ᄂᆞᆫ가

개심대開心臺 고텨 올나 중향성衆香城 ᄇᆞ라보며

만萬 이천봉二千峯을 역력歷歷히 혜여 ᄒᆞ니

봉峰마다 ᄆᆡ쳐 잇고 긋마다 서린 긔운

ᄆᆞᆰ거든 조치 마나 조커든 ᄆᆞᆰ지 마나

저 긔운 흐터 내야 인걸人傑을 ᄆᆞᆫ들고쟈

형용形容도 그지업고 체세體勢도 하도 할샤

천지天地 삼기실 제 자연自然이 되연마ᄂᆞᆫ

이제 와 보게 되니 유정有情도 유정有情할샤

비로봉毗盧峰 상상두上上頭의 올나 보니 긔 뉘신고

동산東山 태산泰山[143]이 어ᄂᆞ야 놉돗던고

노국魯國 조븐 줄도 우리ᄂᆞᆫ 모ᄅᆞ거든

넙거나 넙은 천하天下 엇디ᄒᆞ야 젹닷말고

어화 뎌 경계境界를 어이ᄒᆞ면 알 거이고

오ᄅᆞ디 못ᄒᆞ거니 ᄂᆞ려가미 고이ᄒᆞ랴

---

142 너여이고=너인지고. 너로구나.

143 동산東山 태산泰山=둘 다 산동성山東省에 있음. 동산東山은 장長 수리數理, 태산泰山은 고高 5,082척尺. 비로봉毗盧峰은 5,405척尺 4촌寸. 맹자孟子 진심盡心 상上에 왈曰="맹자孟子 등동산이소노等東山而小魯 등태산이소천하等泰山而小天下."

원통圓通골 ᄀᆞᄂᆞᆫ 길로 사자봉獅子峰을 ᄎᆞᄌᆞ 가니
그 앏ᄑᆡ 너러바회 화룡火龍ᄉᆡᆨ 되여세라
천년千年 노룡老龍이 구ᄇᆡ구ᄇᆡ 서려 이셔
주야晝夜의 흘녀 내여 창해滄海에 니어시니
풍운風雲을 언제 어더 삼일우三日雨롤 디련ᄂᆞᆫ다
음애陰崖예 이온 플을 다 살와 내여ᄉᆞ라
마가연磨訶衍 묘길상妙吉祥 안문재 너머디여
외나모 뻐근 ᄃᆞ리 불정대佛頂臺예 올라 ᄒᆞ니
천심千尋 절벽絶壁을 반공半空애 셰여 두고
은하수銀河水 한 구ᄇᆡ롤 촌촌이 버혀 내여
실 ᄀᆞ티 플텨 이셔 뵈ᄀᆞ티 거러시니,
도경圖經 열 두 구ᄇᆡ 내 보매ᄂᆞᆫ 여터히라
이李 적선謫仙[144]이 이제 이셔 고텨 의논 ᄒᆞ게 되면
여산廬山이 여긔도곤 낫단 말 못ᄒᆞ려니
산중山中을 ᄆᆡ양 보랴, 동해東海로 가쟈ᄉᆞ라
남여藍輿 완보緩步ᄒᆞ야 산영루山映樓의 올나 ᄒᆞ니
영롱玲瓏 벽계碧溪와 수성數聲 제조啼鳥ᄂᆞ 이별離別을 원怨ᄒᆞᄂᆞᆫ ᄃᆞᆺ
정기旌旗를 썰티니 오색五色이 넘노ᄂᆞᆫ ᄃᆞᆺ
고각鼓角을 섯브니 해운海雲이 다 것ᄂᆞᆫ ᄃᆞᆺ
명사鳴沙 길 니근 ᄆᆞᆯ이 취선醉仙을 빗기 시러
바다ᄒᆞᆯ 겻ᄐᆡ 두고 해상화海裳花로 드러가니

144 이적선李謫仙=이백李白. 망여산폭포望廬山瀑布 시詩 왈曰="일조향로생자연日照香爐生紫煙 요간폭포괘장천遙看瀑布掛長川 비류직하삼천척飛流直下三千尺 의시은하낙구천疑是銀河落九天."

백구白鷗야 ᄂᆞ디 마라 네 벗인 줄 엇디 아ᄂᆞᆫ

금란굴金幱窟 도라 드러 총석정叢石亭의 올라 ᄒᆞ니

백옥루白玉樓 남은 기동 다만 네히 셔 잇고야

공수工倕의 셩녕인가 귀부鬼斧로 다ᄃᆞ문가

구ᄐᆞ야 육면六面은 므어슬 상象톳던고

고성高城을란 뎌만 두고 삼일포三日浦ᄅᆞᆯ ᄎᆞ자 가니

단서丹書ᄂᆞᆫ 완연宛然ᄒᆞ되 사선四仙[145]은 어ᄃᆡ 가니

예 사흘 머믄 후後의 어ᄃᆡ가 또 머믄고

선유담仙遊潭 영랑호永郎湖 거긔나 가 잇ᄂᆞᆫ가

청간정淸澗亭 만경대萬景臺 몃 고ᄃᆡ 안돗던고

이화梨花ᄂᆞᆫ 볼셔 ᄃᆡ고 졉동새 슬피 울 제

낙산洛山 동반東畔으로 의상대義相臺예 올라 안자

일출日出을 보리라 밤듕만 니러 ᄒᆞ니

싱운祥雲이 집픠ᄂᆞᆫ동 육룡六龍이 바퇴ᄂᆞᆫ동

바다ᄒᆡ 떠날 제ᄂᆞᆫ 만국萬國이 일위더니[146]

천중天中의 텹드니 호발毫髮을 혜리로다

아마도 녈구름이 근쳐의 머늘세라

시선詩仙은 어ᄃᆡ 가고 해타咳唾만 나맛ᄂᆞ니

천지간天地間 장壯ᄒᆞᆫ 긔별 ᄌᆞ셔히도 ᄒᆞᆯ셔이고

사양斜陽 현산峴山의 척촉躑躅을 므니ᄇᆞᆯ와

우개羽蓋 지륜芝輪이 경포鏡浦로 ᄂᆞ려가니

145 사선四仙=신라新羅의 술랑述郎, 남랑南郎, 영랑永郎, 안상安祥들이 관동關東 경승景勝을 역유歷遊하였다는 전설傳說.

146 얼위더니=어리더니(응凝), 또는 얼의더니(돈沌).

십리十里 빙환氷紈을 다리고 고텨 다려
장송長松 울흔 소개 슬ᄏᆞ장 펴뎌시니
믈결도 자도 잘사 모래롤 혜리로다
고주孤舟 해람解纜ᄒᆞ야 정자亭子 우히 올나 가니
강문교江門橋 너믄 겨틔 대양大洋이 거긔로다
종용從容혼댜 이 기상氣像 활원濶遠혼댜 뎌 경계境界
이도곤 ᄀᆞ준 ᄃᆡ 또 어듸 잇닷 말고
홍장紅粧 고사古事[147]롤 헌ᄉᆞ타 ᄒᆞ리로다
강릉江陵 대도호大都護 풍속風俗이 됴흘시고
절효節孝 정문旌門이 골골이 버러시니
비옥比屋 가봉可封[148]이 이제도 잇다 홀다
진주[149]관眞珠館 죽서루竹西樓 오십천五十川[150] 모든 믈이
태백산太白山 그림재롤 동해東海로 다마 가니
출하리 한강漢江의 목멱木覓[151]의 다히고져
왕정王程이 유한有限ᄒᆞ고 풍경風景이 못슬믜니
유회幽懷도 하도 할샤 객수客愁도 둘 ᄃᆡ 업다
선사仙槎롤 띄워 내여 두우斗牛[152]로 향向ᄒᆞ살가

147 홍장紅粧 고사古事=여말강원감사麗末江原監司 박朴 혜숙惠肅 신信은 그의 친구 조趙 석간石磵의 장난으로 사랑하던 강능기江陵妓 홍장紅粧이 죽은 줄만 알았는데, 후後에 조趙는 홍장紅粧을 신선神仙처럼 꾸며 경포鏡浦 뱃놀이에서 박朴 앞에 내 놓았다.

148 비옥比屋 가봉可封=요순지세堯舜之世 비옥比屋 가봉可封(한서漢書).

149 진주眞珠=삼척三陟의 고호古號.

150 오십천五十川=삼척부三陟府 월남越南 일백오리一百五里에 있어 그 근원根源까지 사십칠도四十七渡가 있는 까닭에 이 이름이 있음.

151 목멱木覓=남산南山의 본명本名.

152 두우斗牛=두숙斗宿과 우숙牛宿.

선인仙人을 ᄎᆞᄌᆞ려 단혈丹穴의 머므살가
천근天根을 못내 보와 망양정望洋亭의 올은 말이
바다 밧근 하ᄂᆞᆯ이니 하ᄂᆞᆯ 밧근 므어신고
ᄀᆞᆺ득 노怒ᄒᆞᆫ 고래 뉘라셔 놀래관대
블거니 ᄲᅳᆷ거니 어즈러이 구ᄂᆞᆫ디고
은산銀山을 것거 내여 육합六合의 ᄂᆞ리ᄂᆞᆫ ᄃᆞᆺ
오월五月 장천長天의 백설白雪은 므ᄉᆞ 일고
져근덧 밤이 드러 풍랑風浪이 정定ᄒᆞ거ᄂᆞᆯ
부상扶桑 지척咫尺의 명월明月을 기ᄃᆞ리니
서광瑞光 천장千丈이 뵈ᄂᆞᆫ ᄃᆞᆺ 숨ᄂᆞᆫ고야
주렴珠簾을 고텨 것고 옥계玉階ᄅᆞᆯ 다시 쓸며
계명성啓明星 돗도록 곳초 안자 ᄇᆞ라보니
백련확白蓮花 ᄒᆞᆫ 가지ᄅᆞᆯ 뉘라셔 보내신고
일이 됴흔 세계世界 ᄂᆞᆷ대되 다 뵈고져
유하주流霞酒 ᄀᆞ득 부어 ᄃᆞᆯ다려 무론 말이
영웅英雄은 어ᄃᆡ 가며 사선四仙은 긔 뉘러니
아모나 만나 보아 녯 긔별 뭇쟈 ᄒᆞ니
선산仙山 동해東海예 갈 길도 머도 멀샤
송근松根을 볘여 누어 픗ᄌᆞᆷ을 얼풋 드니
ᄭᅮᆷ애 ᄒᆞᆫ 사람이 날ᄃᆞ려 닐온 ᄆᆞᆯ이
그ᄃᆡᄅᆞᆯ 내 모ᄅᆞ랴 상계上界예 진선眞仙이라
황정경黃庭經[153] 일자一字ᄅᆞᆯ 엇디 그ᄅᆞᆺ 닐거 두고

153 황정경黃庭經=황정내경경黃庭內景經, 황정외경경黃庭外景經, 황정둔갑연신경黃庭遁甲緣身經, 황정옥축경黃庭玉軸經의 총칭總稱. 동파시집東波詩集 주註 권사卷四에 왈曰="선가

인간人間의 내려 와셔 우리ᄅᆞᆯ ᄯᆞᆯ오ᄂᆞᆫ다

져근덧 가디 마오 이 술 ᄒᆞᆫ ᄌᆞᆫ 먹어 보오

북두성北斗星 기우려 창해수滄海水 부어 내여

저 먹고 날 먹여ᄂᆞᆯ 서너 잔 거후로니

화풍和風이 습습習習ᄒᆞ야 양액兩腋을 추혀 드러

구만리九萬里 장공長空애 져기면 ᄂᆞᆯ리로다

이 술 가져다가 사해四海예 고로 ᄂᆞᆫ화

억만億萬 창생蒼生을 다 취醉케 ᄆᆡᆼ근 후後의

그제야 고텨 만나 또 ᄒᆞᆫ 잔 ᄒᆞ쟛고야

말 디쟈 학鶴을 ᄐᆞ고 구공九空의 올나 가니

공중空中 옥소玉簫 소래 어제런가 그제런가

나도 ᄌᆞᆷ을 ᄭᆡ여 바다ᄒᆞᆯ 구버 보니

기픠ᄅᆞᆯ 모ᄅᆞ거니 ᄀᆞ인들 엇디 알리

기러 ᄂᆡ다 다 기러 ᄂᆡ며 펴 ᄂᆡ다 다 펴 ᄂᆡ랴

아해兒孩야 잔盞을 씨셔 이 술 ᄒᆞᆫ 잔盞 부어다가

구중九重으로 도라가셔 모다 취醉케 ᄒᆞ오리라[154]

양왈황정내경仙家養曰黃庭內經 석유선인오독구자적거하계昔有仙人誤讀句字適居下界."

154 끝 삼행三行은 '협률대성協律大成'에 있고, 성주본星州本에는 "명월明月이 천산千山 만락萬落의 아니 비췬ᄃᆡ 업다"로 되어 있음. 종장終章의 형태形態로 보아서는 성주본星州本이 옳을 듯하며, 뜻으로 보아서는 협률대성協律大成이 통한다.

명기名妓 창唱

어져 내 일이여 그릴 줄을 모르던가
이시라 하더면 가랴마는 제 구타여
보내고 그리는 정은 나도 몰라 하노라.

황진이黃眞伊[155]

이화우梨花雨 흩날릴 제 울며 잡고 이별離別한 님
추풍秋風 낙엽落葉에 저도 나를 생각는지
천리千里에 외로운 꿈만 오락가락 하더라.

이매창李梅窓[156]

묏버들 갈해 것거 보내노라 님의 손대
자시는 창밧긔 심거 두고 보소서
밤비예 새닙곳 나거든 날인가도 너기소서.

홍랑洪娘[157]

---

155 황진이黃眞伊=명종 시時 명기名妓.
156 이매창李梅窓=선조 시時 부안扶安 기妓. 계생癸生 또는 계생桂生. 자字 향령香令.
157 홍랑洪娘=선조 시時 기妓.

솔이 솔이라 하니 무슨 솔만 너기는다
천심千尋 절벽絶壁에 낙락장송落落長松 내 긔로다
길 아래 초동樵童의 접낫이야 걸어 볼 줄 이시랴.

송이松伊

꿈에 뵈는 님이 신의信義가 없다 하건마는
탐탐이 그리울 제 꿈 아니면 어이 보리
저 님아 꿈이라 말고 자로자로 뵈시소.

명옥明玉[158]

오냐 말 아니따나 슳거니 아니 말랴
하늘 아래 너 뿐이면 어마 내야 하려니와
하늘이 다 삼겨시니 날 괼인들 없으랴

문향文香[159]

장송長松으로 배를 무어 대동강大同江 띄워 두고
유일지柳一枝 휘여다가 구지구지 매얐는듸
어듸서 망령妄伶엣 것은 소해[160] 들라 하느니

구지求之

158 명옥明玉=화성華城 기妓.
159 문향文香=선조 시時 성천成川 기妓.
160 소해=소에, 소瀟에.

소상瀟湘 팔경八景[161]

산악山岳이 잠형潛形하고 음풍陰風이 노호怒號하여 수변水邊에 우는 새는 천병千兵 만마萬馬 서로 맞아 철기도창鐵騎刀槍 이었는 듯 하下 끝에 급한 형세形勢는 백척百尺 폭포瀑布 쏘아 오고 대수풀 흩뿌릴 제 황영皇英의 깊은 한恨을 잎잎이 호소呼訴하니 소상瀟湘 야우夜雨라 하는 데요.

칠백七百 평호平湖 맑은 물은 상하上下 천광天光 푸르렀다. 구름 밖에 문득 솟아 중천中天에 배회徘徊하니 계궁桂宮 항아姮娥 단장丹粧하고 새 거울을 열었는데 적막寂寞한 어옹漁翁들은 세勢를 얻어 출몰出沒하고 풍림楓林에 귀아歸鴉들은 빛을 놀라 사라지니 동정洞庭 추월秋月 이 아니냐.

연파烟波 만경萬頃은 하늘에 닿았는데 오고 가는 상매선商賣船은 북을 둥둥 울리면서 어기어차 닻 감는 소리 보아 알든 못하여도 다만 앞에 섰는 산山이 문득 뒤로 옮아가니 원포遠浦 귀범歸帆 이 아니냐.

수벽水碧 사명沙明 양안태兩岸苔에 부승청원不勝淸怨 각비래却飛來라, 날아오는 저 기러기 갈 순 하나를 입에다 물고 일점一點 이점二點 점점마다 행렬行列 지어 떨어지니 평사平沙 낙안落雁 이 아니냐.

상수湘水로 울고 가니 수운愁雲이 적막寂寞하고 황릉黃陵으로 울고 가니 옛 사당祠堂이 황량荒涼하다. 남순南巡 황제皇帝 혼이라도 응당應當히 설으

---

161 소상팔경瀟湘八景=평사낙안平沙落雁, 원포귀범遠浦歸帆, 산시청람山市晴嵐, 강천모설江天暮雪, 동정추월洞庭秋月, 소상야우瀟湘夜雨, 연사만종煙寺晩鍾, 어촌낙조漁村落照.

려든 세 소리 눈물지니 황릉黃陵 애원哀怨 이 아니냐.

제간전촌第看前村 양삼가兩三家에 밥 짓는 내가 일고 파조罷釣 귀래歸來 배를 매고 고기 주고 술을 사서 취ㅎ도록 먹은 후에 관내성欸乃聲부르면서 달을 띠어 누었으니 어촌漁村 낙조落照 이 아니냐.

천지天地는 자옥하여 분분비비紛紛飛飛 날리느니 분접粉蝶이 다토는 듯 유서柳絮는 원광願狂하여 유공은 성낸 가지 고호鹽虎가 엎댔는 듯 강산江山이 변화變化하여 은색교銀色橋가 되었으니 강천江天 모설暮雪 이 아니냐.

산촌山村에 나는 연기 무르녹아 빚어내니 정다온 어룡魚龍들은 여러 만개 희롱하고 보촌普村에 젊은 계집 집을 지어 바렸는데 무산巫山에 노던 선녀仙女 육포陸袍 산군山裙 떨쳐 입고 발 밖에 치음 쳐 추적적秋寂寂 우비비雨霏霏하니 산시山市 청람晴嵐 이 아니냐.

강산江山을 다 구경하랑이면 몇 날인지 모르겠다.

— 이희승李熙昇 저著 '조선문학연구朝鮮文學研究'에서 —

낙빈가樂貧歌

이 몸이 쓸듸 업셔 성상聖上이 바리시니 부귀富貴를 하직下直ᄒᆞ고 빈천貧賤을 락樂을 삼아 수간數間 모옥茅屋을 산수간山水間의 지어 두고 삼순三旬 구식九食을 먹그나 못 먹그나 십년十年 일관一冠을 쓰거나 못 쓰거나 분별分別이 없셔시니 시비是非을 뉘 알손야. 도도滔滔 풍미風味를 ᄯᆞ로리 뉘잇스며 낙락落落 장송長松을 죠흘리 뉘 잇스리. 역대歷代을 점검點檢ᄒᆞ야 녯ᄉᆞ람 혜여보며 만ᄉᆞ을 다 이즈니 일신一身이 한가閑暇ᄒᆞ다. 청송정하靑松亭下의 ᄒᆞᆫ자 파람ᄒᆞ니 곤리壼裡 건곤乾坤의 석양夕陽이 거의로다. 일흥逸興을 못이긔여 달발을 놉피 것고 원근遠近 산천山川을 일망一望의 다 ᄃᆞ리니 지세地勢도 조커니와 풍경風景도 그지업다. 하목霞鶩은 제비齊飛ᄒᆞ고 수천水天이 일색一色인 제 남북촌南北村 두세 집이 모연暮煙의 잠겨셔리. 삼산三山은 어듸메요 무릉武陵이 여긔로다. 무심無心ᄒᆞᆫ 져 구름은 취수翠岫을 잠가 잇고 유의有意ᄒᆞᆫ 갈마기는 白沙의 버러 잇다. 아참 ᄏᆡ온 취을 점심點心의다 먹근 후의 일 업시 논일면셔 석조夕釣을 말냐 ᄒᆞ고 낙ᄃᆡ을 두러메고 조대釣臺로 나려 가니 흐르느니 물결이요 뛰노느니 고기로다. 은린銀鱗 옥인玉人을 버들 움에 쎄여 들고 낙조落照 청강淸江에 흥興을 겨워 도라오며 산가山歌 촌적村笛을 어부사漁父詞로 화답和答ᄒᆞ니 증점曾點[162]의 영

162 증점曾點=공자孔子의 제자弟子. 공자孔子에게 뜻을 말하되, "모춘자暮春者 춘복기성春服旣成 관자오육인冠者五六人 동자육칠인童子六七人 욕호기浴乎沂 풍호무우風乎舞雩 영이

이귀詠而歸야 이에셔 더헐손냐. 기산箕山 영수潁水의 소허巢許[163]의 몸이 되여 천사千駟을 냉소冷笑ᄒᆞ고 만종萬鍾이 초개草芥로다. ᄂᆡ 생애生涯 담백淡白ᄒᆞ니 어늬 버지 ᄎᆞᄌᆞ 오리. 선준亙樽의 독참獨醪를 표배瓢杯의 가득 부어 춘풍春風의 반취半醉ᄒᆞ고 북창하北窓下의 누어시니 무회씨無懷氏 젹 백성百姓인가 갈천씨葛天氏[164] 젹 시졀인가. 인간人間 풍우중風雨中의 요란擾亂ᄒᆞᆫ 져 ᄀᆡ별을 누으면 잠이요 아는 듯 모로는 듯 황정경黃庭經[165] 손의 쥐고 자지곡紫芝曲 노ᄅᆡᄒᆞ니 사호四皓[166]은 다셧시요 삼은三隱[167]은 너이로다. 주시周時 여상呂尙[168]도 위수渭水에 고기낙고 한대漢代 제갈량諸葛亮은 남양南陽의 밧츨 갈고 이 아니 그 고지며 ᄂᆡ 아니 ᄀᆡ로런가. ᄉᆞ람은 고금古今이나 ᄯᅳᆺ지야 다른손냐. 잇스면 필粥이요 업스면 굴물망정 주문朱門의 벗님ᄂᆡ야 이ᄂᆡ 자비紫扉 웃지 마소. 고학孤狢을 모르거든 폐포弊袍을 붓그리랴. 죽장竹杖 망혜芒鞋로 분수分數ᄃᆡ로 집고 신고 천산千山 만수萬水의 이리져리 오락가락 갑업슨 江山 風月과 함게 늙자 ᄒᆞ노라

— 김태준金台俊 교주校註 '청구영언靑丘永言'에서 —

귀詠而歸." 공자孔子 위연喟然히 탄嘆하여 "나도 그대와 함께 하겠다." 하였다.

163 소허巢許=소부巢父와 허유許由. 허유許由는 기산箕山의 은사隱士. 요堯 그에게 천하天下를 주려 하였으나 허유許由 이를 듣고 귀가 더럽다 하여 영수潁水에 귀를 씻다. 소부巢父도 그 무렵 은사隱士. 허유許由가 귀물 씻은 물조차 더럽다고 건느지도 않다.

164 무회씨無懷氏 갈천씨葛天氏=중국中國 태고太古에 인황씨人皇氏 이후以後 천하天下를 가졌다는 신화神話 인물人物.

165 황정경黃庭經=112페이지 참조參照.(*각주 153)

166 사호四皓=상산商山의 사호四皓, 중시衆時 동원공東園公, 기리계綺里季, 하황공夏黃公, 각리선생角里先生. 진秦을 피避하여 상산商山에 숨어 자지곡紫芝曲을 노래하다.

167 삼은三隱=고려高麗의 목은牧隱, 포은圃隱, 야은冶隱.

168 여상呂尙=태공망太公望.

군악軍樂

오날두 하 심심하니 길군악軍樂이나 ᄒᆞ여 보ᄉᆡ.

노오나 너니나로 노오오 나니로 나니로 나이니로 나니로 이너어 나니나로 노오오 너니너로 나로나너에 나노나노 나니나로 노나니나로 나가소 나가소 ᄌᆞᄂᆡ 가소 ᄌᆞ내 가면 ᄂᆡ 못 살가.

정방산성正方山城 북문北門 박긔 ᄒᆡ 도라지고 달이 도다 온다. 눈비 찬비 찬이슬 맛고 홀노 셧ᄂᆞᆫ 노송老松남긔 ᄧᆞᆨ을 일코셔 홀노 셧네, ᄂᆡ 각씨閣氏네 이리ᄒᆞ다ᄉᆞ ᄂᆡ 못살나.

에 업다 이년아 말들러븜 보아라. 노오니 너니나로 노ᄋᆞᄋᆞ 나니로 나니로 나이니로 나니로 이너어 나니나로 노오오 너니너로 나로나너에 나노나노 나니나로 노나니나로 나가소 나가소 ᄌᆞᄂᆡ 가소 ᄌᆞ내 가면 ᄂᆡ 못 살가.

조고마ᄒᆞᆫ 상좌上佐 즁이 부도斧刀 ᄎᆡᄅᆞᆯ 두루쳐 메고 만첩萬疊 청산靑山을 ᄉᆡᆨ 드러 가셔 크다라한 고양남글 이리로 ᄧᅵᆨ고 져리로 ᄧᅵᆨ어 제 홀노 ᄧᅵᆨ어 ᄂᆡ니 ᄂᆡ 각씨閣氏 네 이리 ᄒᆞ다 ᄉᆞᄂᆡ 못 살냐.

노오다 너니나로 노오오 나니로 나니로 나이니로 나니로 이너어 나니나로 노오오 너니너로 나로나너에 나노나노 나니나로 노나니나로 나가소 나가소 ᄌᆞᄂᆡ 가소 ᄌᆞ내 가면 ᄂᆡ 못 살가.

— 김태준金台俊 교주校註 '청구영언靑丘永言'에서 —

야담野談 2제二題

어우당於于堂[169]

통윤은 ᄌᆡ조 잇ᄂᆞᆫ 즁이라 능히 글ᄒᆞ고 비희(초란)이 거동 잘ᄒᆞ고 즘싱의 소ᄅᆡᄅᆞᆯ 공교히 ᄒᆞ더니, 일ᄌᆞᆨ 촌려의 지나집의셔 쥬식을 ᄌᆞ초고 무당을 가져 죽은 신령을 블러 ᄉᆞᄒᆞ더니, 윤이 아젹을 못 먹고 걸식ᄒᆞ고져 ᄒᆞ니 그 집인이 ᄭᅮ지존대, 윤이 노하여 ᄀᆞ만이 마을 아ᄒᆡᄅᆞᆯ ᄃᆞᄅᆡ여 인의 년셰와 형용과 친쳑과 평싱의 힝ᄉᆞ와 작업을 ᄌᆞ셔 어더 듯고, 드ᄃᆡ여 굿하ᄂᆞᆫ 마당으로 돌입ᄒᆞ여 그 얼굴과 ᄎᆞᆯ 변ᄒᆞ고 혹 프ᄅᆞ게 ᄒᆞ며 혹 븕게 ᄒᆞ여 왼 몸을 다며, 빈 말과 어ᄌᆞ러온 말노ᄡᅥ 쥬인을 ᄭᅮ짓고 망인의 말지어 하던 일을 다 베플며 친쇽의 셩명을 지뎜ᄒᆞ며 형으 쳐쳡가 ᄌᆞ손을 분별ᄒᆞ여 ᄒᆞ나 그ᄅᆞᆺ ᄒᆞ디 아니ᄒᆞ니, 슬픈 과 잡된 말로ᄡᅥ 길흉과 화복을 닐러 현하의 말이 입시울 혀ᄭᅮᆼᄒᆡ 흐ᄅᆞᄂᆞᆫ 것 ᄀᆞ티 ᄒᆞ니, 왼 집안이 경동ᄒᆞ고 비ᄋᆡᄒᆞ며 ᄂᆞᆫ 재 눈믈을 ᄀᆞ리오고 통곡디 아니리 업서 다 ᄡᅧ ᄒᆞ 신령이 강님ᄒᆞ얏다 ᄒᆞ고, 무녜 긔운이 막히여 말이 아니 나, ᄒᆞᆫ 말도 서ᄅᆞ 결우ᄂᆞᆫ 배 업ᄂᆞᆫ디라. 쥬인이 마자 샹좌ᄒᆞ고 음식을 극히 ᄎᆞᆯ혀 먹여 ᄡᅥ 보내더라.

169 어우당於于堂=유몽인柳夢寅의 호號. 자字 응문應文. 우호又號 간암艮菴. 흥양인興陽人(1559-1623). 인조仁祖 반정시反正時 역옥逆獄에 연좌連坐하여 죽음. 어우야담於于野談 6권卷 5책冊.

그 후의 됴갸의셔 션교[170]를 베플싀 팔방의 일흠 잇는 즁을 쎠니 윤이 그 쎠는 듸 참예훈디라. 장츳 판ㅅ[171]를 졔슈흐랴 흐더니 그 일노뼈 니루누니 이셔 드듸여 물니티니라.

쏘 달밤의 마을노 디나갈싀 년쇼훈 모든 협긱들이 뭇 간나희롤 드리고 희롱흐는디라. 그 째 사름이 요괴로온 즁들이 졍ㅅ롤 어주러이믈 통분이 너겨, 머리 싹근 놈을 보면 반드시 블 딜러 욕흐는디라. 본듸 윤이 광대 희롱과 즘싱의 소릐돌 잘흐는디라, 윤이 골오듸,

"내 빅가지 징조롤 다 흐듸 ᄀ장 능훈 바는 쏫츨 탐흐는 벌과 나빅 희롱을 흐노라."

뭇 협긱들이 됴화흐야 보기롤 쳥흐거놀 윤이 드듸여 흐여곰 각각 손바닥을 버려 쏫모양을 흐여 장츳 쏫송이롤 점젹흐랴는 드시 흐고, 두 막대로서 허리 아래 씨고 두 ㅅ매롤 버려 놀개롤 흐고 벌의 소릐롤 지으며 벌이 누는 형샹을 흐여, 처엄의 십보는 누라 갓다가 도라 오고 쏘 그리흐야 도라 오고 빅보나 깃디기 도라 오니, 군협이 무다 보고 우ㅅ며 그 멀며 갓가온 거술 밋고 잇더니, 수빅보나 디나 가셔 가히 조차 오디 못훌 줄 알고 막대롤 더디고 ㅅ매롤 두루며 드라나니 군협이 쏫다가 밋디 못흐더라

170 션교=仙教.

171 판ㅅ=判事.

2. 독경讀經

쇽담의 ᄀᆞᆯ오ᄃᆡ, 져비ᄂᆞᆫ 논어[172]ᄅᆞᆯ 닑ᄂᆞᆫ 고로 그 울 제 ᄀᆞᆯ오ᄃᆡ,

"지지위지지오 블지위블지 시지야"

라 ᄒᆞ고, 개구리ᄂᆞᆫ ᄆᆡᆼᄌᆞ[173]ᄅᆞᆯ 닑ᄂᆞᆫ 고로 그 울 제 ᄀᆞᆯ오ᄃᆡ,

"독악낙과 여인악낙이 슉낙고"

ᄒᆞ고, 창경(종달새라)은 장ᄌᆞ[174]ᄅᆞᆯ 닑ᄂᆞᆫ 고로 그 울 제 ᄀᆞᆯ오ᄃᆡ,

"이지유디지비디 블약이비디 유디지비디야오 이마유마지비매 블약이비마 유마지비 마얘라"

ᄒᆞ니, 창경은 부노구결, 긔뎐간이명[175] ᄒᆞ니 그 울기 소ᄅᆡ 만ᄒᆞᆫ디라.

만력 계ᄉᆞ[176]의 내 강셔의 이셔 듕원 졀강 유ᄉᆡᆼ 황 ᄇᆡᆨ뇽[177]과 더브러 말ᄒᆞᆯ ᄉᆡ 내 죠굼 화어ᄅᆞᆯ 아ᄂᆞᆫ디라, ᄇᆡᆨ뇽이 ᄀᆞᆯ오ᄃᆡ,

"우리 나라 사ᄅᆞᆷ은 ᄒᆞᆫ 경셔만 오ᄅᆞ지 ᄒᆞ니 네 나라 사람은 몃 경서나 다ᄉᆞ리ᄂᆞ냐."

내 ᄀᆞᆯ오ᄃᆡ,

"우리 나라 사ᄅᆞᆷ은 삼경도 다ᄉᆞ리고 혹 ᄉᆞ경도 다ᄉᆞ려, 져비와 개구리와 창경도 ᄯᅩᄒᆞᆫ 능히 ᄒᆞᆫ 경셔ᄂᆞᆫ 오롯 ᄒᆞᄂᆞ니라."

ᄀᆞᆯ오ᄃᆡ

"엇디오."

---

172 논어論語=지지위지지知之爲知之 부지위부지不知爲不知 시지야是知也.

173 맹자孟子=독락락獨樂樂 흥인락락興人樂樂 집락執樂.

174 장자莊子=이지유지지비지以指喩指之非指 부약이비지不若以非指 유지지비지야喩指之非指也. 이마유마지비마以馬喩馬之非馬 부약이비마不若以非馬 유마지비마야喩馬之非馬也.

175 부노구결, 긔뎐간이명=負鏽口訣, 起田間以鳴.

176 만력 계ᄉᆞ=만력萬曆 계사癸巳(1593 A.D.). 임진왜란壬辰倭亂 다음 해.

177 황ᄇᆡᆨ뇽=黃伯龍.

ᄀᆞᆯ오ᄃᆡ,

"져비ᄂᆞᆫ 논어ᄅᆞᆯ 오ᄅᆞᆺ ᄒᆞᄂᆞᆫ 고로 닐오ᄃᆡ, '지지위지지오 블지위블지 시지야라'…•"

ᄒᆞ고 말이 ᄆᆞᆺ디 못ᄒᆞ야셔 ᄇᆡᆨ농이 ᄀᆞᆯ오ᄃᆡ,

"개구리 경셔는 ᄆᆡᆼᄌᆞ의 니ᄅᆞᆫ 바 '독악낙과 여인악낙이 숙낙쟈야아.'--"

내 놀라 ᄀᆞᆯ오ᄃᆡ

"엇디 뼈 아ᄂᆞ니."

ᄀᆞᆯ오ᄃᆡ,

"우리 문과 속에 ᄯᅩᄒᆞᆫ 이 말이 잇ᄂᆞ니라."

ᄒᆞ니, 대개 우리 나라히 젼됴로브터 강남을 통ᄒᆞ니 일노뼈 우리 나라희 문ᄌᆡ 만히 강남 소ᄅᆡᄅᆞᆯ ᄡᅳᄂᆞ니라.

— '어우야담於于野談'에서 —

기철奇轍의 무리[178]

박종화朴鍾和[179]

지밀[180] 문 앞엔 판밀직[181] 홍 의를 위시하여, 밀직 강 중경, 대호군[182] 목 인길, 대호군 이 몽고대 들이 화려한 조복으로 합문 열기를 기다리고 섰는 듯하다가, 기 철과 권 겸이 들어오는 것을 보자, 물결 헤지듯 좌우로 쫙 갈라 서며 허리를 굽혀 길을 튼다.

"대감, 인제 들어오시오."

"대사도 대감, 인제 행차합시오."

모두들 다투어 읍을 올리며 공손하게 기 철과 권 겸을 맞았다. 이 모든 젊은 동료들의 공손한 태도에 기 철과 권 겸의 마음은 무한히 헝그러웠다.

---

178 기철奇轍의 무리='다정불심多情佛心' 중中의 일절一節. 공민왕恭愍王 5년(1356) 음陰 5월 8일의 사건事件.

179 박종화朴鍾和=호號 월탄月灘(1901-). 역사소설가歷史小說家. '백조白潮' 동인同人. 소설小說 금삼錦衫의 피. 대춘부待春賦, 다정불심多情佛心, 전야前夜. 시집詩集=흑방비곡黑房秘曲. 청자부靑磁賦.

180 지밀=至密. 왕王의 당시當時의 좌소座所.

181 판밀직·밀직=判密直·密直.

182 대호군=大護軍. 오위五衛의 일직一職으로 종삼품從三品 벼슬. 현직現職 아닌 문관文官, 무관武官, 음관蔭官이 충당充當됨.

"어째들 안 들어가고 거기들 모여 섰소?"

"대감께서 아직 안 들어오시기 때문에 합문[183]이 열리지 안했습니다."

밀직 강 중경이 다시 기 철 앞에 나아가 공손히 합문 안 열린 곡절을 이야기한다. 기 철은 고개를 끄덕여 으젓을 빼어 섰을 때, 대호군 목 인길[184]이 소리를 높여 합문 지킨 수문장을 부른다.

"대사도[185] 기 철[186]과 대감 권 겸[187]의 곡연 입시[188]요—"

우렁찬 목 인길의 외치는 목소리에 합문 열쇠가 덜커덕 소리를 내며 젖혀진다.

합문은 열려졌다. 먼저 앞을 선 대사도 기 철이 태연히 합문 안에 몸을 들여 놨을 때—.

생사부[189]를 들고 섰던 대호군 우 달치는.

"대사도 기 철 입시요—"

하고, 길게 목청을 뽑아 다시 외친다. 우 달치의 목소리가 떨어지자 합문 뒤에선 서리 같은 칼과 칭이 흰 무지개를 그리며 번쩍 일어났다.

기 철은 비로소 죽는 줄을 알았다. 펄썩 땅에 주저앉은 채 손을 모아 눈을 뒤집고 목숨을 빈다.

어디서 끙—하는 소리가 일어나며 기 철의 복은 금관을 쓴 채 헙문

183 합문=閤門. 편전便殿의 앞문.

184 목인길=睦仁吉. 공민왕시恭愍王時 지밀직사사知密直司事.

185 대사도=大使徒. 호조판서戶曹判書의 별칭別稱.

186 기철=奇轍. 몽고명蒙古名은 백안부화伯顏不花. 공민왕시恭愍王時 정승政丞이고, 덕성부원군德城府院君. 누님 황후皇后를 믿고 갖은 횡폭橫幅을 다하다가 복주伏誅.

187 권겸=權謙. 공민왕시恭愍王時 복안부원군福安府院君. 그 딸을 원元에 바치고 원元의 태부감太府監 대감大監의 벼슬을 하다. 기철奇轍과 당當하다가 복주伏誅.

188 곡연 입시=곡연曲宴 입시入侍.

189 생사부=生死簿.

마당에 동그라진다.

뒤미쳐 들어가던 권 겸이 이 꼴을 보자 정신은 아뜩하고 간은 콩알만 했다. 살려는 본능이 강하게 움직였다. 눈에선 새파란 불이 일어나고 떨리는 두 주먹은 경련이 된 듯 꼭 쥐어진다. 앞에는 서리 같은 칼이 하늘을 찌를 듯 하고, 뒤에는 강 중경, 목 인길, 홍 의, 이 몽고대들이 소매 속에 제가끔 무엇들을 감추어 들고 섰다.

일순 뒤에 권 겸은 부르르 떨다가 판밀직 홍 의 복장을 지르고 그물에 벗어진 토끼처럼 잽새게 뛰었다.

대호군 목 인길과 이 몽고대는 철퇴를 들고 토끼 같이 뛰닫는 권 겸을 따랐다.

권 겸이 정문을 버리고 협문인 자문[190]에 다달았을 때, 날마다 열리던 자문은 굳게 잠겨졌었다. 권 겸은 더 뛸래야 더 갈 곳이 없었다. 이 몽고대의 철퇴가 갈겨지자 피는 궁문에 뿌려지고 혼은 연기처럼 스러졌다.

—극히 짧은 일순간의 일이었다. 그러나 벌써 살기는 대궐 안에 가득했다. 기 철과 권 겸은 이미 요정을 지었으나, 아직껏 기 철의 한 당인 경양 부원군 노 정[191]의 얼굴이 보이지 아니하고, 기 철의 아들, 찬성[192] 기 유걸[193]도 보이지 아니하고, 기 철의 조카로 원나라에서 나온 기 완자 불화[194]도 안 들어왔다.

이 밖에도 이번 왕과 공주[195]가 내린 생사부에는 권 겸의 아들 만호[196]

---

190 자문=紫門.

191 노정=盧頲. 경양부원대군慶陽府院大君. 그 딸을 원元에 바치고 집현전集賢殿 학사學士 벼슬을 하다. 기철奇轍과 당當하다가 복주伏誅.

192 찬성=贊成. 의정부議政府의 종일품從一品 벼슬.

193 기유걸=奇有傑.

194 기완자불화=奇完者不花.

195 왕과 공주=공민왕恭愍王과 노국공주魯國公主.

항[197]과, 그 아우 사인[198] 벼슬한 화상의 이름도 있고, 노 정의 아들 행성랑중[199] 저도 이 틈에 끼였다.

노 정의 부자와 기 씨와 권 씨들, 아직도 처치할 사람은 허다하다. 백 걸음 안짝 궁문 밖에는 기 씨와 권 씨들의 추종파 사병이 그들먹하다. 자칫 잘못하면 기 씨의 일당을 우그려잡기 전에 일은 새어질 염려가 있었다.

대호군 목 인길은 궁성 밖에 금위 사 번의 군사를 일시에 풀어 대궐을 계엄하게 하고, 밀직 강 중경은 금위 삼법 군사를 지휘하여 노 정의 집을 에워 싼 뒤에 노 정 부 자를 찾았다. 그러나 노 정의 아들 노 저는 벌써 대궐로 향하다가 길에서 금위 군사가 풀린 것을 보자, 변이 생긴 줄을 알고 관복을 벗어 버려 달아나고, 노 정은 방금 조복을 갖추어 입고 대궐로 향하려다가 마루 끝에서 강 중경에게 붙들려 죽고, 기 철의 아들 유걸과 조카 기 완자불화는 노 정의 집 소문을 듣자 권 겸의 아들 항과 장사하는 원나라 사람의 맨두리를 차리고 평양으로 달이니서 의주 압록강을 건느려 했다.

왕과 노국 공주는 판밀직 홍 의에게 엄하게 분부를 내리어 다시 기 철의 여당을 한 명도 빼놓지 말고 잡으라는 지엄한 영을 내렸나.

송도는 말할 것도 없고, 온 고려는 계엄 속에 들었다. 군교와 기찰은 거미줄을 느린 듯하고, 기 씨네 일당을 용모파기[200]를 해서 방에 부치어 상을 주어 잡게 했다.

---

196 만호=萬戶. 각도各道 제기諸識에 속屬한 종사품從四品 무관직武官職.

197 항·화상·저=항恒, 화상和尙, 저渚.

198 사인=舍人. 의정부議政府의 정사품正四品 벼슬.

199 행성랑중=行省郎中.

200 파기=疤記. 병사兵士, 죄인罪人의 신체 검사할 때 그 특징을 기록記錄한 것.

……

왕은 기 철의 당파를 모조리 처치한 뒤에 기 철과 권 겸과 노 정들의 집과 땅을 몰수하고, 변정도감[201]을 시켜 재물과 토지를 조사해 보니, 기 철의 집에서만 쏟아져 나온 필육과 비단이 오륙천 필이 넘었고 황금과 백금이 곳간마다 가득이 찼다. 산 같이 쌓여진 어백미는 나라의 사창을 압두할 지경이오, 기름, 꿀, 간장과 소금은 내수사[202]가 도리어 가난해서 부끄러울 지경이었다. 종의 수효가 남녀 합해서 천명이 넘었고, 사랑 앞 좌우 줄행랑 열두 곳간엔 광마다 고려 토산이 산 데미 같이 쌓여졌다.

고창[203] 대발에 담양[204] 참빗, 무주[205] 백지에 진안 태지,[206] 용담 피지[207]에 거창[208] 창호지, 인동[209] 베에 한산[210] 세모시, 갑산[211] 돈피에 삼수 수달피,[212] 영흥 안식향[213]에 함흥 청서피,[214] 안주[215] 항라에 희천[216] 명주, 강계[217] 산삼에 위원[218] 벼루, 강원도 녹용에 회양 양각,[219] 강화 화문석[220]에

---

201 변정 도감=변정辨正 도감都監.

202 내수사=내수사內需司. 내수內需의 미米, 포布, 노비奴婢에 관關한 사무事務를 맡은 마을.

203 고창=高敞.

204 담양=潭陽.

205 무주=茂朱.

206 진안 태지=鎭安 苔紙.

207 용담 피지=龍潭 皮紙.

208 거창=居昌.

209 안동=安東.

210 한산=韓山.

211 갑산=甲山.

212 삼수 수달피=三水 水獺皮.

213 영흥 안식향=永興 安息香.

214 함흥 청서피=咸興 靑鼠皮.

215 안주=安州.

216 희천=熙川.

217 강계=江界.

218 위원=渭原.

풍기[221] 인삼, 울산 전복[222]에 양산 차,[223] 전주[224] 부채에 양주[225] 옥돌이 적여구산으로 쏟아져 나왔다.

모두 다 백성의 기름과 피를 긁어서 모은 것들이었다.

이 밖에 나라의 공전[226]과 백성의 사전[227]을 돌려내고 뺏어 간 것을 채근해 보니, 은근히 나라 땅을 차지해 버린 것이 논밭 얼려서 이만 오천육십삼 결[228]이오, 사전—백성의 땅을 늑탈해서 뺏어 간 것이 역시 논밭 얼려서 삼만 결이 넘었다. 호대한 수효였다.

— 장편長篇 '다정불심多情佛心'에서 —

---

219 회양 영양각=淮陽 羚羊角.

220 강화 화문석=江華 花紋席.

221 풍기=豊基.

222 울산 전복=蔚山 全鰒.

223 양산 차=梁山 茶.

224 전주=全州.

225 양주=楊洲.

226 공전=公田.

227 사전=私田.

228 결=結.

조선朝鮮 소설사小說史 서설序說

김태준金台俊[229]

一

현대現代에 이르러서는 소설小說이라면 모든 문예文藝의 중심中心이 되고, 정화精華가 되었지만, 소설小說의 발생發生 당시當時에는 동서東西 고금古今을 논論할 것이 없이 갖은 모멸侮蔑과 질시嫉視를 다하여 문단文壇의 일우一隅에 가까이 두기를 허許하지 않았다. 서양西洋에서도 고대古代 문화文華의 단총湍叢이라고 하는 불국佛國 한림원翰林院[230]에서 오히려 소설小說은 무지無智한 농민農民의 완독물玩毒物이라 하여 돌아보지도 아니하였다 한다. 아주 근세近世에도 노서아露西亞의 대작가大作家 이반·뚤게네프[231]

229 김태준金台俊=국문학자國文學者. 성대城大 조선문학부졸朝鮮文學部卒. 저서著書=조선소설사朝鮮小說史, 조선한문학사朝鮮漢文學史. 고전古典 주해註解=조선고가요집성朝鮮古歌謠集成, 춘향전春香傳, 고려가사高麗歌詞 등等.

230 불국佛國 한림원翰林院=Academie française. 혹칭或稱 불국佛國 학사원學士院. 1635년 재상宰相 리시뤼가 창설創設한 약 40명의 문학자文學者 협회協會. 1694년엔 불어사전佛語辭典을 간행刊行. 그 후後 많은 변동이 있었음.

가 명작名作을 연출連出하여 성명盛名을 문단文壇에 날릴 때에 그의 자모慈母가 "그런 저작著作에는 절필絶筆하라"고 수차數次씩이나 그 아들에게 절원切願하였다는 것도 유명有名한 에피소드이다. 하물며 동양東洋에서는 어떠하엿으랴? 중국中國 학자學者들은 김성한金聖嘆[232]과 이립옹李笠翁[233]이 나기까지는 소설小說의 문단상文壇上 지위地位를 밝혀 주지 아니하였고 다만 박해迫害와 냉소冷笑를 함부로 할 뿐이었다.

왕래往來 조선朝鮮 문원文苑에서 소설小說을 어떻게 대우待遇하였을까는 이미 생각이 반半을 지남이 있다. 유학자儒學者들은 누구나 없이 공구孔丘의 "소도小道도 볼 것이 있으나 치원공니致遠恐泥하므로 군자君子는 하지 않는다."라는 말에 예종禮從하여 전기傳奇 소설小說 같은 것은 상군자上君子의 접근接近ㅎ지 않을 것이라 하였다. 예例컨데 조선朝鮮의 예의禮儀 전집全集이라고도 할 만한 이덕무李德懋[234]의 사소절士小節[235]에는,

"연의演義[236] 소설小說은 작호회음作好誨淫하니 불가접목不可棲目이라. 절금자제切禁子弟하여 물사간지勿使看之하라. 혹유대인或有對人 니니송설妮妮

231 이반·뚤게네프=Ivan Sergeevitch Turgeneff(1818-1883). 러시아 문호文豪. 엽인獵人 일기日記, 루딘, 귀족貴族의 집, 아버지와 아늘, 처녀지處女地 등等의 작품作品이 있음.

232 김성한金聖嘆=명말明末 청초淸初의 문학자文學者. 수호전水滸傳, 서상기西廂記 등을 개작改作, 육세자서六歲子書를 선選, 삼국지三國志 연의演義의 서序를 씀. 불경죄不敬罪로 사형死刑 받음.

233 이립옹李笠翁=이어李漁. 명말明末 청초淸初 전당인錢塘人. 시곡문장詩曲文章이 공교工巧하며 평가平家로서는 성탄聖嘆과 병칭並稱. 소설小說에 입옹이십루笠翁二十樓, 희곡戲曲에 입옹십종곡笠翁十種曲이 있음.

234 이덕무李德懋=자字 무관懋官 호號 아정雅亭. 완산인完山人(1741-1793). 서출庶出, 문명저세文名著世. 중종中宗때 규장각奎章閣 검서관檢書官. 저서著書=청장관전집靑莊館全集 71권卷 25책冊.

235 사소절士小節=청장관전서靑莊館全書 중中의 사전士典, 부의婦儀, 동규童規에 관關한 소열류所說類의 부部.

236 연의演義=사실事實을 재미지게 덧붙여 이야기한 것.

誦說하여 권인독지勸人讀之하니, 석호惜乎라 인지무식人之無識이 호지어차호胡至於此乎아."

하였고, 그 밖의 모든 학자學者들도 연의演義 소설小說을 모조리 악평惡評하였는데, 수호전水滸傳[237]과 삼국지三國志[238]가 가장 중상中傷을 당當하였다. 이에 열기列記하여 보면;

"명말明末 소설小說의 성행盛行이 또한 한 국변國變이니…·족足히 써 천하天下 풍속風俗을 어지럽게 할지라."(소제집疎齊集[239])

"수호전水滸傳의 작가作家는 반드시 음적陰賊의 마음이 있었는지?"(성호사설星湖僿說[240])

"연사演史가 본디 아희兒戱 문자文字와 같으나 유서類書에 채입採入하면 문장文章의 사士 알지 못하고 혼용混用한다. 연사演史가 나서 정사正史가 율난汩亂하며 남녀男女의 일도 음매淫媒한 것이 많다."(택당잡저澤堂雜著[241])

"김병매金瓶梅[242]·육보단肉補團[243] 같은 것은 회음誨淫의 술術일 뿐이다."

---

237 수호전水滸傳=원元의 시내암施耐庵 편編의 소설小說. 71회回 이후以後는 나관중羅貫中이 계술繼述하였다 함. 송말宋末의 선화유정宣和遺亭를 토대로 송宋의 휘종徽宗 시대時代의 군도群盜를 그려낸 것.

238 삼국지三國志=옳게는 삼국지연의三國志演義. 명明의 나관중羅貫中 작作의 소설小說. 전全 20회回. 삼국사三國史를 토대土臺로 촉蜀의 유비劉備, 관우關羽, 장비張飛의 도원결의桃園結義부터 오吳의 손호孫皓가 항복降服하여 천하통일天下統一되는 데까지를 소설화小說化 한 것.

239 소제집疎齊集=20권卷 10책冊. 이이명李頤命 저著. 영조英祖 기묘己卯(1759) 홍봉한洪鳳漢 철습掇拾 인출印出.

240 성호사설星湖僿說=30권卷 30책冊. 이익李瀷 저著. 그의 평생平生의 수록隨錄을 천지天地, 만물萬物, 인사人事, 경사經史, 시문詩文의 각문閣門으로 나누었음. 그 폐견閉見의 박치博治, 고증考證의 명확明確은 세인世人의 칭상稱賞하는 바임.

241 택당잡저澤堂雜著=이식李植의 시문집詩文集인 택당집澤堂集(34권卷 17책冊)은 원原, 속續, 별집別集으로 나뉘어 있는데 그 별집別集 속에 택당잡저澤堂雜著가 있음. 헌종憲宗 15년年(1849) 간刊.

242 김병매金瓶梅=명대明代(1610) 소설小說. 작자作者 불명不明.

243 육보단肉補團=명대明代 소설小說. 작자作者 불명不明.

(도곡집陶谷集[244])

이상以上을 종합綜合하여 보면,

1. 소설小說은 풍기風紀를 문란紊亂ㅎ게 한다는 것.

2. 사실史實을 혼란混亂하며 과시科試 기타其他 작문作文에 혼용混用ㅎ게 하는 것, 등等의 수점數點에 귀결歸結된다. 그러나 아무리 완고頑固한 그들 유학자儒學者도 소설小說의 공功만은 전全혀 부인否認ㅎ지는 못하였으니, 예例컨대=

1. "잡가雜家 소설小說은 족足히 써 파한破閑 지수止睡가 된다."(택당집澤堂集)

2. "잡가雜家 소설小說은 간간間間이 남녀男女 풍요風謠를 섞어서 오히려 가可히 관채觀採할 것이 있다."(택당잡저澤堂雜著)

3. "수신기搜神記[245] 같은 것은…사가史家의 궐유闕遺를 보補하며 사장詞場의 채철採掇을 갖게 한다."(운양만록雲陽漫錄)

이와 같이 소설小說의 이익利益도 인정認定하였으나 대체大體로 보아 소설小說은 인간人間 생활生活에 해독害毒을 끼친 것이라고 본 것만은 사실事實이며, 소설小說을 미워하는 심리心理는 반드시 작가作家와 비평가批評家까지 미워하여, 수호전水滸傳 작자作者는 삼대三代 농아聾啞됨이 마땅하다는 전설傳說에 우단右袒하며(소제집疎齊集·택당집澤堂集), 이덕무李德懋의 별재집別裁集에는 김성한金聖嘆이가 재승덕박才勝德薄하여 죽었다고 비소鼻笑하여 있다. 이같이 유도儒徒들은 착齪한 보수주의적保守主義的 전통적傳統的 개념槪念을 부둥켜 가지고 모든 것을 유가儒家 삼척三尺으로 비판批判해서 조금이라도 자기自己의 척도尺度와 다른 점點이 있으면 곡직曲直을

244 도곡집陶谷集=82권卷 16책冊. 이의현李宜顯 시문집詩文集. 영조英祖 42년(1766) 인印.
245 수신기搜神記=육조六朝의 소설小說. 진晉의 간보干寶 선選. 8권卷.

물론勿論하고 철추鐵推를 가加하여 문예적文藝的 창작創作이라는 것은 맹아萌芽할 수도 없었다.

이리하여 왕래往來 유학자儒學者는 소설가小說家에 대對하여 독지獨持하고 어리석은 필법筆法으로 통봉痛棒을 가加하여 왔으니, 이것이 조선朝鮮 소설小說의 진보進步를 장애障碍하였고, 조선朝鮮 소설小說로 하여금 그 형식形式을 일정一定ㅎ게 한 커다란 원인原因이라고 볼 수 있다. 그러나 이런 영역零域에도 간혹間或 한 사람씩 현명賢明한 사람이 나서, 좀 더 냉정冷靜히 인생人生을 비판批判하고 반성反省하는 동시同時에, 가슴에서 뛰어 나오는 막을 수 없는 감정感情과 착상着想을 소각消却하여 버리기도 가석可惜할 때에는, 자기自己의 지위地位를 돌보아 창작創作의 형식形式으로 표현表現하기를 기피忌避하며, 패설稗說, 소설자류小說者流가 되기를 수치羞恥로 여겨 익명匿名으로써 발표發表하였으니, 이는 조선朝鮮과 중국中國 문학文學의 발전發展 과정過程에 볼 수 있던 공통共通 현상現象이라고 할 수 있다. 다시 말하면 유국儒國인 조선朝鮮과 중국中國에서는 소설小說 발전發展이 극난極難한 치관稚關을 돌파突破하면서 암암리暗暗裡에 조금씩 신장伸張되어 온 것이다. 그러나 진리성眞理性이란 땅 속에 묻힌 야광주夜光珠와 같이 영구永久히 매몰埋沒할 수도 없어, 가진 모멸侮蔑과 박해迫害의 속에서, 더욱 남 같지 못한 사회社會의 이면裡面에서, 점점漸漸 자란 것이 소설小說, 특特히 조선朝鮮 소설小說의 발달상發達相이라고 하겠다.

二

세계世界의 사원詞苑에 눈을 던져 보면 구주歐洲에 있어서 삼대三大 극지인劇持人이 그 아니 거룩한가? 중국中國에 있어서 사대四大 기서奇書가 그 아니 놀라운가? 눈을 조선朝鮮에 굴려 볼 적에 단테[246]도 없고 사옹沙翁[247]도 괴테[248]도 없었으며, 삼국지三國志, 수호전水滸傳, 서유기西遊記,[249] 홍루몽紅樓夢[250] 같은 대웅편大雄篇도 없었다. 유업儒業 이외以外에는 모조리 학대虐待하던 과거過去의 조선朝鮮에 있어서는 문예文藝의 맹아萌芽를 촉진促進할 조건條件과 기회機會를 조금도 허여許與ㅎ지 아니하므로, 소설小說 이외以外의 다른 부문部門에 있어서는 상당相當히 찬란燦爛한 예술적藝術的 기능機能을 발휘發揮하면서도, 다만 연문학軟文學의 영역領域에서는 아무 것도 자랑할 만한 작품作品을 내지 못하고 말았다. 그러나 조선朝鮮 문학文學에 대對하여 자세仔細히 탐색探索하여 본다면 우리는 홍길동전洪吉童傳, 춘향전春香傳을 필두筆頭로 하여 심청전沈淸傳, 흥부전興夫傳 등等 미쳐 헤아릴 수 없는 많은 소설小說을 가졌다. 모론毋論 엄격嚴格한 유교儒敎의 가정家庭과 허망虛妄한 도선道禪의 동산에서 자라난 소설小說들인 만큼, 그 근본根本 사상思想은 내부분大部分 봉긴적封建的 충효忠孝 대절大節에 종시終始하였고, 더욱 편협偏狹하고 고루孤陋한 동양東洋 원산原産의 논리論理를 고조高調함에 있어서는 청교도淸敎徒와 같은 소극적消極的, 비보편적非普遍的 주장主張으로써 숙명론적宿命論的 견해見解에 귀착歸着하고 말았다. 그러나

246 단테=Dante Alighieri(1265-1321). 이탈리 문학文學의 시조始祖. '신곡神曲'을 지음.

247 사옹沙翁=William Shakespeare(1564-1616). 영국英國의 대극시인大劇詩人.

248 괴테=T. W. Goethe(1749-1832). 도위치란트의 문호文豪. 대표작代表作 파우스트.

249 서유기西遊記=명대인明代人 작作. 실명失名. 당석唐釋 원장元裝이 서역西域(천축天竺)에 가서 불경佛經을 가져옴을 주제主題로 불교佛敎의 요청要請을 연술演述한 것. 전편全篇 일백회一百回. 그 우의적寓意的 비유譬喩와 결칭結稱의 웅대雄大는 전고前古 무비無比함.

250 홍루몽紅樓夢=청淸 조설근曹雪芹 작作. 통편通篇 일백이십회一百二十回. 귀공자貴公子 가보옥賈寶玉과 금릉십이서金陵十二叙라는 가인佳人과의 정화情話를 경經으로 하고, 영국榮國과 영국寧國 이부二府의 성쇠盛衰를 종綜로 하여, 235인人의 남자男子와 213인人의 여자女子를 착잡錯雜 배합配合하여 꾸민 대인정소설大人情小說.

이것은 봉건封建 사회社會의 기록記錄인 소설小說로서는 면免ㅎ지 못할 것이니, 각各 소설小說이 형식상形式上 공통성共通性을 가진 것이 반드시 나쁘다고 말할 수도 없으나, 이것은 취미趣味가 단순單純하여 독자讀者로 하여금 열 권 책冊을 읽기 전前에 권염倦厭을 느끼게 하는 것이니, 소설小說 문예文藝의 목적目的에 적합適合한 것이라고 할 수가 없다.

좌우간左右間 우리는 이에 조선朝鮮에도 소설小說이 상당相當히 존재存在한 것을 알았다. 소설小說의 일면一面으로서의 사상思想 감정感情은 원시인原始人도 가진 것이나, 역사적歷史的으로 보더라도 망연茫然하나마 삼국三國 시대時代 이전以前에 벌써 향가鄕歌, 민요民謠, 설화說話, 신도神道의 문학적文學的으로 맹아萌芽한 기원基源을 찾을 수가 있고, 삼국三國 시대時代는 정正히 구주歐洲의 러네산스[251]와 중국中國의 춘추春秋 전국戰國 시대時代와 흡사恰似하여, 사상思想은 분방奔放하고, 변론辯論은 자유自由스럽고, 병마兵馬는 공총倥傯한데, 그 동안에 벌써 원시原始 설화說話로부터 상당相當한 민담民譚을 가지게 되고, 화랑제花郞制의 설정設定과 함께 모든 풍류風流 기담奇譚과 군담軍譚이 발생發生하게 되고, 고신도古神道의 사상적思想的 전개展開와 의식적儀式的 발달發達과 함께 축사祝詞 문학文學의 진보進步를 보는 동시同時에, 재래在來의 신화神話 문학文學도 순박純樸한 경성境城을 벗어나서 풍염豊艶하고 철교鐵巧한 데로 나아가 일단一段의 비약飛躍을 하려 하는 즈음에, 조선朝鮮 고유固有의 문학文學과 사상思想보담은 절대적絶對的 우월優越한 중국中國, 인도印度의 문명文明이 국경國境을 깨뜨려 버리고 틈입闖入하여, 그의 위력威力과 거부拒斧의 및는 곳마다 거창한 도태淘汰를

251 러네산스=Renaissance. 14-16세기世紀에 구라파歐羅巴에서 일어난 문예부흥文藝復興. 중세기中世紀 기독교회基督敎會의 지배支配에서 벗어나서 자유自由로이 인간성人間性을 펴고 발전發展시키던 일.

더하였다. 그리하여 삼국三國 말엽末葉으로부터 뿌리박은 외래外來 사상思想과 한문학漢文學은 국민國民 생활生活의 거의 전면全面을 지배支配하게 되었고 고유固有한 사상思想은 위축萎縮하고 몰락沒落하였다.

한문학漢文學이 전성全盛할 동안에 여조麗朝가 기복起伏하고, 주자학朱子學[252]이 전성全盛할 동안에 이조李朝를 송영送迎하였으니, 이는 중국中國의 당송唐宋 시대時代와도 방불彷佛하여, 만일 여조麗朝 사람들로 하여금 소설小說에 힘을 썼더라면 당인唐人의 지은 전기傳奇 — 염려艶麗한 문예文藝 — 쯤은 용이容易할 것이었으나, 극단極端으로 유불儒佛을 숭배崇拜하는 당시인當時人에게는 그만한 여가餘暇도 없었겠지마는, 여말麗末까지는 삼국三國 유사遺事[253]와 일함一轞인 패관稗官 설화식說話式의 문예文藝, 예例컨대 파한집破閑集,[254] 보한집補閑集[255] 이외以外에 아무 것도 문헌文獻으로 보여 주는 것이 없다. 이조李朝에 들어서는 서거정徐居正[256]의 골계전滑稽傳이 전기傳奇 문학文學의 선구先驅가 되었다. 그러나 이보다 좀 전前에 세종世宗 이십팔二十八 년年에 제정制定된 훈민정음訓民正音이 소실사小說史 내지乃至 문

---

252 주자학朱子學=송宋 주희朱喜의 창도唱導한 유학儒學. 우주宇宙에 이원二元 즉卽 이理, 기氣가 있어 만물萬物은 그 이理를 받아 성性, 기氣를 받아 형形을 이룬다 한. 이조李朝의 유교儒敎는 거의 이를 받들었다.

253 삼국유사三國遺事=5권卷 3책冊. 역譯 일연一然(1206-1289) 저著. 삼국三國의 신이神異 영묘靈妙한 고사古事를 재록再錄. 불교佛敎에 관한 것이 가장 많고, 향가鄕歌가 이두吏頭로 적혀 있음은 유명有名하다.

254 파한집破閑集=3권卷 1책冊. 고려高麗 고종시인高宗時人 이인로李仁老(1152-1220) 저著. 이름 그대로 문인文人 소한逍閑의 유희문자遊戲文字이다. 대부분大部分 시화요, 간혹間或 신라新羅의 구속舊俗과 서경西京, 개경開經의 풍속風俗과 자작自作도 있음.

255 보한집補閑集=3권卷 1책冊. 고려高麗 고종시인高宗詩人 최자崔滋(1183-1260) 저著. 파한집破閑集 이후以後를 깁는 동취의同趣意의 서書.

256 서거정徐居正=자字 강중剛中, 호號 사가정四佳亭. 대구인大邱人(1420-1492). 소저所著=역대연표歷代年表, 동문선東文選, 동국통감東國通鑑, 필원잡기筆苑雜記, 신선동국여지승람新選東國輿地勝覽. 사가정집四佳亭集.

학사文學史 상上에 가장 큰 공적功績을 끼쳤다. 진정眞正한 의미意味의 조선朝鮮 소설小說 내지乃至 문학文學은 훈민정음訓民正音의 제정制定 이후以後에 기원起源을 두었다는 것이다. 또 정음正音 문학文學은 종래從來의 한문학漢文學이 귀족적貴族的임에 대對하여 문학文學에 주려 있는 평민平民에게 절대絶大한 환영歡迎을 받아 일사천리一瀉千里로 여항閭巷에 보급普及되었다. 문학文學의 평민화平民化와 동시同時에 그의 요구要求에 의依하여 외국外國 소설小說의 번역飜譯과 모방模倣이 속출續出하고, 임진壬辰과 병자丙子의 양난兩難을 지내어 자각적自覺的 정신精神이 발흥勃興하는 국민國民에게 명청明淸 문화文化의 정수精髓를 흡수吸收시키어 새로이 문예文藝의 활기活氣를 띄운 시대時代는 숙종肅宗[257]과 정종正宗[258]의 양조兩朝이다. 전자前者는 명대明代 문화文化를 수입輸入 시키어 포화飽和 상태狀態에 이르렀으니, 선조宣祖 이후以後에 일어난 장편적長篇的 정음正音 소설小說이 이에 이르러 난열爛熱한 황금黃金 시대時代를 이루었다. 그리고 청조淸朝의 학풍學風이 수입輸入되어 각各 방면方面에 다시 새로운 활로活路를 열어 준 것은 영조英祖[259]로부터 정종조正宗朝에 이르러 현저顯著하니, 실實로 오늘까지 유행流行하는 소설小說의 대부분大部分은 숙종肅宗으로부터 정종正宗까지와 사이에 된듯하며, 순조純祖 이후以後는 다만 전철前轍을 밟아 유전遺傳할 따름이었다가 서구西歐 문화文化의 동점東漸과 함께 갑오甲午 경장更張[260]의 날을 보게 되며 대극大極을 상징象徵한 깃발이 반도半島에 비치우매, 모든 문학文學의 혁명革命을 보게 되어 현금現今에 이르렀다.

---

257 숙종肅宗=1675-1720.

258 정종正宗=1777-1800.

259 영조英祖=1725-1776.

260 갑오경장甲午更張=1894 A.D. 조선朝鮮 근대화近代化의 계기契機가 된 개혁改革.

그러나 이 사이에 피避ᄒᆞ지 못할 현상現象은 정음正音 문학文學과 한문학漢文學과의 대립對立 상태狀態이었고, 전자前者는 항상恒常 후자後者의 견제牽制를 받은 관계關係로 그다지 진보進步ᄒᆞ지 못하고 도로혀 후자後者에 있어서 역량力量이 많고 가장 광망光芒을 많이 가진 작품作品을 보게 하였다. 더욱 조선朝鮮이 아니고 볼 수 없는 일은 김만중金萬重[261]이 정음正音으로 지은 구운몽九雲夢과 남정기南征記를 김춘택金春澤[262]이 한문漢文으로 번역飜譯하여 한취漢臭가 몽롱한 상류上流 계급階級에 보낸 것이니, 원래元來 사군자士君子는 정음正音 문학文學을 일원一願도 아니하며, 일반인一般人은 한자漢字를 해解ᄒᆞ지 못하므로 한문학漢文學을 돌아보지 못하여, 양자 간兩者 間에 생긴 경계境界는 매양 계속繼續되어 있었다. 그러므로 조선朝鮮의 한문漢文 소설小說을 중국中國 문학文學의 일一 방계傍系로 본다면 별문제別問題려니와, 조선朝鮮의 국민國民 문예文藝와 및 그에 포함包含되는 소설小說을 논論하고자 하면서 특권特權 계급階級의 손에서 사랑을 받던 한문漢文 소설小說의 고찰考察만이 나의 주안主眼이 아니이든, 정음正音의 제정制定과 정음正音 문학文學의 난열기爛熱期인 세종世宗, 숙종肅宗의 시대時代를 대서大書 특필特筆하지 아니 할 수 없다. 갑오甲午 경장更張 이후以後 구미歐米 문화文化의 대량大量 수입輸入과 함께 문예文藝 운동運動이 융성隆盛해서, 이래爾來 수십數十 년年 동안 소설小說 창작創作이 매우 흥성興盛하게 된 것은 우리네의 목전目前에 보고 있는 일인지라, 대략大略 사적史的으로 기

261 김만중金萬重=자字 중숙重叔, 호號 서포西浦. 광주인光州人(1637-1692). 숙종기사肅宗己巳 폐기廢妓 사건事件으로 장찬杖竄 4년 만에 죽음. 작품作品. 구운몽九雲夢, 남정기南征記.

262 김춘택金春澤=자字 백우伯雨. 호號 북헌北軒. 광주인光州人(1670-1717). 만중萬重의 형兄 만기萬基의 손孫. 폐기廢妓 사건事件 여파餘波로 다섯 번 유배流配, 세 번 입정入定. 시문時文 일책一冊 만필漫筆 일책一冊.

술記述하여 둔다. 杖

— '조선朝鮮 소설사小說史'에서 —

西紀1948年8月25日 印刷

西紀1948年8月30日 發行

文 學 讀 本

上

臨時正價 280圓

編 者 李 秉 岐

發行者 尙 文 當

서울市義州路1街21番地

印 刷 處 朝鮮單式印刷株式會社

1948・9・30 登錄 第125號

서울市青坡洞1街97番地의21

發行處 尙 文 堂

1948・10・1 登錄 第500號

표준 옛글

편집자 주

1. 『표준 옛글』은 1955년, 1956년, 1964년 발행된 3판의 체제가 다르다. 여기에 수록한 책은 55년을 기준으로 입력하였다.
2. 55년판은 어학적 문학적으로 각 시대별로 대표작을 뽑아 근대부터 고대로 시대순으로 엮었으며, 56년판은 각 시대별 대표작을 '자연에 대한 옛 사람들의 생활', '풍자문학의 옛 모습', '심리묘사에 능란한 글', '인간 고락의 이모 저모', '자연계의 아름다움', '옛날의 여류 문학', '초기의 한글 작품들', '고려 이전의 노래들'로 묶어 단원별로 엮었다. 64년판은 55년판의 각 단원별 순서를 재편집하고 「옛글 공부의 길잡이」를 추가하였다.

표준 옛글

전북 문리과 대학장 이병기
중앙 대학교 교수 정인승
엮음

표준 옛글(이병기 정인승 엮음,
신구문화사, 1955)

신구문화사

일러두기

1. 이 책은 고등학교 이상 각 학교의 국어 국문학 옛글 교재로 쓰기에 적당하도록 골라 엮은 것이다.
2. 글은 어학적으로, 문학적으로 각 시대의 대표될 만한 유명한 글로서, 혹은 전문을 혹은 중요한 일부씩을 뽑아, 근대 것에서부터 고대 것으로 치올라가는 시대 순으로 엮었다. 다만 "훈민정음"만은 특례로 맨 앞에 실었다. (작품과 작자의 연대를 알 수 있는 대로 밝히기에 힘썼다.)
3. 원전의 글자들을 아무쪼록 원형대로 옮기어 싣되, 근대의 것으로 너무 불규칙하게 된 것은 학생에게 무용한 현혹을 덜기 위하여 현대 맞춤법으로 수정하였다. 그러나, 어학 상 유익될 만한 재료—사투리나 옛말—들은 손상되지 않도록 힘썼다. (본문 가운데 괄호 안의 한문자나 국문자는 엮은이가 붙인 것임.)
4. 어려운 듯한 어구 또는 문장은 빠짐없이 일일이 집어서, 아무쪼록 그 글 전체를 똑똑히 이해할 수 있도록 쉽고 자상하게 풀이하여 책 끝에 붙이었다.
5. 이 책의 교재 선택과 편찬 방법 등은 실제 교육에 다년 체험하고 계신 여러 선생님들의 전적 협력에 의하여 모든 점에 실효 본위로 하기에 힘썼다.

4288. 3. 1.
엮은이 적음

목차

24. 옛 시조 (8) (연산 이전, 단종 이후)

25. 月印釋譜 序(월인석보 서)에서

26. 月印千江之曲(월인천강지곡)에서

27. 釋譜詳節 序(석보상절 서)

28. 釋譜詳節(석보상절)에서

29. 龍飛御天歌(용비어천가)에서

30. 옛 시조 (9) (태종 이전, 고려 말)

31. 青山別曲(청산별곡)

32. 西京別曲(서경별곡)

33. 가시리

34. 鄭石歌(정석가)

35. 動動(동동)

36. 鄭瓜亭(정과정)

37. 思母曲(사모곡)

38. 相杵歌(상저가)

39. 維鳩曲(유구곡)

40. 井邑詞(정읍사)

41. 願往生(원왕생) 노래

표지 그림(묵죽병풍화墨竹屛風畵)

이조李朝 영조英祖 때 소산蘇山 송상래宋祥來 작作

1. 訓民正音(훈민정음)에서

세조世祖 번역

世、솅宗종 御、엉製、졩 訓、훈民민 正、졍音음

製、졩、ᄂᆞᆫ 、글지、 ᅀᅳᆯ、씨、니 御、엉製、졩 、ᄂᆞᆫ :님、금 :지ᅀᅳ、샨、그리、라 訓、훈、은 ᄀᆞᄅᆞ、칠、씨、오 民민、ᄋᆞᆫ 百、ᄇᆡᆨ姓、셩、이、오 音음、은 소、리、니 訓、훈民민 正、졍音음、은 소、리、니 訓、훈民민 正、졍音음、은 百ᄇᆡᆨ姓、셩 ᄀᆞᄅᆞ、치시논 正、졍 ᄒᆞᆫ 소、리、라

나、랏 :말ᄊᆞ、미 中듕國、귁、에 달아 文문字、ᄍᆞᆼ와、로 서르 ᄉᆞᄆᆞᆺ、디 아、니ᄒᆞᇙᄊᆡ 、이런 젼、ᄎᆞ、로 어、린 百 、ᄇᆡᆨ姓、셩、이 니르、고、저、ᄒᆞᇙ、배 이、셔、도 ᄆᆞᄎᆞᆷ:내 제、ᄠᅳ、들 시、러 펴、디 :몯ᄒᆞᇙ、노、미 하、니、라、내、이、ᄅᆞᆯ 爲、윙、ᄒᆞ、야 、어엿、비너、겨、새、로、스、믈 여、듧字、ᄍᆞᆼ、ᄅᆞᆯ ᄆᆡᇰ、ᄀᆞ노、니 :사ᄅᆞᆷ:마、다 :ᄒᆡ、ᅇᅧ :수、ᄫᅵ 니、겨、날、로 、ᄡᅮ、메 便뼌安한、킈 ᄒᆞ、고、져 ᄒᆞᇙ ᄯᆞᄅᆞ、미니、라

國之語音 異乎中國 與文字不相流通 故愚民有所欲言 而終不得伸

其情者多矣 予爲此憫然 新制二十八字 欲使人人易習 便於日用耳

국지어음 이호중국 여문자불상류통 고우민유소욕언 이종부득신 기정자다의 여위차민연 신제이십팔자 욕사인인역습 편어일용이

2. 농가월령가農家月令歌에서

정학유丁學游

삼월령三月令

삼월은 모춘暮春이라, 청명淸明 곡우穀雨절기로다.
춘일이 재양載陽하여 만물이 화창和暢하니,
백화는 난만爛漫하고 새 소리 각색이라.
당전堂前의 쌍제비는 옛 집을 찾아오고,
화간花間의 범나비는 분분紛紛히 날고 기니,
미물微物도 득시得時하여 자락自樂함이 사랑홉다.
한식寒食날 성묘省墓하니 백양白楊나무 새 잎 난다.
우로雨露에 감창感愴함은 주과酒果로나 펴 오리라.
농부의 힘든 일 가래질 첫째로다.
점심밥 배 불리소. 일군의 처자 권속 따라와 같이 먹세.
농촌의 후한 풍속 두곡斗穀을 아낄쏘냐?

물꼬를 깊이 치고, 도랑 밟아 물을 막고,
한편에 모판 하고, 그 나마 삶이하니,
날마다 두세 번씩 부지런히 살펴보소.
약한 싹 세워 낼 제 어린 아이 보호하듯.
백곡百穀 중 논농사 범연하고 못 하리라.
포전圃田에 서속黍粟이요, 산전山田에 두태豆太로다.
들깨 모 일찟 붓고, 삼 농사도 하오리라.
좋은 씨 가리어서 그루를 상환相換하소.
보리 밭 매어 놓고 못논을 되어 두소.
들농사 하는 틈에 치포治圃를 아니할까?
울 밑에 호박이요, 처맛가에 박 시므고,
담 근처에 동아冬瓜 심어, 가자架子하여 올려 보세.
무 우, 배추, 아욱, 상치, 고추, 가지, 파, 마늘을,
색색이 분별하여 빈 땅 없이 심어 놓고,
갯버들 베어다가 개바자 둘러막아,
계견鷄犬을 방비防備하면 자연히 무성茂盛하리.
외밭은 따로 하여, 거름을 많이 하소.
농가의 여름 반찬 이 밖에 또 있는가?
뽕 눈을 살펴보니 누에 날 때 되겠구나.
어와, 부녀들아, 잠농蠶農을 전심傳心하소.
잠실蠶室을 쇄소灑掃하고 제구諸具를 준비하니,
다래끼, 칼, 도마며, 채광주리, 달발이라.
각별히 조심하여 냄새 없이 하소.
한식寒食 전후 삼사일에 과목果木을 접接하나니.

단행丹杏, 이행, 울릉도며, 문배, 참배, 능금, 사과,
엇접, 피접, 도마접에 행차접이 잘 사느니.
청다대 정릉매는 고사古査에 접을 붙여,
농사를 필畢한 후에 분盆에 올려 들여 놓고,
천한백옥天寒白屋 풍설 중에 춘색을 홀로 보니,
실용實用은 아니로되 산중의 취미趣味로다.
인간의 요긴要緊한 일 장 담는 정사政事로다.
소금을 미리 받아, 법대로 담으리라.
고추장 두부장도 맛맛으로 갖추 하소.
전산前山에 비가 개니 살진 향채香菜 캐 오리라.
삽주, 두릅, 고사리며, 고비, 도랏, 어라리를,
일분一分은 엮어 달고, 이분二分은 무쳐 먹세
낙화를 쓸고 앉아, 병술로 즐길 적에,
산처山妻의 준비함이 가효佳肴기 이뿐이라.

사월령四月令

사월이라 맹하孟夏되니, 입하立夏, 소만小滿 절기로다.
비 온 끝에 볕이 나니 일기도 청화淸和하다.
떡갈잎 퍼질 때에 뻐꾹새 자로 울고,
보리 이삭 패어 나니 꾀꼬리 소리 난다.
농사도 한창이요, 잠농蠶農도 방장이라.
남녀노소 골몰하여, 집에 있을 틈이 없어,

적막한 대사립을 녹음에 닫았도다.
면화棉花를 많이 갈소, 방적紡績의 근본이라.
수수, 동부, 녹두, 참깨, 부룩을 적게 하소.
갈 꺾어 거름할 제 풀 베어 섞어 하소.
무논을 써리어서 이른 모 내어 보세.
농량農糧이 부족不足하니 환자還子 타 보태리라.
한잠 자고 이는 누에, 하루도 열 두 밥을,
밤낮을 쉬지 말고, 부지런히 먹이리라.
뽕 따는 아이들아, 훗그루 보아 하여,
고목은 가지 찍고 햇잎은 젖혀 따소.
찔레꽃 만발하니 적은 가물 없을쏘냐?
이때를 승시乘時하여, 나 할 일 생각하소.
도랑 쳐 수도水道내고 우루처雨漏處 개와蓋瓦하여,
음우陰雨를 방비하면 훗 근심 더 없나니,
봄나이 필무명을 이때에 마전하고,
베, 모시 형세대로 여름 옷 지어 두소.
벌롱에 새끼 나니 새 통에 받으리라.
천만千萬이 일심一心하여 봉왕蜂王을 옹위擁衛하니,
꿀 먹기도 하려니와, 군신君臣 분의分義 깨닫도다.
파일八日에 현등懸燈함은 산촌山村에 불긴不緊하니,
느티떡 콩찐이는 제 때의 별미別味로다.
앞 내에 물이 주니 천렵川獵을 하오리라.
해 길고 잔풍殘風하니 오늘 놀이 잘 되겠다.
벽계수碧溪水 백사장白沙場을 굽이굽이 찾아 가니,

수단화水丹花 늦은 꽃은 봄빛이 남았구나.
촉고數罟를 둘러치고 은린銀鱗 옥척玉尺 후려내어,
반석盤石에 노구 걸고 솟구쳐 끓여 내니,
팔진미八珍味 오후청五候鯖을 이 맛과 바꿀쏘냐?

3. 한중록에서

홍씨洪氏

기사己巳에 홀연히 대리代理하오실 영을 내오시니, 억만사가 대리 후 탈이니, 어찌 섧고 섧지 아니하리요? 영묘께오서 효친 봉선孝親奉先하오심과 경천애민敬天愛民하오시는 성덕지성聖德至性이 천고 제왕에 뛰어나오시니, 내 이 몸으로 뵈옵고 기록한 바로 생각하여도 역대에 비하오실 임금이 아니 계시오나, 다만 경력이 많사오셔 신임辛壬을 지내오시고, 무신역변戊申逆變을 겪사오시고, 사외하오시며 사려思慮하오심이 거의 병환이 되오신 듯 시브오시니, 그 사이 세미지사細微之事야 어찌 다 기록하리요? 말씀을 가리어 쓰오셔 "죽을 사"死ㅅ자 "돌아갈 귀"歸를 다 휘諱하오시고, 차대次對나 밖에 나가오셔 일 보오시면, 의대衣襨도 갈아 입사오신 후 안에 드오시고, 불길한 말씀을 수작酬酌하오시거나 듣자오시면, 드오실 제 양치질 하오시고, 이부耳部를 싯사오시고, 먼저 사람을 부르오셔 한마디라도 처음 말씀을 하오신 후야 안으로 드오시고, 좋은 일과 좋지 아니오실 제, 출입하오시는 문이 다르시고, 사랑하는 사람의 집에 사랑ㅎ지 아니하는 사람이 있지 못하게 하오시고, 사랑하오시는 사람이 다니는 길은 사랑ㅎ지 아니하오시는 사람이 다니지 못하게 하오시니, 극히 황공하오되 애증愛憎의 역력歷歷하심 감히 앙탁仰度ㅎ지 못 하올 일이라. 대리전이라도 계복啓覆이나 형조공사刑曹公事나 친국親鞫이나 대궐서 이르는 불길한 일에는 자로 세자로 시좌侍坐하라 하오시고, 화평옹주和平翁主와 무오생戊午生옹주 지금 정처鄭妻라 하는 이 있는 방에 들어오실 제는 인견引見 의대를 가오신 후 드오시되, 세자께는 그렇지 아니 하오셔 바깥에 정사하시고 드오실 제 정사하오신 의대 입사오신 채 곁에 오오셔 동궁東宮 부르오셔 밥 먹느냐 묻자오셔, 대답하오시면 그 대답 듣자오신 이부를 그 자리에서 싯사오시고 싯사오신 물을 화협옹주和協翁主있는 집 광창廣窓으로 버리오시고, 웃대궐인즉 담을 넘겨 세수 물을 버리오시니, 글로 갈 것이 아니로되 어떤 따님은 밖에서 입사오시던 의대를 벗고야 보오시고, 이 중한 아드님은 말씀 듣자오셔 싯사오신 후야 가오시니, 경모궁景慕宮께오셔 화협을 대하오시면 우리 남매는 싯사오신 자비差備로다 하고 서로 웃사오시나, 화평옹주는 당신을 지성으로 몸을 평안히 하여 드리는 줄 감격하사 일호도 치의致疑하서나 기忌하시는 일이 없고 일양 친애 귀중하여 하시던 일은 궁중이 다 아는 배요 선희궁宣禧宮께오서는 위上의 자애 고르지 아니하오심을 설워하오시되 하릴없어 하시더니라.

× × ×

경모궁께서 매양 경문經文 잡설雜說붙이 보시기를 심히 하시더니, 옥추경玉樞經을 읽고 공부하면 귀신을 부린다 하니 읽어 보자 하오셔, 밤이면 읽고 공부를 하시더니라. 과연 심야深夜에 정신이 어득하오셔, 뇌성보화천존雷聲普化天尊이 뵌다 하시고 무서워하여 병환이 깊이 드시오니 원통ㅎ고 섧도다. 십여 세부터 병환 점漸이 계오셔 음식 잡사오시나, 행동 운용運用까지 다 예사롭지 아니 하오시더니, 옥추경 이후로 아주 변화기질變化氣質하듯이 되오셔 무서워 하오시고, "옥추" 두 자를 거두지 못 하오시고,

단오端午의 드는 옥추단玉樞丹을 거두지 못하여, 그 옥추단이 들어도 무서워 하오시기 차지 못하고, 그 후는 하늘을 심히 무서워 하오시고, "우뢰 뇌"雷, "벽력 벽"霹 그런 글자를 보지 못 하오시고, 전에는 천동을 싫어하시나 그리 심ᄒᆞ지 아니 하오시더니, 옥추경 후로는 천동 때면 귀를 막고 엎드리오셔 다 그친 후 일어나오시니, 이러하오신 줄이야 부왕父王과 모빈母嬪 아오실까 만사에 절박망조切迫罔措함을 형용ᄒᆞ지 못할러니라.

× × ×

이 때 대병환大病患이 극極하오시니, 그 어인 일이런고? 의대 병환의 말씀이야 더욱 형용 없고 이상한 괴질怪疾이오시니, 대저 의대 한 가지나 입으려 하오시면, 열 벌이나 이삼십 벌이나 하여 놓으면, 귀신엔지 무엇엔지 위하여 놓고, 혹 소화燒火도하고, 한 벌을 순히 갈아 입사오시면 만행이요, 시종 드는 이가 조금 잘못하면 의대를 입지 못 하오셔, 당신이 애쓰오시고 사람이 다 상하니, 이 아니 망극한 병환이냐? 어떤 제는 하 많이 하니, 무명인들 동궁 세간에 무엇이 많으리요? 미쳐 짓도 못하고, 필 것도 얻지 못하면 사람 죽기가 호흡呼吸 사이에 있으니, 그를 아무쪼록 하려 하기 마음이 쓰이는지라. 선친이 이 말을 들으시고, 우탄憂嘆이 무궁한 밖, 내 애쓰는 일이나, 사람 상하는 일을 민망하셔, 그 의대차를 이어 주오시니, 그 병환이 육칠 년이나 그렇듯 하여, 극히 성盛한 때도 있고, 적이 진정鎭定한 때도 있으니, 그 의대를 입지 못하여 애를 쓰오시다가, 어찌어찌하여 좀 짓이 나 한번 천행으로 입사오시면, 당신도 다행다행한 이 같이 입사오셔 더럽도록 입사오시던 것이니, 그 무슨 병환이런고? 천백 가지 병중에 옷 입기 어려운 병은 자고自古로 없는 병이니, 어찌 지존하신 동궁이 이런 병을 들으신고? 하늘을 불러 알 길이 없더니라.

× × ×

그 날 아침에 대조大朝에서 전좌殿座 나려 하오시고 경현당景賢堂 관광청觀光廳에 계오시니, 선희궁이 가오셔 우오시며 고하시되, "병이 점점 깊어 바랄 것이 없사오니, 소인이 차마 이 말씀을 정리에 못하올 일이오되 성궁聖躬을 보호하옵고 세손을 건지와 종사를 편안히 하옵는 일이 옳사오니, 처분을 하오소서"하고, 또 하오시되, "부자지정을 차마 이리 하시나, 병이니 병을 어찌 책망하오리이까? 처분은 하오시나 은혜는 끼치오시고 세손 모자를 평안하게 하오소서." 하시니, 대조에서 듣자 오시고, 조금도 지체하오시며 자저하오시지 아니 하오시고, 창덕궁 거동 영을 급히 내오신지라.

대조에서 휘녕전徽寧殿에 좌하오시고, 칼을 안사오시고 두드리오시며, 즉시 엄노嚴怒하신 성음이 들리오니, 휘녕전이 덕성합德成閤과 멀지 아니하니 담 밑에 사람을 보내어 보니, 벌써 용포를 벗고 엎드려 계시더라 하니, 대처분大處分이오신 줄 알고, 천지 망극하여, 흉장胸腸이 붕렬崩裂하는지라. 부질없이 세손 계신 네로 와 시로 붙들고 아무리 할 줄을 모르더니, 신시申時 전후 즈음에 내관이 들어와 밭소주방燒廚房의 쌀 담는 궤를 내라 한다 하니, 어찐 말인고 황황하여 내지 못하고, 세손궁이 망극한 거죄擧措 있는 줄 알고, 문정전門庭前에 들어가 아비를 살려 주소서 하니, 대조에서 나가라 엄히 하오시니, 나와 왕자재실王子齋室에 앉아 계시니, 내 그 때 정경이야 고금 천지간에 없으니, 세손을 내어 보내고, 내 일시나 세상에 머무를 마음이 있으리요? 칼을 들을 명을 결단하려 하더니, 방인傍人의 앗음을 인하여 뜻같이 못하고, 다시 죽고하자되 촌철寸鐵이 없으니 못하고, 숭문당崇文堂으로 말미암아, 휘녕전 나가는 건복문建福門이라 하는 문 밑에 가니, 아무것도 뵈지 아니ㅎ고, 다만 대조에서 칼 두드리오신 소리와 소조小朝에서 "아바님, 잘못하였사오니, 이제 하라시는 대로 하고,

글도 읽고, 말씀도 다 들을 것이니, 이리 마오소서"하시는 소리가 들리니, 이 간장이 촌촌이 끊어지고 앞이 막히니, 가슴을 두드려 아무리 한들 어찌하리요? 당신 용력과 장기壯氣로, 게를 들라 하오신들 아무쪼록 아니 드오시지, 어이 필경에 들어 계시던고? 처음은 뛰어 나가려 하시다가 이기지 못하여 그 지경에 밎사오시니, 하늘이 어찌 이대도록 하신고?

× × ×

임오화변壬午禍變이 천고 없는 변이라. 선왕이 병신초丙申初에 영묘英廟께 상소上疏하오셔 정원일기政院日記를 없이하여지라 하여 그 문적文蹟을 없이하였으니, 선왕의 효사孝思로 그 때 일을 중인衆人이 아니 볼 이 없이 설만褻慢히 보는 것을 설워하심이라. 연대 오래고 사적事蹟을 알 이 없어 가니, 그 사이의 일을 탁託하고 화禍를 즐기는 무리들이 사실을 변란變亂하고 청문聽聞을 현혹眩惑하여, 혹 하되 "경모궁이 병환病患이 아니 겨오신데 영묘께오서 참언讒言을 듣자오시고 그 처분을 하오시다."하며, 혹 하되 "영묘께오서 못 생각하신 일을 신하가 권하여 드려 망극지경罔極之境이 되다." 하여, 선왕 성충聖衷을 의현議賢ㅎ게 하려 하니, 선왕이 영명英明하오시고, 그 때 비록 충년沖年이시나 다 목도目睹하신 일이라 어찌 속으시리요마는, 위친爲親한 데 범연泛然하다 할까 두리오셔, 경모궁에 속屬하고 모년사某年事라 하면 일례一例로 그렇다 하셔 일찍이 시비是非, 진가眞假를 분변ㅎ지 아니하시니, 이는 당신 지통至痛으로 부득이하신 일이라. 선왕은 다 알고 지정至情에 이끌려 그리하여 계시거니와, 후왕은 선왕과 적이 다르고, 어떠한 큰일을 자손이 되어 인하여 모르기는 인정人情 천리天理에 어긴 일이라, 주상主上이 어려 계신데 이 일을 알고자 하시나 선왕이 차마 이르지 못하오시고 다른 사람이 뉘 감히 말을 하며 뉘 능히 이 사실을 해비該備히 알리요? 나곧 없으면 궐내闕內에서는 알 이 없어 인하여 모르게 하였으니, 자손이 되어 조선祖先의 큰 일을 망매茫昧할 일을 위하여 한번 전후사前後事를 기록하여 주상을 뵈고 없이하려 하되, 내 붓을 차마 차마 쓰지 못하여 임염荏苒하더니, 내 첩첩한 공사公私 참화慘禍 후 일명一命이 실 같하여 거의 끊어지게 되니, 이 일을 주상을 모르게 하고 돌아가기 실로 인정 밖인고로 죽기를 참고 혀를 물어 이리 기록하나, 차마 쓰지 못할 마디 내 빠힌 것이 많고, 지리한 곳은 다 거두지 못하며, 내 영묘 자부子婦로 평일 자애지덕慈愛之德과 그 때 재생지은再生之恩을 입삽고, 경모궁 처자로 소천所天의 주륙誅戮하심을 면ㅎ지 못하려니, 외인外人의 모년사某年事로 여차여피如此如彼하는 것은 다 맹랑한 말이요, 이 기록을 보면 모년 시종始終을 소연히 알 것이요, 영묘께오서 처음은 비록 자애를 더하지 못하여 계오시나 나중은 하릴없사오시고, 경모궁께오서도 천품 본성의 인후仁厚, 관대하오심은 비록 거룩하시오나, 병환이 만만망극罔極하셔 종사위망宗社危亡이 호흡지간呼吸之間이니, 하릴이 없사오신 티를 당하오시고, 내런지 선왕이런지 경모궁 처자로 그 망극지변罔極之變을 지내고 능히 죽지 못하고 보전한 것이 또한 애통은 자애통自哀痛이요 의리義理는 의리로 하여 오늘 날까지 온 일이니, 마디를 주상이 자세히 알고자 함이라. 대저 이 일이 영묘를 원망하며 경모궁을 병환이 아니시라 하여, 신하를 죄 있다 하여서는 비단 본사本事의 실상을 잃을 뿐 아니라, 삼조三朝에 다 망극한 일이니, 이만 잡으면 이 의리 분간하기 무엇이 어려우리요? 내 임술壬戌 춘간春間에 이 일을 초잡아 두고 미처 뵈지 못하였더니, 근일 경력經歷한 수작이 미쳐, 가순궁도 자손을 알게 하는 것이 옳으니 써 내라 청하니, 비로소 강잉하여 써 주상께 뵈니, 내 혈심血心이 이 기록에도 있는 지라, 새로이 심혼心魂이 경월驚越하고 간폐肝肺 붕절崩折하여 일자일체一字一涕하여 글씨를 이루지 못하니, 세상에 날 같은 사람이 다시 어이 있으리요? 원의원의寃矣寃矣로다. 을축乙丑 사월 일.

4. 옛 시조 (1) (시대 모름)

꿈에 뵈던 임이 신의信義 없다 하건마는,
탐탐히 그리울 제 꿈 아니면 어이 보리?
저 임아, 꿈이라 말고 자로자로 뵈시소.

명옥明玉

매화 옛 등걸에 춘절春節이 돌아오니,
옛 피던 가지에 피엄즉도 하다마는,
춘설春雪이 난분분亂紛紛하니 필똥말똥 하여라

매화梅花

말이 놀라거늘 혁 잡고 굽어보니,
금수청산錦繡靑山이 물 속에 잠겨세라.
저 말아, 놀아지 마라. 이를 보려 하노라.

(이름 모름)

설월雪月이 만정滿庭한데 바람아 부지 마라.

예리성曳履聲 아닌 줄은 판연判然히 알건마는,
그립고 아쉬운 마음에 행혀 귄가 하노라.

(이름 모름)

닻 드자 배 떠나니, 이제 가면 언제 오리?
만경청파萬頃滄波에 가는 듯 돌아오소.
밤중만 지국총 소리에 애긏는 듯하여라.

(이름 모름)

겨울날 다스한 볕을 임 계신 데 비최고저.
봄 미나리 살진 맛을 임에게 드리고저.
임이야 무엇이 없으리마는 내 못 잊어 하노라.

(이름 모름)

나뷔야, 청산靑山가자. 범나뷔 너도 가자.
가다가 저믈어든 곶에 들어 자고 가자.
곶에서 푸대접하거든, 잎에서나 자고 가자.

(이름 모름)

비는 오신다마는 임은 어이 못 오신고?
구름은 간다마는 나든 어이 못 가는고?

오거나 가거나 하면 이대도록 설우리?

(이름 모름)

간밤에 지게 여던 바람 살뜰히 날 속여다.
풍지風紙 소리에 임이신가 반기온 나도 외다마는,
진실로 들라곧 하더면 밤이조차 우을랏다.

(이름 모름)

치위를 막을션정 구태야 비단 옷가?
고픈 배 메올션정 산채菜랑다 관계하랴?
이 밖에 잡 시름 없으면 긔 좋은가 하노라.

(이름 모름)

오늘도 좋은 날이요, 이 곳도 좋은 곳이.
좋은 날 좋은 곳에 좋은 사람 만나 이셔,
좋은 술 좋은 안주에 좋이 놂이 좋애라.

(이름 모름)

바람도 쉬어 넘고 구름이라도 쉬어 넘는 고개,
산지니, 수지니, 해동청海東青, 보라매라도 다 쉬어 넘는 고봉 상상령高峰上上嶺 고개,

그 너머 임이 왔다 하면 나는 아니 한번도 쉬어 넘으리라.

(이름 모름)

5. 춘향전春香傳에서

어사또 누에 올라 자상히 살펴보니, 석양은 재서在西하고, 숙조宿鳥는 투림投林할 제, 저 건너 양류목楊柳木은, 우리 춘향 그네 매고 오락가락 노던 양이 어제 본 듯 반갑도다. 동편을 바라보니 장림심처長林深處 녹음간綠陰間에 춘향 집이 저기로다. 저 안에 내동헌內東軒은 예 보던 고면故面이요, 석벽石壁의 험한 옥獄은 우리 춘향 우니는 듯, 불쌍ㅎ고 가긍可矜하다. 일락서산 황혼시黃昏時에 춘향 문전 당도하니, 행랑行廊은 무너지고 몸채는 꾀를 벗었는데, 예 보던 벽오동碧梧桐은 수풀 속에 우뚝 서서 바람을 못 이기어 추레하게 서 있거늘, 단장 밑에 백두룸은 힘부로 다니다가 개한테 물렸는지, 깃도 빠지고 다리를 징검, 낄룩, 뚜루룩, 울음 울고, 빈 창전 누른 개는 기운 없이 조을다가 구면객舊面客을 몰라보고 꽝꽝 짖고 내달으니,

"요 개야, 짖지 마라. 주인 같은 손님이다. 너의 주인 어디가고 네가 나와 반기느냐?"

중문을 바라보니 내 손으로 쓴 글자가 충성 충忠자 완연ㅎ더니 가운뎃 중中자는 어디 가고 마음 심心자만 남아 있고, 기둥마다 입춘서立春書는 동남풍에 펄렁펄렁 이내 수심 도와 낸다. 그렁저렁 들어가니, 내정內庭은 적막한데 춘향의 모 거동 보소. 미음솥에 불 넣으며,

"애고, 애고, 내 딸이야! 모질도다, 모질도다. 이 서방이 모질도다. 위경

危境 내 딸이 아주 잊어 소식조차 돈절頓絶하네. 애고, 애고, 설운지고! 상단아, 이리 와, 불 넣어라."

하고, 나오더니, 울안의 개울물에 흰 머리 감아 빗고 정화수井華水 한 동이를 단하壇下에 받쳐 놓고 복지伏地하여 축원하되,

"천지지신 일월성신은 화의동심和意同心하옵소서. 다만 독녀獨女 춘향이를 금쪽같이 길러 내어 외손外孫 봉사奉祀 바랐더니, 무죄한 매를 맞고 옥중에 갇혔으니 살릴 길이 없삽내다. 천지지신은 감동하사, 한양성漢陽城 이몽룡李夢龍을 청운靑雲에 높이 올려 내 딸 춘향 살려지다."

빌기를 다 한 후에,

"상단아, 담부 한 대 붙여 다구."

춘향의 모 받아 물고 후유 한숨 눈물 질 제, 이 때 어사 춘향 모 정성 보고,

"나의 벼슬한 게 선영음덕先塋陰德으로 알았더니, 우리 장모 덕이로다!"

하고

"그 안에 뉘 있나?"

"뉘시요?"

"내로세."

"내라니 뉘신가?"

어사 들어가며,

"이 서방일쎄."

"이 서방이라니? 옳지, 이풍헌李風憲 아들 이 서방인가?"

"허허, 장모 망녕이로세! 나를 몰라? 나를 몰라?"

"자네가 누구여?"

"사위는 백년지객百年知客이라 하였으니, 어찌 나를 모르는가?"

춘향의 모 반가하여,

"애고, 애고! 이게 웬 일인고? 어디 갔다 인제 와? 풍세風勢 대작大作ᄒ더니 바람결에 풍겨 온가? 하운기봉夏雲奇峰ᄒ더니 구름 속에 싸여 온가? 춘향의 소식 듣고 살리려고 와계신가? 어서어서 들어 가세."

손을 잡고 들어가서 촛불 앞에 앉혀 놓고 자세히 살펴보니, 걸인乞人 중에는 상걸인이 되었구나! 춘향의 모 기가 막혀,

"이게 웬 일이요?"

"양반이 그릇됨이 형언形言할 수 없네. 그 때 올라가서 벼슬 길 끊어지고 탕진가산蕩盡家産하여, 부친께서는 학장學長질 가시고, 모친은 친가親家로 가시고 다 각기 갈리어서 나는 춘향에게 내려와서 돈천이나 얻어 갈까 하였더니, 와서 보니 양가兩家 일이 말 아닐쎄."

춘향의 모 이 말 듣고,

"무정한 이 사람아. 일차 이별 후로 소식이 없었으니 그런 인사가 있으며, 후기後期나 바랐더니 이리 잘 되었소? 쏘아 놓은 살이 되고, 엎지러진 물이 되어 수원숙우誰怨孰尤를 할까마는, 내 딸 춘향 어쩔랍나?"

홧김에 달려들어 코를 물어 떼려 하니,

"내 탓이지, 코 탓인가? 장모가 나를 몰라보네. 하늘이 무심ᄒ대도 풍운조화風雲造化와 뇌성전기雷聲電氣는 있느니!"

춘향모 기가 차서,

"양반이 그릇되매 간능幹能조차 늘었구나."

어사 짐짓 춘향모의 하는 거동을 보려 하고,

"시장하여 나 죽겠네. 날 밥 한 술 주소."

춘향모 밥 달라는 말을 듣고,

"밥 없네."

어찌 밥이 없을꼬마는 홧김에 하는 말이엇다. 이 때 향단이 옥에 갔다 나오더니, 저의 아씨 야단 소리에 가슴이 두근두근 정신이 월렁월렁, 정처 없이 들어가서 가만히 살펴보니, 전의 서방님이 와겼구나. 어찌 반갑던지 우루루 들어가서,

"상단이 문안이요! 대감님 문안이 어떠하옵시며, 대부인 기후 안녕하옵시며, 서방님께서도 원로遠路에 평안히 행차하시니까?"

"오냐, 고생이 어떠하냐?"

"소녀 몸은 무탈하옵내다. 아씨, 아씨, 큰아씨! 마오, 마오, 그리 마오. 멀고 먼 천리 길에 눌 보려고 와겼관데, 이 괄시가 웬 일이요? 아기씨가 아시면은 지레 야단이 날 것이니, 너무 괄시 마옵소서."

부엌으로 들어가더니 먹던 밥에 풋고추 절이김치 양념 넣고, 단간장에 냉수 가뜩 떠서, 모반에 받쳐 드리면서,

"더운 진지 할 동안에 시장하신데 우선 요기하옵소서."

어사또 반가하며,

"밥아, 너 본 지 오래로구나!"

여러 가지를 한테다가 붓더니 숟가락 댈 것 없이 손으로 뒤져서 한편으로 몰아치더니, 마파람에 게 눈 감추듯 하는구나! 춘향 모 하는 말이,

"얼씨고, 밥 빌어먹기는 능간이 났구나!"

이 때 향단이는 저의 아기씨 신세를 생각하여, 그게 울지는 못하고 체읍涕泣하여 우는 말이,

"어찌 할거나! 어찌 할거나? 도덕 높은 우리 아기씨를 어찌하여 살리시려오? 어쩔꺼나요! 어쩔꺼나요?"

실성失性으로 우는 양을 어사또 보시더니, 기가 막혀,

"여바라, 향단아! 울지 마라. 너의 아기씨가 설마 살지 죽을쏘냐? 행실

이 지극하면 사는 날이 있느니라."

춘향 모 듣더니,

"애고, 양반이라고 오기傲氣는 있어서! 대체 자네가 왜 저 모양인가?"

향단이 하는 말이,

"우리 큰아씨 하는 말이 조금도 괘념掛念 마옵소서. 나이 많아 노망한 중에, 이 일을 당해 놓으니, 홧김에 하는 말을 일분인들 노하리까? 더운 진지 잡수시오."

어사또 밥상 받고 생각하니, 분기忿氣 탱천撑天하여 마음이 울적鬱寂, 오장五臟이 월렁월렁, 석반夕飯이 맛이 없어,

"향단아, 상 물려라!"

담뱃대 톡톡 털며,

"여보, 장모! 춘향이나 좀 보아야지!"

"글허지요. 서방님이 춘향을 아니 보아서야 인정이라 하오리까?"

향단이 여짜오되,

"지금은 문을 닫았으니, 바라 치거든 가사이다."

이 때 마침 바라를 뎅뎅 치는구나. 향단이는 미음 상 이고 등롱燈籠 들고, 어사또는 뒤를 따라 옥 문깐 당도하니, 인적이 고요하고, 사정이도 간 곳 없네. 이 때 춘향이 비몽사몽간非夢似夢間에 서방님이 오셨는데, 머리에는 금관金冠이요, 몸에는 홍삼紅衫이라. 상사일념相思一念에 목을 안고 만단정회萬端情懷 하는 차라.

"춘향아!"

부른들, 대답이나 있을쏘냐? 어사또 하는 말이,

"크게 한번 불러 보소."

"모르는 말씀이요. 예서 동헌東軒이 마주치는데, 소리가 크게 나면 사

또 염문廉問할 것이니, 잠간 지체하옵소서."

"무에 어때? 염문이 무엇인고? 내가 부를께, 가만 있소."

"춘향아!"

부르는 소리에 깜짝 놀라 일어나며,

"허허, 이 목소리! 잠결인가, 꿈결인가? 그 목소리 괴이하다."

어사또 기가 막혀,

"내가 왔다고 말을 하소."

"왔단 말을 하거드면 기절낙담氣絶落膽할 것이니, 가만히 계옵소서."

"어머니 어찌 와겼소? 몹쓸 딸자식을 생각하와 천방지방天方地方 다니다가 낙상落傷하기 쉽소. 이훌랑은 오실라 마옵소서."

"날랑은 염려 말고 정신을 차리어라. 왔다."

"오다니, 누가 와요?"

"그저 왔다."

"가깝하여 나 죽겠소. 일러 주오. 꿈 가운데 임을 만나 만단정회하였더니, 혹시 서방님께서 기별 왔소? 언제 오신단 편지 왔소? 벼슬 따고 내려 운단 소문 왔소? 애고, 답답하여라!"

"너의 서방인지, 걸인 하나가 내려왔다."

"허허, 이게 웬 말인가? 서방님이 오시다니? 몽중에 보던 임을 생시에 보단 말가?"

문틈으로 손을 잡고 말 못하고 기색氣塞하며,

"애고, 이게 누구시요? 아마도 꿈이로다. 상사불견相思不見 그린 임을 이리 쉬이 만날쏜가? 이제 죽어 한이 없네. 어찌 그리 무정한가? 박명薄命하다, 나의 모녀. 서방님 이별 후에 자나 누우나 임 그리워 일구월심日久月深 한恨일러니, 이내 신세 이리 되어 매에 감겨 죽게 되니 날 살리려 와겨시오?"

한참 이리 반기다가, 임의 형상 자세 보니 어찌 아니 한심하랴?

"여보, 서방님! 내 몸 하나 죽는 것은 설운 마음 없소마는 서방님 이 지경이 웬 일이요?"

"오냐, 춘향아! 설워 마라. 인명이 재천在天인데 설만들 죽을쏘냐?"

춘향이 저의 모친 불러,

"한양성 서방님을 칠년 대한大旱 가문 날에 갈망대우渴望大雨 기다린들 나와 같이 자진自盡ᄒᆞ던가? 심은 낡이 꺾어지고, 공든 탑이 무너졌네! 가련하다, 이 내 신세, 하릴없이 되었구나! 어머님, 나 죽은 후에라도 원이나 없게 하옵소서. 나 입던 비단 장옷 봉장鳳欌 안에 들었으니, 그 옷 내어 팔아다가 한산세저韓山細紵 바꾸어서 물색 곱게 도포道袍짓고, 백방사白紡紗 주진 치마를 되는 대로 팔아다가 관망冠網 신발 사 드리고, 금봉채金鳳釵, 천은天銀 비녀, 밀화장도蜜花粧刀, 옥지환玉指環이 함 속에 들었으니, 그것도 팔아다가 한삼汗衫 고의 초라ᄒᆞ잖게 하여 주오. 금명간今明間 죽을 년이 세간 두어 무엇할까? 용장龍欌, 봉장, 반닫이를 되는 대로 팔아다가 별찬別饌 진지 대접하오. 나 죽은 후에라도 나 없다 말으시고 날 본 듯이 섬기소서.

서방님, 내 말씀 들으시오. 내일이 본관 사또 생신이라, 취중에 주망酒妄 나면 나를 올려 칠 것이니, 형문刑問 맞은 다리 장독杖毒이 났으니 수족인들 놀릴쏜가? 만수운환漫垂雲鬟 헝클어진 머리 이렁저렁 걷어 얹고, 이리 비틀 저리 비틀 들어가서 장폐杖斃 하여 죽거들랑 삯군인 체 달려들어 둘러업고, 우리 둘이 처음 만나 놀던 부용당芙蓉堂에 정결하고 요적寥寂한 데 뉘어 놓고, 서방님 손수 염습殮襲하되, 나의 혼백魂魄 위로하여 입은 옷 벗기지 말고, 양지 끝에 묻었다가, 서방님 귀히 되어 청운靑雲에 오르거든, 일시도 두지 말고 육진장포六鎭長布 개렴改殮하여 조촐한 상여喪輿 위에 덩그렇게 실은 후에, 북망北邙 산천 찾아 갈 제, 앞남산 뒷남산 다 버리고, 한양으로 올려다가, 선산先山 발치에 묻어 주고, 비문에 새기기를 "수절원사춘향지묘."守節冤死春香之墓라 여덟 자字만 새겨 주오. 망부석望夫石이 아니 될까? 서산에 지는 해는 다시 오련마는 불쌍한 춘향이는 한번 가면 어느 때 다시 올까? 신원伸冤이나 하여 주오. 애고, 내 신세야! 불쌍한 나의 모친 나를 잃고 가산을 탕진蕩盡하면, 하릴없이 걸인 되어 이집 저집 걸식다가, 언덕 밑에 조속조속 조을면서 자진自盡하여 죽거드면, 지리산 갈가마귀 두 날개를 떡 벌리고 두덩실 날아들어, 까옥까옥 두 눈을 파먹은들 어느 자식 있어 '후여!' 하고 날려 주리? 애고, 애고!"

설리 울 제, 어사또,

"울지 마라. 하늘이 무너져도 솟아날 구멍이 있느니라. 네가 나를 어찌 알고 이렇듯이 설워하니?"

작별하고 춘향 집으로 돌아왔지.

6. 옛 시조 (2) (고종 이전, 영조 이후)

바람이 눈을 몰라 산창山窓을 부딪치니,
찬 기운 새어 들어 잠든 매화梅花를 침노한다.
아무리 얼우려 하인들 봄 뜻이야 앗을쏘냐?

안민영安玟英

국화야, 너는 어이 삼월 동풍 숧여한다?
성긴 울 찬비 뒤에 찰하리 얼리언정,
반드시 군화群花로 더불어 한 봄 말려 하노라.

안민영安玟英

매화사梅花詞 (제칠七)

저 건너 나부산羅浮山 눈 속에, 검어 우뚝 울퉁불퉁 광대 등걸아.
네 무슨 힘으로 가지 돋쳐 꽃조차 저리 피었는다?

아무리 썩은 배 반만 남았을망정 봄뜻을 어이 하리요?

안민영安玟英

춘앵무春鶯舞

고올싸, 월하보月下步에 깁 소매 바람이라.
꽃 앞에 섰는 태도 임의 정情을 맞아세라.
아마도 무중舞中 최애最愛는 춘앵무春鶯舞ㄴ가 하노라.

익종翼宗

금준金樽에 가득한 술을 옥잔玉盞에 받들고서,
심중心中에 원하기를 만수무강萬壽無疆 하오소서.
남산南山이 이 뜻을 알아 사시 상청四時常靑하더라.

익종翼宗

간 밤에 부던 바람 만정도화滿廷桃花 다 지거다.
아이는 비를 들고 쓸오려 하는고야!
낙화落花ㄴ들 꽃이 아니랴, 쓸어 무삼하리요?

정민교鄭敏僑

국화는 무슨 일로 삼월 동풍 다 보내고,
낙목한천落木寒天에 네 혼자 피었느니?
아마도 오상고절傲霜孤節은 너뿐인가 하노라.

이정보李鼎輔

오려 논 물 실어 놓고 면화棉花 밭 매오리라.
울 밑에 외를 따고, 보리 능거 점심 하소.
뒷집에 술 익거들랑 외자일 만정 내어라.

이정보李鼎輔

평생에 원하기를 이 몸이 우화羽化하여,
청천靑天에 솟아올라 저 구름 헤치고자.
이 후는 광명일월光明日月을 거리끼게 말리라.

이정보李鼎輔

설악산雪岳山 가는 길에 개골산皆骨山 중을 만나,
중더러 물은 말이 풍악楓嶽이 어떻더니?
이 사이 연하여 서리치니 때 맞았다 하더라.

조명리趙明履

샛별 지자 종다리 떴다. 호미 메고 사립 나니,

긴 수풀 찬 이슬에 베 잠방이 다 젖는다.
아이야, 시절이 좋을 쏜 옷이 젖다 관계하랴?

이재李在

잘 가노라 닫지 말며, 못 가노라 쉬지 마라.
부디 긏지 말고 촌음寸陰을 아껴스라.
가다가 중지中止곧 하면 아니 감만 못하리라.

김천택金天澤

7. 심청전沈清傳에서

심청이 부친의 말을 듣고, 그 날부터 후원을 정히 하고, 향토로 단壇을 무어 두고, 좌우에 금줄 매고, 정화수 한 동이를 소반 위에 받쳐 놓고, 북두칠성께 분향 재배한 연후에, 두 무릎 공손히 꿇고 두 손 합장合掌 비는 말이,

"상천上天 일월성신이며, 하지下地 후토后土, 성황城隍, 사방지신四方之神, 제천諸天, 제불諸佛, 석가여래釋迦如來, 팔금강보살八金剛菩薩, 소소응감昭昭應感하옵소서. 하느님이 일월 둠이 사람의 안목眼目이라. 일월이 없사오면 무슨 분별 하오리까? 소녀 아비 무자생戊子生 이십 후 안맹眼盲하여 시물視物을 못하오니, 소녀 아비 허물을랑 이 몸으로 대신하고, 아비 눈을 밝게 하여 주옵소서."

주야로 빌었더니, 도화동桃花洞 심 소저沈小姐는 천신이 아는시라, 흠향歆饗하옵시고 앞일을 인도하시더라.

하루는 유모 귀덕 어미가 오더니,

"아가씨, 이상한 일 보았나이다."

"무슨 일이 이상하오?"

"어떠한 사람인지, 십여 명씩 다니면서, 값은 고하高下 간에 십오 세 처녀를 사겠다하고 다니니, 그런 미친놈들이 있소?"

심청이 속마음으로 반겨 듣고,

"여보, 그 말 진정이요? 정말로 그리 될 양이면, 그 다니는 사람 중에, 노숙하고 점잖은 사람을 불러 오되, 말이 밖에 나지 않게 조용히 데려 오오."

귀덕 어미 대답하고 과연 데려 왔는지라, 처음 온 유모 시켜 사람 사려는 내력을 물은즉 그 사람 대답이,

"우리는 본디 남경南京 사람으로서, 장사차로 배를 타고 만 리 밖에 다니더니, 배 갈 길에 인당수印塘水라 하는 물이 있어, 변화불측變化不測하여 자칫하면 몰사를 당하는데, 십오 세 처녀를 제수祭需로, 제사를 지내면, 수로水路 만리를 무사히 왕래하고 장사도 흥왕하옵기로, 생애가 원수로, 사람 사러 다니오니, 몸을 팔 처녀 있사오면, 값을 관계ㅎ지 않고 주겠나이다."

심청이 그제야 나서며,

"나는 본촌本村 사람으로, 우리 부친 안맹하여 세상을 분별 못하기로, 평생에 한이 되어 하느님전 축수하더니, 몽운사夢雲寺 화주승化主僧이 공양미供養米 삼백 석을 불전佛前에 시주施主하면, 눈을 떠서 보리라 하되, 가세가 철빈鐵貧하여 주선할 길 없삽기로, 내 몸을 방매하여 발원發願하기 바라오니, 나를 삼이 어떠하오? 내 나이 십오 세라, 그 아니 적당하오?"

선인船人이 그 말 듣고 심 소저를 보더니, 마음이 억색臆塞하여 다시 볼 정신이 없어, 고개를 숙이고 묵묵히 섰다가,

"낭자娘子 말씀 듣자오니, 거룩하고 장한 효성 비할 데 없삽내다."

이렇듯이 치하한 후에 저의 일이 긴한지라,

"그리 하오."

허락하니,

"행선行船 날이 언제니까?"

"내월 십오 일 행선하는 날이오니 그리 아옵소서."

피차에 상약하고 그 날에 선인들이 공양미 삼백 석을 몽운사에 보냈더라.

심 소저는 귀덕 어미를 백번이나 단속하여 말 못 내게 한 연후에, 집으로 들어와 부친 전에 여짜오되,

"아버지!"

"왜 그리느냐?"

"공양미 삼백 석을 몽운사로 올렸나이다."

심 봉사 깜작 놀라서,

"그게 어찐 말이냐? 삼백 석이 어디 있어 몽운사로 보냈서?"

심청이 같은 효성으로 거짓말을 하여 부친을 속일까마는, 사세부득이事勢不得已라, 잠간 속여 여쭙는다.

"일전에 무릉촌武陵村 장 승상張丞相 댁 부인께서, 소녀 보고 말씀하기를, 수양收養딸 노릇하라 하되, 아버지 계시기로 허락 아니 하였는데, 사세부득하여 이 말씀 사 더니, 부인이 빈거 듣고 쌀 삼백 석 주시기로, 몽운사 보내옵고 수양딸로 팔렸내다."

심 봉사 물색 모르고 대소大笑하며 즐겨한다.

"어허, 그 일 잘 되었다. 언제 데려 간다더냐?"

"내월 십오일 날 데려 간다 하옵디다."

"네 게가 살더라도 나 살기 관계찮지. 어, 참으로 잘 되었다."

부녀간에 이같이 문답하고 부친 위로한 후, 심청이 그날부터 선인을 따라갈 일을 곰곰 생각하니, 사람이 세상에 생겨나서 한 때를 못 보고, 이팔청춘에 죽을 일과, 안맹하신 부친 영결永訣하고 죽을 일이 정신이 아득하여, 일에도 뜻이 없어, 식음食飮을 전폐全廢하고 시름없이 지내다가, 다시 생각하여 보니, 엎지러진 물이 되고, 쏘아 놓은 살이로다. 내 몸이 죽어 노면

춘하추동 사시절에 부친 의복 뉘라 다 할까? 아직 살아 있을 때에 아버지 사철 의복 망종 지어 드리리라 하고, 춘추 의복과 하동夏冬 의복 보에 싸서 농에 넣고 갓망건도 새로 사서 걸어 두고, 행선 날을 기다릴 제, 하룻밤이 격隔한지라, 밤은 점점 삼경三更인데, 은하수는 기울어져 촛불이 희미할 제, 두 무릎을 쪼그리고 아무리 생각한들 심신心神을 난정難定이라.

부친의 벗은 버선 볼이나 망종 받으리라, 바늘에 실을 꿰어 손에 들고, 하염없는 눈물이 간장肝腸에서 솟아올라 경경열열哽哽咽咽하여, 부친 귀에 들리지 않게 속으로 느껴 울며, 부친의 낯에다가 얼굴도 가만히 대어보고, 수족도 만지면서 오늘밤 모시면 다시는 못 볼 테지! 내가 한번 죽어지면 여단수족如斷手足 우리 부친 누를 믿고 살으실까? 애닯도다, 우리 부친. 내가 철을 안 연후에 밥 빌기를 놓으시더니, 이제 내 몸 죽게 되면 춘하추동 사시절을 동네 걸인 되겠구나! 눈총인들 오죽하며, 괄시恝視인들 오죽할까? 부친 곁에 내가 모셔 백세까지 공양ㅎ다가, 이별을 당하여도 망극한 이 설움이 측량할 수 없을 텐데, 하물며 생이별生離別이 고금 천지간 또 있을까? 우리 부친 곤한 신세 적수단신赤手單身 살자 한들 조석공양 뉘라 하며, 고생하다 죽사오면 또 어느 자식 있어 머리 풀고 애통하며, 초종장례初終葬禮 소대기小大朞며 연년 오는 기제사忌祭祀에 밥 한 그릇, 물 한 그릇 뉘라서 차려 놀까? 몹쓸 년의 팔자로다. 칠일 안에 모친 잃고 부친마저 이별하니, 이런 일도 또 있는가? 우리 부녀 이 이별은 내가 영영 죽어 가니, 어느 때 소식 알며, 어느 날에 만나 볼까? 돌아가신 우리 모친 황천黃泉으로 들어가고, 나는 인제 죽게 되면, 수궁水宮으로 갈 터이니, 수궁에 들어가서 모녀 상봉을 하자 한들, 황천과 수궁 길이 수륙水陸이 현수懸殊하니, 만나볼 수 전혀 없네. 수궁에서 황천 가기 몇 천리나 머다는지, 황천을 묻고 물어 불원천리 찾아간들, 모친이 나를 어이 알며,

나는 모친 어이 알리? 만일 알고 뵈옵는 날 부친 소식 묻자오면, 무슨 말로 대답할꼬! 오늘밤 오경五更 시를 함지咸池에 머무르고, 내일 아침 돋는 해를 부상扶桑에 매었으면, 하늘같은 우리 부친 더 한번 보련마는, 밤가고 해 돋는 일 그 뉘라서 막을쏜가? 천지가 사정없어 이윽고 닭이 우니, 심청이 기가 막혀,

"닭아, 닭아. 우지 마라! 네가 울면 날이 새고, 날이 새면 나 죽는다. 나 죽기는 섧지 않으나, 의지 없는 우리 부친 어찌 잊고 가잔 말가?"

밤새도록 설리 울고 동방이 밝아 오니, 부친 진지 지으려고 문을 열고 나서 보니, 벌써 선인들이 시비柴扉 밖에 주저주저 하며,

"오늘 행선 날이오니 쉬이 가게 하옵소서."

심청이 그 말 듣고, 대번에 두 눈에서 눈물이 빙 돌아, 목이 메어 시비 밖에 나아가서,

"여보시오, 선인네들! 오늘 행선하는 줄은 내가 이미 알거니와, 부친이 모르오니, 잠간 지체하옵시면, 불쌍하신 우리 부친 진지나 하여, 상을 올려 잡순 후에, 말씀 여쭈옵고 떠나게 하오리다."

선인이 가긍可矜하여,

"그리 하오."

허락하니, 심청이 들어와서 눈물 섞어 밥을 지어 부친 앞에 상을 올리고, 아무쪼록 진지 많이 잡수도록 하느라고, 상머리에 마주 앉아 자반도 뚝뚝 떼어 수저 위에 올려놓고, 쌈도 싸서 입에 넣어,

"아버지, 진지 많이 잡수시오."

"오냐, 많이 먹으마. 오늘은 별로 반찬이 매우 좋구나! 뉘 집 제사 지냈느냐?"

심청이 기가 막혀 속으로만 느껴 울며 훌쩍훌쩍 소리 나니, 심 봉사 물색

없이 귀 밝은 체 말을 한다.

"악아, 네 몸 아프냐? 감기가 들었나보구나! 오늘이 며칠이냐? 오늘이 열닷새지, 응?"

부녀 천륜天倫이 중하니, 몽조夢兆라 어찌 없을쏘냐? 심 봉사가 간밤 꿈 이야기를 하되,

"간밤에 꿈을 꾸니, 네가 큰 수레를 타고 한없이 가 보이니, 수레라 하는 것은 귀한 사람 타는 것이라. 아마도 오늘 무릉촌 승상 댁에서 너를 가마 태워 가려나보다."

심청이 들어보니 분명히 자기 죽을 꿈이로다. 속으로 슬픈 생각 가득하나, 겉으로는 아무쪼록 부친이 안심ㅎ도록,

"그 꿈이 장히 좋소이다."

대답하고 진짓상을 물려 내고, 담배 피워 물린 후에, 사당祠堂에 하직차로 세수를 정히 하고, 눈물 흔적 없앤 후에, 정한 의복 갈아입고, 후원에 돌아가서 사당 문 가만히 열고, 주과酒果를 차려 놓고 통곡재배 하직할 제,

"불효 여손 심청이는 아비 눈뜨게 하오려고 인당수 제수로 몸이 팔려 가오니, 소녀가 죽더라도 아비의 눈을 띄고, 착한 부인 작배作配하여 아들 딸 많이 낳아 조상 향화香火 전ㅎ게 하오. 불승영모不勝永慕하나이다."

이렇게 축원하고 문 닫치며 우는 말이,

"소녀가 죽사오면 이 문을 누가 여닫으며, 동지, 한식, 단오, 추석 사명절이 온들 주과포혜酒果脯醯를 누가 다시 올리오며 분향재배 누가 할꼬? 조상의 복이 없어 이 지경이 되옵는지, 불쌍한 우리 부친 무강근지친족無強近之親族하고, 앞 못 보고 형세 없어 믿을 곳이 없이 되니, 어찌 잊고 돌아갈꼬?"

우루루루 나오더니 자기 부친 앉은 앞에 철썩 주저앉으면서,

"아버지!"

부르더니, 말 못하고 기절한다. 심 봉사 깜짝 놀라,

"악아, 웬 일이냐? 봉사의 딸이라고 누가 정가하더냐? 이것이 회蛔 동하였구나! 어쩐 일이냐? 말 좀 하여라."

심청이 정신 차려,

"아버지!"

"오냐."

"제가 불효 여식으로 아버지를 속였소. 공양미 삼백 석을 누가 나를 주오리까? 남경 장사 선인들께 삼백 석에 몸을 팔아, 인당수 제수로 가기로 하와 오늘 행선 날이오니, 나를 오늘 망종 보오."

사람이 슬픔이 극진하면 가슴이 막히는 법이라, 심 봉사 하 기가 막혀 놓으니, 울음도 아니 나오고 실성失性을 하는데,

"애고, 이게 웬 말이냐, 응? 참말이냐, 농담이냐? 말 같지 아니하다. 나더러 묻지도 않고, 네 밤대로 한단 말가? 네가 살고 내 눈 뜨면, 그는 응당 하려니와, 자식 죽여 눈을 뜬들 그게 차마 할 일이냐? 너의 모친 너를 낳고 칠일 안에 죽은 후에, 눈조차 어둔 놈이 품안에 너를 안고, 이 집 저 집 다니면서 동냥젖 얻어 먹여, 그만큼이나 자랐기로 한 시름 잊었더니, 이게 웬 말이냐? 눈을 팔아 너를 살 데, 너를 팔아 눈을 산들 그 눈 해서 무엇하랴? 어떤 놈의 팔자로서 아내 죽고 자식 잃고, 사궁지수四窮之首 되단 말가? 네, 이 선인 놈들아. 장사도 좋거니와, 사람 사다 제수하는 데 어디서 보았느냐? 하느님의 어지심과 귀신의 밝은 마음 앙화가 없을쏘냐? 눈먼 놈의 무남독녀無男獨女 철모르는 어린 것을 나 모르게 유인誘引하여 산단 말이 웬 말이냐? 쌀도 싫고 돈도 싫고, 눈 뜨기 내 다 싫다. 네, 이 독한 상놈들아!"

8. 토끼전에서

용왕龍王이 즉시 도화서圖畵署에 하교下敎하여 토끼 화상畵像을 그려 드리라 하니, 여러 화공畵工이 둘러 앉아 토끼 화상을 그리는데, 각기 한 가지씩 맡아 그리되 천하 명산 승지 간에 경개 보던 눈 그리고, 두견, 앵무 지저귈 제 소리 듣던 귀 그리고, 난초, 지초 온갖 향초 꽃 따 먹던 입 그리고, 동시 섣달 설한풍에 방풍하던 털 그리고, 만학천봉 구름 속에 펄펄 뛰던 발 그리니, 두 눈은 도리도리 앞다리는 짤막, 뒷다리는 길쭉, 두 귀는 쫑긋하여 완연한 산 토끼라.

자라 왕께 하직하고 행장을 수습하여 만경창파 깊은 물에 허위 둥실 떠올라서, 바람 부는 대로 물결치는 대로, 지향 없이 흐르다가, 기엄기엄 기어올라 벽계산간 들어가니, 이때는 춘삼월 호시절이라. 초목 군생들이 제마다 즐기는데, 작작한 두견화는 향기를 띠어 있고, 쌍쌍한 범나비는 춘흥을 못 이기어 이러 저리 날아들고, 하늘하늘한 버들가지는 시냇가에 휘늘어지고, 황금 같은 꾀꼬리는 고운 소리 벗을 불러 구십춘광 희롱하고, 꽃 사이 잠든 학은 자취 소리에 자로 날고, 가지 위에 두견새는 "불여귀不如歸"를 화답하니, 별유천지別有天地 비인간非人間이라. 소상강瀟湘江 기러기는 가노라 하직하고, 강남서 나온 제비는 왔노라 현신現身하고, 조팝 낡에 피죽새 울고, 함박꽃에 뒤웅벌이요, 방울새 떨렁, 물레새 찍찍, 접동새 접동, 뻐꾹새 뻐꾹, 까마귀 꼴각, 비둘기 꾹꾹 슬피 우니, 근들 아니

경일쏘냐? 천산만학에 홍장紅粧이 찬란하고, 앞 시내와 뒷 시내에 흰 깁을 펼쳤는 듯, 푸른 대, 푸른 솔은 천고의 절개이요, 복숭아꽃 살구꽃은 순식간에 봄이로다. 기이한 바위들은 좌우에 층층한데, 절벽 사이 폭포수는 이 골 물 저 골 물 합수하여 와당탕 퉁탕 흘러가니, 경개 무진無盡 좋을씨고!

자라 산천의 무한경을 사랑하고, 벽계를 따라 올라가며 토끼 자취 살피더니, 한 곳을 바라보니 온갖 짐승 내려온다. 발발 떠는 다람쥐며, 노루, 사슴, 이리, 늑대, 곰, 돼지, 너구리, 고슴도치, 범, 두더지, 원숭이, 코끼리, 여우, 담비 좌우로 오는 중에, 토끼 자취 없어 옴친 목을 길게 늘여 이리 저리 살피더니, 후면으로 한 짐승이 내려오는데 화본과 방불한지라, 짐승 보고 그림 보니 영낙없는 네로구나! 자라 혼자 마음에 기쁨을 못 이기어 그 진가眞假를 알려 할 제, 저 짐승 거동 보소. 혹 풀잎도 뒤적이며, 싸리순도 뜯어보고, 층암절벽 사이에 이리 저리 뛰며, 뱅뱅 돌며 할금할금 깡똥깡똥 뛰놀거늘, 자라 칭을 기다듬어 점잖이 불러 가로되,

"토공兎公의 성화는 들은 지 오랜 지라. 평생에 한번 보기를 원하였더니, 오늘이야 호걸을 상봉하니 어찌 서로 봄이 이다지 늦으뇨?"

토끼 대답하되,

"내 세상에 나서 사해를 편답遍踏하며 인물 구경도 많이 하였으되, 그대 같은 박색薄色은 보던 바 처음이로다. 담 구멍을 뚫다가 학치뼈가 빠졌는지 발은 어이 뭉뚱하며, 양반 보고 욕하다가 상투를 잡혔는지 목은 어이 기다라며, 기생방에 다니다가 한량패에 밟혔는지 등은 어이 넓적한가? 사면으로 돌아보니 나무 접시 모양이라. 그러나 뉘댁이시요? 아까 한 말은 다 농담이니 노여 듣지 마시오."

자라 그 말을 듣고 마음에 불쾌하나 능쳐 참고 대답하되,

"내 성은 별鼈이요, 호는 주부主簿로다. 등이 넓기는 물에 떠 다녀도 가라앉지 아님이요, 목이 긴 것은 먼 데를 살펴봄이요, 몸이 둥근 것은 행세를 둥글게 함이라. 그러하므로 수중의 영웅이요 수족水族의 어른이라. 세상에 문무겸전은 아마도 나뿐인가 하노라."

× ×

이때에 토끼 자라 등에 높이 앉아,

"내 천우신조天佑神助하여 자라를 만나, 세상 풍진風塵과 산중 고초苦楚를 벗어 버리고, 수궁水宮에 들어가 부귀를 누리리니, 어찌 즐겁지 아니하리요?"

하며 의기양양意氣揚揚하여 남해 수궁에 득달하니, 용왕이 하교하여 토끼를 바삐 잡아 들이라 하니, 금부도사禁府都事가 나졸羅卒을 거느리고 객관에 이르니, 토끼 홀로 앉아 자라의 돌아오기를 기다리더니, 불의에 금부도사가 이르러 어명御命을 전하고 나졸이 좌우로 달려들어 결박하여, 풍우 같이 몰아다가 영덕전永德殿 섬돌 아래 꿇리거늘, 겨우 정신을 수습하여 전상殿上을 우러러 보니, 용왕이 머리에 통전관을 쓰고, 몸에 강사포絳紗袍를 입고, 손에 백옥 홀笏을 쥐었으며, 만조 백관이 좌우에 옹위 하였으니, 그 거동이 엄숙하고 위의가 놀랍더라. 용왕이 선전관宣傳官 전어鱣魚로 하여금 토끼에게 하교하되,

"과인寡人은 수국水國의 천승千乘 임금이요, 너는 산중의 조그만 짐승이라. 과인이 우연히 병을 얻어 신음한 지 오랜 지라, 네 간이 약이 된다 함을 듣고, 특별히 별 주부를 보내어 너를 데려 왔노니, 너는 죽음을 한하지 말라. 너 죽은 후에 비단으로 몸을 싸고, 백옥과 호박琥珀으로 관곽棺槨을 만들어 명당 대지에 장사할 것이요, 만일 과인의 병이 하린즉 마땅히

사당을 세워 네 공을 표하리니, 네 산중에 있다가 호표의 밥이 되거나, 사냥군에게 잡히어 죽는 이보다 어찌 영화롭지 아니하리요. 과인이 결단코 거짓말을 하지 아니하리니, 너는 죽은 혼이라도 조금도 과인을 원망ㅎ지 말찌어다."

하고, 좌우를 호령하여 빨리 토끼의 배를 가르고 간을 가져 오라 하니, 뜰아래 섰던 군사들이 일시에 달려들어, 서리 같은 칼을 번득이며 토끼의 배를 찌르려 하니, 토끼 정신이 아뜩하여 아무런 줄 모르다가, 겨우 놀란 마음을 진정하여 생각하되,

"내 부질없이 영화 부귀를 탐내어 고향을 버리고 오매, 어찌 의외의 변이 없을쏘냐? 이제 날개가 있어도 능히 위로 날지 못할 것이요, 또 축지縮地하는 술법이 있을찌라도 능히 이 땅을 벗어나지 못하리니 어찌 하리요?"

또 생각하되,

"옛말에 이르기를 죽을 땅에 빠신 후에 산다 하였으니, 어찌 죽기만 생각하고, 살아날 방책을 헤아리지 아니 하리요?"

하더니, 문득 한 꾀를 생각하고 가로되,

"소토小兎는 비록 죽을찌라도 한 말씀 아뢰오리다. 대왕은 천승의 임금이시요, 소토는 산중의 조그마한 짐승이라. 만일 소토의 간으로 대왕의 환후患候 십분 하리실찐대 소토 어찌 감히 사양하오며, 또 소토 죽은 후에 후장하오며, 사당까지 세워 주리라 하옵시니, 이 은혜는 하늘 같이 크신지라. 소토 죽어도 한이 없사오나, 다만 애닯은 것은 소토는 비록 짐승이오나 심상한 짐승과 다르와, 본디 방성房星정기를 타고 세상에 내려와, 날마다 아침이면, 옥 같은 이슬을 받아 마시고, 주야로 기화요초琪花瑤草를 뜯어 먹으매, 그 간이 진실로 영약靈藥이 되는지라, 이러하므로 세상

사람이 모두 알고, 매양 소토를 만나면 간을 달라 하와 보챔이 심하옵기로, 그 괴로움을 견디지 못하와 염통과 함께 꺼내어, 청산녹수 맑은 물에 여러 번 씻어, 고봉준령 깊은 곳에 감추어 두옵고 다니옵다가, 우연히 자라를 만나 왔사오니, 만일 대왕의 환후 이러하온 줄 알았던들, 어찌 가져 오지 아니하였으리이꼬?"

용왕이 토끼의 말을 듣고, 또 그 기색이 태연함을 보고 의아하여 가로되,

"네 말과 같을 찐대 간을 출입하는 무슨 표적이 있는다?"

토끼 이 말을 듣고 크게 기꺼 생각하되, 이제는 내 살아날 도리가 쾌히 있도다 하고 여짜오되,

"대저 하늘이 자시子時에 열려 하늘이 되옵고, 땅이 축시丑時에 열려 땅이 되옵고, 사람이 인시寅時에 생겨 사람이 나옵고, 만물이 묘시卯時에 나와 짐승이 되었사오니, 묘卯라는 글자는 곧 소토의 별명이니, 날짐승, 길짐승의 근본을 궁구하오면, 소토는 곧 금수의 으뜸이 되나니, 생초生草를 밟지 아니하는 기린麒麟도 소토의 아래옵고, 주리되 좁쌀을 먹지 아니하는 봉황도 소토만 못하옵기로, 특별히 품부하와 일월성신 삼광三光을 응하와, 하체下體에 세 굶이 있사오니, 대왕이 만일 이 말씀을 믿지 아니하실찐대 말려니와, 그렇지 아니하시면 소토의 하체를 적간摘奸하옵소서."

대저 용왕은 본성이 관후한지라. 토끼의 말을 듣고, 묵묵히 말이 없으며 속으로 생각하되,

"만일 제 말과 같을 찐대 공연히 배만 갈라 간이 없으면, 저만 죽을 따름이요, 다시 누구더러 물으리요? 차라리 저를 달래어 간을 가져 오게 함이 옳다."

하고, 진주 이백 개를 주어 가로되,

"이것이 비록 사소하나 우선 정을 표하노라."

하니, 토끼 공손히 받은 후 용왕께 하직하고, 자라 등에 다시 올라 만경창파를 건너 바닷가에 이르러, 자라 토끼를 내려놓으니, 토끼 기꺼움을 못 이겨 스스로 생각하되,

"이는 진실로 그물을 벗어난 새요, 함정에 뛰어난 범이로다. 만일 나의 지혜 아니면, 어찌 고향 산천을 다시 보리요?"

하며, 사면으로 뛰노는지라. 자라 토끼의 모양을 보고 가로되,

"우리의 길이 총망하니 그대는 속히 돌아감을 생각하라."

토끼 크게 웃어 가로되,

"이 미련한 자라야. 대저 오장 육부에 붙은 간을 어이 출납 하리요? 이는 잠시 내 기특한 꾀로, 너의 수국 군신을 속임이라. 또 너의 용왕이 병이 날과 무슨 관계있느뇨? 진소위 풍마우불상급風馬牛不相及이로다. 또 네 무단히 산중에 한가로이 지내는 나를 유인誘引하여 네 공을 나타내려 하니, 내 수국에 들어가 놀라던 일을 생각하면 모골毛骨이 송연悚然하지라. 너를 곧 없이하여 분을 풀 것이로되, 네 나를 업고 만리창파에 왕래하던 수고를 생각지 아니ㅎ지 못하여, 잔명殘命을 살려 보내노니, 빨리 돌아가 늙은 용왕더러 이르되, 사생死生이 다 명이 있으니 다시는 무질 없은 망녕된 생각을 내지 말라 하여라."

하고, 인하여 깊은 송림 사이로 들어가 자취가 사라지는지라.

9. 옛 시조 (3) (현종 숙종 시대)

홍진紅塵을 다 떨치고, 죽장 망혜竹杖芒鞋 짚고 신고,
거문고 들어 메고 서호西湖로 돌아가니,
노화蘆花에 떼 많은 갈매기는 제 벗인가 하더라.

김성기金聖器

간밤 오던 비에 앞 내에 물 지거다.
등 검고 살찐 고기 버들 넋에 올라고야.
아이야, 그물 내어라. 고기잡이 가자스라.

유숭兪崇

옥에 흙이 묻어 길가에 버렸으니,
오는 이 가는 이 흙이라 하는 고야.
두어라, 알 이 있을찌니 흙인 듯이 있거라.

윤두서尹斗緖

감장새 작다 하고 대붕大鵬아 웃지 마라.

구만리九萬里 장공長空을 너도 날고 저도 난다.
두어라, 일반 비조飛鳥ㅣ니, 네오 제오 다르랴?

이택李澤

하늘이 높다 하고 발 저겨 서지 마라.
따히 두텁다고 마이 밟지 마올 것이.
하늘 따 높고 두터워도 내 조심을 하리라.

주의식朱義植

쥐 찬 소로기들아. 배부르로라 자랑 마라.
청강淸江 여윈 학鶴이 주리다 부를쏘냐?
내 몸이 한가하야마는 살 못찐들 어이리?

구지정具志禎

동창東窓이 밝았느냐, 노고지리 우지진다.
소 치는 아이는 상기 아니 일었느냐?
재 너머 사래 긴 밭을 언제 갈려 하느니?

남구만南九萬

검으면 희다 하고, 희면 검다 하네.
검거나 희거나, 옳다 할 이 전혀 없다.

찰하로 귀막고 눈감아, 듣도 보도 말리라.

김수장金壽長

환욕宦慾에 취한 분네, 앞길 생각하소.
옷 벗은 어린 아이 양짓결만 여겼다가,
서산에 해 넘어 가거든 어찌하자 하는다?

김수장金壽長

금준金樽에 가득한 술을 슬카장 거후르고,
취한 후 긴 노래에 즐거움이 그지없다.
어즈버, 석양이 진盡ㅎ다 마라, 달이조차 오노매.

정두경鄭壽卿

새벽 비 일갠 날에 일거스라, 아이들아.
뒷 뫼헤 고사리 하마 아니 자랐으랴?
오늘란 일것거 오너라. 새 술 안주 하리라.

적성군積城君

청강淸江에 비 듣는 소리 긔 무엇이 우읍관대,
만산홍록滿山紅綠이 휘드러 웃는고야.
두어라, 춘풍春風이 몇 날이리, 우을 대로 우어라.

효종孝宗

10. 흥부전興夫傳에서

“이놈, 흥부야. 잘 살아도 내 팔자요, 못 살아도 내 팔자니, 형을 어찌 길게 뜯어 먹고 매양 살려느냐? 잔말 말고 어서 나가거라.”

흥부 아무 대답 아니 하고, 아내와 어린것들을 데리고 지향指向 없이 문을 나니, 갈 바가 망연茫然ㅎ구나. 건넌 산언덕 밑에 움을 파고 모여 앉아 밤을 새우고, 낫 한 가락 들게 갈아 지게에 꽂아 지고, 묵은 밭이라면 쫓아다니며, 수숫대, 뺑대 모조리 베어 짊어지고 돌아와서 집을 짓는데, 비슥한 언덕에다 집터를 닦아 놓고, 집 한 채를 짓는다. 안방, 대청, 행랑, 몸채를 말집으로 한나절에 지어 필역畢役하고 돌아보니, 수숫대 반 짐이 그저 남았구나. 안방을 볼짝시면 어찌 너르던지, 누워 발을 뻗으면 발목이 벽 밖으로 나가니, 착고 찬 놈도 같고, 방에서 멋모르고 일어서면 모가지가 지붕 밖으로 나가니, 회자수劊子手한테 잡히어 칼 쓴 놈도 같고, 잠결에 기지개를 켤 양이면, 발은 마당 밖으로 나가고, 두 주먹은 양쪽 벽으로 나가고, 엉덩이는 울타리 밖으로 나가, 동네 사람들이 출입 시에 개갠다고 이 궁둥이 불러들이라는 소리에 깜짝 놀라 일어앉아,

“애고, 답답, 설움이야! 나 같은 팔자 어이 이리 곤궁하여 말만한 오막살이 일신一身을 난용難容이라. 지붕마루에 별이 뵈고, 문밖에 세우細雨 오면, 방안에는 굵은 비요, 앞문은 살만 남고, 뒷문은 외만 남아, 동지섣달 설한풍雪寒風이 살 쏘듯이 들어오고, 어린 자식 젖 달라고, 자란 자식 밥

달라니, 차마 설워 못 살겠네."

"여보소, 아이 아버지. 전년에 왔던 제비가 입에 무엇을 물고 와서 저리 넘노니, 어서 나와 구경하오."

흥부 즉시 나와 보고 심중에 이상히 여기더니, 그 제비 머리 위로 날아들어 입에 물었던 것을 앞에 떨어뜨리니, 흥부 집어 들고 의혹疑惑하여 자세 보니, 한가운데 글 석 자로 썼으되, "보은박"이라 하였거늘,

"아마 이것이 박 씨로세. 보은報恩하려 물어 온가? 뉘라서 주는 것은 흙이라도 금으로 알고, 돌이라도 옥으로 알고, 해害라도 복福으로 알지."

고초일枯草日 피하여서 동편 울 아래 심었더니, 이삼 일에 싹이 나고, 사오 일에 순이 벋어, 마디마디 잎이 나고, 줄기마다 꽃이 피어 박 네 통이 열렸으니, 대동강상 당도리 같이, 종로 인경 같이, 육관대사六觀大師 법고法鼓 같이 둥두렷이 달렸오니, 흥부 좋아라고,

"여보, 아기 어머니. 비단이 한 끼라니, 한 통을 따서 속을랑은 지져 먹고, 바가지는 팔아다가, 쌀을 팔아 밥을 지어 먹어 보세."

박을 따다 놓고 먹줄을 반듯하게 맞춘 후에, 양주兩主 톱을 잡고 켠다.

"슬근슬근 톱질이야! 당기어 주소, 톱질이야! 가난ㅎ다고 설워 마오!"

슬근슬근 쓱싹, 툭 타 놓으니, 순금궤純金櫃 하나에 금거북 자물쇠를 채웠으되,

"흥부 개탁開坼"

이라 하였거늘, 흥부 좋아라고 꿇어앉아 열고 보니, 황금, 백금, 오금烏金, 십성十成, 좋은 천은天銀이며, 밀화蜜花, 호박琥珀, 산호珊瑚, 금패錦貝, 진주眞珠, 주사朱砂, 사향麝香, 용뇌龍腦, 수은水銀이 가뜩 찼는데, 쏟아 놓으면 여전히 가뜩 차고, 쏟고 나서 돌아보면 도로 하나 가뜩하니, 흥부 내외 좋아라고 밥 먹을 새도 없이 밤낮 엿새를 부리나케 쏟아 보니, 어언간

큰 장자가 되었구나. 흥부 너무 좋아라고 마누라더러 하는 말이,

"이렇게 많은 재물을 집이 협착狹窄하여 얻다 두면 좋겠소? 저 박 한 통 마저 타고 집이나 지어 봅세."

한 통 남은 것을 마저 따 놓고 흥을 내어 켠다. 슬근슬근 툭 타 놓으니, 일등 목수들과 각색 곡식이 나올 적에, 목수들은 우선 명당을 가려 터를 닦고 집을 짓는데, 안방, 대청, 행랑, 곳간, 선자추녀, 말굽추녀, 내외 분합, 물림퇴, 살미, 살창, 가로닫이, "입구"(口)ㅅ자로 지어 놓고, 앞뒤 동산에 기화요초琪花瑤草를 난만爛漫히 심어두고, 양지에 방아 걸고, 음지에 우물 파고, 문전에 버들 심고, 울 밖에 원두 놓고, 안팎 광에 곡식이 쌓였으니, 말니 같은 사내종, 열쇠 같은 계집종, 앵무 같은 아이종, 나며 들며 사환使喚하고, 우걱뿔이, 자빡뿔이 우걱지걱 실어 들여 앞뒤 뜰어 노적露積하고, 담불담불 쌓아 놓으니, 흥부 아내 좋아라고, 춤을 추고 돌아간다.

이 소문이 놀부의 귀에 가니, 찢어 죽여도 죄가 남을 놈의 심술이 제 아우 잘 되었다는 말을 듣고 생각하되,

"이놈이 도둑질을 하였나? 별안간 부자가 되었다니? 내 가서 욱대기면 반 가산家産을 빼앗아 오리라."

하고 벼락같이 건너가 흥부 문전 다다라 보니, 고대광실高大廣室 높은 집에 네 귀마다 풍경風磬 소리. 이를 보고 심술이 치밀어서,

"이놈의 주제에 맹랑하고 외람하다. 이것들이 다 어디로 도둑질을 갔나보다."

소리를 벼락같이 질러,

"이놈, 흥부야!"

이 때 마침 흥부는 출타하고, 흥부 아내 혼자 있다가 종을 불러,

"밖에 손님이 와 계신가보다. 나가 보아라."

앵무 같은 여 하인이 대답하고, 맵시가 똑똑 듣는 태도로 대문턱에 나가 서서,

"어디서 오신 손님이오니까?"

놀부 놈 평생에 그런 모양은 처음 본지라, 기가 차서,

"소인 문안드리오. 그러나 이 집 주인 놈은 어디 갔나이까?"

저 계집 무안하여 쫓겨 들어와서 고하되,

"어디서 기이奇異한 광객狂客이 왔습디다. 댁 생원님더러는 '그놈, 저놈'하고, 쇤네를 보고는 문안을 드리며, 전수히 트집바탈이옵디다."

흥부 아내 의심하여,

"그 양반 모양이 어떠하더냐?"

종년이 대답하되,

"머리는 부엉이 대가리 같고, 수리 눈에, 왜가리 주둥이, 맹꽁이 모가지, 체격으로 욕심과 심술이 덕적덕적하옵디다."

흥부 아내 듣더니,

"요란스럽다, 지껄이지 마라."

일변 옷끈을 고쳐 매고 급히 맞아 들여 예수禮數하니, 놀부 놈 괴춤에 손을 넣고 뻣뻣이 서서 답례도 아니 하고, 비단옷 호사한 것이 심술이 나서 한다는 말이,

"영문營門 기생으로 맵시내고 거들거리네."

흥부 아내 들은 체 아니 하고 차집을 불러,

"점심 진지 차려 드리어라."

놀부 놈 하는 말이,

"아무 집이든지 계집이 너무 덩벙이면, 집안이 망하는 법이엇다. 아무려나 반찬과 밥을 맛있게 많이 차려 오너라."

온 집안이 별성別星 행차나 든 듯이, 쌀을 희게 쓿어 질도 되도 않게 지어 놓고, 벙거지꼴에 너비아니 염통 산적 곁들이고, 알젓, 굴젓, 소라젓, 아감젓 갖추 놓고, 수육, 편육, 어회, 육회, 초장, 겨자 갖추 놓고, 각색 채소, 장볶이, 섞박지, 동치미며, 기름진 암소 갈비 잔칼질하여, 석쇠에서 끓는 대로 번차례 바꿔 놓고, 암치, 약포, 대하大鰕를 보풀어서 곁들이고, 숭어 구이, 전복채를 갖추갖추 차려 놓고, 은수저, 은주전자, 은 잔대에 반주飯酒를 따뜻이 데워 각상에 받쳐 들고, 어른 종, 아이 종이 눈썹 위에 공손히 들어 앞에 갖다 놓고, 전갈 비슷이,

"마님께서 졸지에 진지를 차리시느라고 찬수가 변변ㅎ지 못하다고 하옵셔요."

놀부가 생전에 이런 밥상은 처음 받아 보매 먹을 마음은 없고 밥상을 깨두드려야 속이 시원할 터이므로, 수저를 들고 밥상을 탁탁 치며,

"이 그릇은 얼마 주고, 또 이 그릇은 얼마나 주었소? 사발이 너무 크고, 대접이 헤벌어지고, 종지는 너무 삭소. 집시는 바라져야 좋지."

하며 함부로 두드리니, 흥부 아내 보다 못해,

"당화기唐畫器는 성이 말라 자칫하면 톡톡 터지니, 너무 치지 마옵소서."

놀부 놈 화를 내어,

"이 밥 아니 먹었으면 그만이지."

하며 발로 밥상을 탁 차니, 상발은 부러지고, 종지는 딩굴고, 접시는 폭삭, 사발은 덜꺽, 수저는 뎅그렁, 국물은 주르르, 장판방네 구석에 이리저리 흐르니, 흥부 아내 이른 말이,

"아주버님, 들으시오. 불평이 계시면 사람을 치시지, 밥상을 치십니까?"

부러진 상발, 깨어진 그릇, 흐르는 국물, 마른음식 다 주워 담고, 걸레 수건으로 모두 다 씻어 내며,

"밥이 어떻게 중한 것이라고 밥상을 치시오? 밥이라 하는 것이 나라에 오르면 "수라"水剌요, 양반이 잡수면 "진지"요, 하인이 먹으면 "입시"요, 제배儕輩가 먹으면 "밥"이요, 제사에는 "젯메"이니, 얼마나 한가요? 동네가 알면 손도損徒가 싸고, 관가에서 알면 볼기가 싸고, 감영에서 알면 귀양도 싸오."

놀부 하는 말이,

"손도를 맞으면 형 대신에 아우가 맞을 것이요, 볼기를 맞아도 형 대신 아우가 맞을 것이요, 귀양을 가도 아우나 조카 놈이 대신 갈 것이니, 나는 아무 걱정 없소."

11. 사씨남정기謝氏南征記에서

김만중金萬重

유한림劉翰林이 급제及第한 후, 구혼求婚하는 이 많으나 일찌기 허許ㅎ지 아니하였더니, 하루는 공公이 누이 두 부인杜夫人으로 더불어 성중城中 모든 매파媒婆를 청하여 현철한 소저小姐 있는 곳을 물을쌔, 매파들의 말을 듣건대, 기리면 하늘에 올리고 헐면 천층 굴 속에 떨어뜨려 아침부터 저녁에 이르기까지 결단하지 못하더니, 그 중에 주파朱婆라 하는 매파 말을 아니 하고 가만히 앉았다가, 모든 말이 그친 후에 문득 고하여 가로되,

"모든 말이 공변되지 아니하오니, 소인이 바른대로 고하리로소이다. 노야老爺께서, 만일 부귀를 탐하시면 임 승상의 손녀만한 이 없고, 반드시 요조窈窕한 숙녀淑女를 구하시려면 신성현新城縣 사급사謝給事 댁 소저 외에 또 다시 없사오니, 청ㅎ건대 이 두 곳 중에 하나를 가리옵소서."

공이 가로되,

"부귀는 본디 나의 원하는 배 아니요, 어진 이를 택하려 하나니, 사급사는 본디 대간臺諫 벼슬을 하다가 적소謫所에서 죽은 사람이라, 진실로 강직한 선비니, 마땅히 결친結親함직 하거니와, 모로미 그 소저 어떠하더뇨?"

매파 가로되,

"소저의 용모 덕행이 일세에 희한稀罕하오니, 어찌 이루 다 형언 하오리까? 소인이 매파로 다니온 지 삼십여 년에, 왕공재열王公宰列의 모든 재상 댁을 다니며 신부를 많이 보았으되 이같이 요조 현철한 소저는 본 바 처음이오니, 두 번 묻지 말으소서."

공이 가로되,

"이는 색色을 취함이 아니라, 덕행이 있어야 하리로다."

매파 가로되,

"사 소저 정정 유한貞靜幽閑하여, 요조숙녀의 덕이 외모에 나타나오니, 상공相公은 매파의 말을 믿지 아니시거든, 다시 소저의 현불현賢不賢을 알아보소서. 소인이 어찌 상공께 허언을 하오리까?"

하고, 하직하고 돌아가니, 공이 두 부인을 대하여 가로되,

"일정 매파의 말올 믿지 못하리니, 어찌하면 사 씨의 덕행을 자세히 알리요?"

두 부인이 가로되,

"남녀의 덕행은 필법筆法에 나타나는지라. 이제 사 씨의 필체筆體를 보려면 한 묘책이 있으니, 내 집에 간수한 남해관음南海觀音 화상은 당나라唐 사람 오 도사吳道子의 그린 배라. 내 본디 우화암優華庵에 보내어 시주施主ᄒ고자 하더니, 우화암 여승女僧 묘혜妙慧를 불러 이 화상을 가지고 사 씨 댁에 가서, 그 처자에게 관음 찬觀音讚을 청하여 그의 친필로 써 오면 그 재덕才德을 가히 알 것이요, 묘혜 또한 그 얼굴을 볼 것이니, 묘혜 반드시 나를 속이지 아니하리라."

공이 가로되,

"이 계획이 마땅하나, 관음찬 짓기가 심히 어려울 것이니, 어찌 여자가

감당하리요?"

두 부인이 가로되,

"어려운 글을 짓지 못하면 어찌 재녀才女라 하리요?"

공이 옳이 여겨 빨리 묘혜 부르기를 청하니, 두 부인이 사람을 우화암에 보내어 묘혜를 불러 이르되,

"사 씨 덕에 결친하려 하나, 신부의 현불현을 알 길이 없으니, 관음화상을 가지고 사 씨 댁에 가서, 소저에게 관음찬을 받아 오면 보고자 하노니, 대사大師는 수고를 아끼지 말라."

하고 관음 화상을 내어 주니, 묘혜 받아 가지고 즉시 사급사 부중府中에 가, 뵈옵기를 청한대, 부인이 본디 불법佛法을 좋아 하고, 묘혜 또한 이왕에 익히 출입한고로, 즉시 불러들이니, 묘혜 절하고 문후問候한대, 부인이 가로되,

"오래 보지 못할러니, 오늘 무슨 바람이 불어 이르렀나뇨?"

묘혜 대답하여 가로되,

"소승의 거하는 암자가 퇴락하였으매, 재물을 얻어 중수重修하느라 틈이 없어 오래 문안ㅎ지 못하였삽더니, 이제 역사를 마쳤사오매, 감히 부인께 와 보시布施하심을 청하나이다."

부인이 가로되,

"불사佛事에 쓸 양이면, 어찌 보시함을 아끼리요마는, 빈한貧寒한 집에 재물이 없으니 크게 시주하지 못하려니와, 구하는 배 무엇이뇨?"

묘혜 가로되,

"소승의 구하는 바는, 부인께는 불비지혜不費之惠요, 소승에게는 천문天文보다 중하여이다."

부인이 가로되,

"그러면 이르라."

하니, 묘혜 대답하여 가로되,

"소승의 암자를 중수한 후, 한 보시하는 댁에서 관음 화상을 시주하였는데, 이는 당나라 사람의 명화이오나, 오직 그 위에 찬사讚辭 없는 것이 큰 흠사欠事라. 만일 소저의 금옥金玉 같은 친필로 찬문讚文을 지어 써 주시면, 이는 산문山門의 보배라, 그 공덕功德 칠보七寶를 보시하는 것보다 십 배나 중하고, 소저의 수명壽命이 장원長遠하리이다."

부인이 가로되,

"여아가 비록 고금 시문詩文을 통하나, 이런 글은 잘 짓지 못하려니와, 아뭏거나 시험하여 보리라."

하고, 시녀侍女로 하여금 소저를 부르니, 소저 승명承命하고 연보蓮步를 옮기어 나와 모친께 뵈오니, 묘혜 보매, 쇄락灑落 기이奇異함이 짐짓 관음보살이 강림한 듯한지라. 심중에 놀라 헤오되,

"진세塵世에 어찌 이런 사람이 있으리요?"

하고 즉시 합장合掌 배례하여 가로되,

"소승이 사년 전에 소저께 뵈왔더니, 능히 기억하시나이까?"

소저 가로되,

"어찌 잊으리요?"

부인이 소저에게 가로되,

"이 대사 멀리 와서 네 필체로 관음찬을 구하니, 네 능히 지을쏘냐?"

소저 대답하여 가로되,

"소녀의 노둔한 재주로써 어찌 감당하리이까? 하물며 여자의 시부詩賦를 짓는 것은 옛 사람의 경계한 배라. 아무리 대사의 청이오나 어려울까 하나이다."

묘혜 대답하여 가로되,

"소승이 구하는 바는 원래 시문이 아니라. 관음 화상을 얻어 두고, 높은 글을 얻어 그 공덕을 찬양ㅎ고자 하오되, 관음은 여자의 몸인 고로, 부디 여자의 문필을 받아야 마땅히 청정淸淨 하리니, 당금當今의 여자 중 소저 곧 아니면 능히 이 글을 지을 이 없으니, 바라건대 소저는 물리치지 말으소서."

부인이 가로되,

"네 재주 및지 못하면 말려니와, 그 글은 무익無益한 문자와 다르니 아뭏거나 지어 보라."

묘혜 포자包子를 풀어 한 족자簇子를 드리거늘, 부인과 소저 받아 펼쳐 보니, 바다 물결이 도도한 외로운 섬 중에 관음보살이 흰 옷을 입고, 머리도 빗지 아니하고, 영락瓔珞도 없이, 한 동자童子로 더불어 대 수풀을 헤치고 앉아 계신 그림이라. 화법畵法이 정묘하여 짐짓 살아 있는 듯하거늘, 소저 가로되,

"나의 배운 바는 오직 유가儒家의 글이요 불서는 모르나니, 비록 짓고자 하나 대사의 존안尊眼에 차지 못할까 하노라."

묘혜 가로되,

"소승은 들으니, 푸른 연잎과 흰 연꽃이 빛은 비록 다르나 뿌리는 한가지요, 공부자孔夫子와 석가여래 도는 비록 다르나 성인인즉 한가지라 하니, 소저 비록 불서를 모르시나, 유가의 글로써 보살을 찬송하시면 더욱 좋을까 하나이다."

소저 이에 손을 씻고 족자를 걸고 분향 배례焚香拜禮 한 후, 공경히 앞에 나아가 채필彩筆을 빠혀, 관음 찬 일백 이십 자를 가늘게 족자 위에 쓰고, 그 끝줄에 쓰되 "모년 월 일에 사 씨 정옥貞玉은 사배서四拜書"라 하였더

라. 묘혜 또한 글을 아는 고로 소저의 문장 필법을 크게 칭찬하며, 인하여 부인과 소저에게 무수無數 사례하고 돌아 오니라.

12. 옛 시조 (4) (인종 효종 시대)

임이 혜오시매 나는 전혀 믿었더니,
날 사랑하던 정을 뉘 손대 옮기신고?
처음에 믜시던 것이면 이대도록 설우랴?

송시열宋時烈

청산도 절로절로 녹수錄水ㅣ라도 절로절로.
산 절로 수 절로, 산수 간에 나도 절로절로.
그 중에 절로절로 자란 몸이니, 늙기도 절로절로 하리라.

송시열宋時烈?

청춘靑春에 곱던 양자樣姿 임으뢰야 다 늙었다.
이제 임이 보면 날인 줄 알으실까?
진실로 날인 줄 알아 보면 고대 죽다 설우랴?

강백년姜栢年

울며 잡은 소매 떨치고 가지 마소.

초원장제迢遠長堤에 해 다 져 저물었다.
객창客窓에 잔등殘燈 돋우고, 새워 보면 알리라.

이명한李明漢

산중신곡山中新曲의 "만흥漫興"

잔 들고 혼자 앉아 먼 뫼흘 바라보니,
그리던 임이 오다, 반가움이 이러하랴?
말씀도 우음도 아녀도 못내 좋아하노라.

윤선도尹善道

산중신곡의 "조하요朝霞謠"

월출산月出山이 높더니마는, 미운 것이 안개로다.
천왕天王 제일봉을 일시에 가리와다.
두어라, 해 퍼진 후면, 안개 아니 걷으랴?

윤선도尹善道

율리 유곡栗里遺曲

질가마 좋이 씻고, 바위 아래 샘물 길어,
팥죽 달게 쑤고, 절이지 해 끄어 내니,
세상에 이 두 맛이야 남이 알까 하노라.

김광욱金光煜

춘산곡春山曲

춘산에 불이 나니, 못 다 핀 꽃 다 붙는다.
저 뫼 저 불은 끌 물이나 있거니와,
이 몸에 내 없은 불 일어나니, 끌 물 없어 하노라.

김덕령金德齡

풍파風波에 놀란 사공 배 팔아 말을 사니,
구절양장九折羊腸이 물도곤 어려웨라.
이후란 배도 말도 말고, 밭 갈기만 하리라.

장만張晚

냇 가의 해오랍아, 무스 일 서 있는다?

무심無心한 저 고기를 여어 무슴하려는다?
두어라, 한 물에 있거니, 잊어신들 어떠리?

신흠申欽

반중盤中 조홍早紅 감이 고와도 보이나다.
유자柚子 아니라도 품엄즉도 하다마는,
품어 가, 반길 이 없을쌔, 글로 설워하나이다.

박인로朴仁老

오동梧桐에 듣는 빗발 무심히 듣건마는,
내 시름 하니 잎잎이 수성愁聲이로다.
이 후야 잎 넓은 나무를 심을 줄이 있으랴?

김상용金尙容

13. 홍길동전洪吉童傳에서

허균許筠

화설話說. 조선 세종 대왕 시절에 한 재상宰相이 있으니, 성은 홍이요, 이름은 모某라. 두 아들을 두었으되 장자長子는 인형仁衡이니 정실正室 유씨柳氏의 소생所生이요 차자次子는 길동이니 시비侍婢 춘섬春纖의 소생이라. 길동이 점점 자라 팔세 되매, 총명聰明이 과인過人하여 하나를 들으면 백을 통하니, 공公이 더욱 애중愛重하나, 근본 천인賤人 소생이라, 길동이 매양 호부呼父 호형呼兄하면 문득 꾸짖어 못하게 하니, 길동이 십 세가 넘도록 감히 부형을 부르지 못하고, 비복들이 천대賤待함을 각골통한刻骨痛恨하여 심사를 정ㅎ지 못하더니, 일일은 길동이 어미 침소寢所에 가 읍揖하고 고하되,

"소자 모친으로 더불어 전생前生 연분이 중하여, 금세에 모자 되오니 은혜 망극하온지라. 그러나 소자의 팔자 기박하여 천한 몸이 되오니, 품은 한이 깊사온지라. 장부 세상에 처하매 남의 천대를 받음이 불가하온지라. 소자 자연 기운을 억제ㅎ지 못하여 모친 슬하를 떠나려 하오니, 복망伏望 모친은 소자를 염려ㅎ지 마옵시고, 귀체를 보중하소서."

그 어미 청파聽罷에 대경하여,

"재상가 천생이 너뿐이 아니어늘 어찌 협狹한 마음을 발하여 어미 간장을 사르느뇨?"

길동이 대답하되,

"모친은 안심하사 후일을 기다리소서."
하니, 그 어미 또한 슬퍼하더라.

각설却說. 길동이 부모를 이별하고 문을 나매, 일신이 표박漂泊하여 정처定處없이 행하더니, 한 곳에 다다르니 경개景槪 절승絶勝한지라. 인가를 찾아 점점 들어가니 큰 바위 밑에 돌문이 닫혔거늘, 가만히 그 문을 열고 들어가니, 평원광야平原曠野에 수백 호 인가가 즐비하고, 여러 사람이 모여 잔치하며 즐기니, 이곳은 도둑의 굴혈이라. 문득 길동을 보고 그 위인이 녹록지 아니함을 반겨 물어 가로되,

"그대는 어떤 사람이관데 이곳에 찾아 왔느뇨? 이곳은 영웅이 모이었으나, 아직 괴수를 정하지 못하였으니, 그대 만일 용력이 있어 참예ㅎ고자 할 찐대, 저 돌을 들어 보라."

길동이 이 말을 듣고 다행하여 재배하여 가로되,

"나는 서울 홍 판서의 천첩 소생 길동이러니, 가중 천대를 받지 않으려 하여, 사해 팔방으로 정처 없이 다니다가, 이곳에 들어와 모든 호걸의 동료 됨을 이르시니, 불승不勝감사하려니와, 장부 어찌 저만한 돌 들기를 근심하리요?"
하고 그 돌을 들어 수십 보步를 행하다가 던지니, 그 돌 무게 천근이라. 여러 도둑이 일시에 칭찬하여 가로되,

"과연 장사로다. 우리 수천 명 중에 이 돌을 들 자 없더니, 오늘날 하늘이 도우사 장군을 주심이로다."
하고 길동을 상좌上座에 앉히고 술을 차례로 권하고, 백마白馬를 잡아 맹

세하여 언약을 굳게 하니, 중인이 일시에 응낙하고 밤이 맟도록 즐기더라.

이 후로 길동이 스스로 이름을 활빈당活貧黨이라 하여, 조선 팔도로 다니며, 각읍各邑 수령 중 옳지 아니한 재물을 가진 자 있으면 탈취하고, 지극히 빈한하여 의지가 없는 자 있으면 구제하여, 백성을 침범ㅎ지 아니하니, 이러므로 모든 도둑이 그 의취를 탄복하더라.

일일은 길동이 여러 사람을 모으고 의논하되,

"이제 함경 감사監司 탐관오리貪官汚吏로, 백성의 고혈膏血을 빨아 먹어 백성이 견디지 못하는지라. 우리들이 그저 두지 못하리니, 그대들은 나의 지휘대로 하라."

하고 하나씩 흘러 들어가 아무 날 밤으로 기약을 정하고 남문 밖에 불을 지르니, 감사 크게 놀라,

"불을 구하라!"

하니 관속이며 백성들이 일시에 내달아 그 불을 구할 쌔, 길동의 수백 명 적당이 일시에 성중에 달아 들어, 창고를 열고 전곡과 군기를 수탐搜探하여 북문으로 달아나니, 성중이 요란하여 물 끓듯 하는지라. 감사 불의지변不意之變을 당하여 어찌할 줄 모르더니, 날이 밝은 후에 살펴보니, 창고의 군기와 전곡이 비었거늘, 감사 대경실색大驚失色하여 그 도둑 잡기를 힘쓰더니, 홀연 북문에 방榜을 붙였으되,

"아무 날 전곡 도둑한 자는 활빈당 행수行首 홍길동이라."

하였거늘, 감사 군기를 풀어 그 도둑을 잡으려 하더라.

차설且說. 길동이 전곡을 도둑하였으나 행여 잡힐까 염려하여, 즉시 초인草人 일곱을 만들어 진언眞言을 외고 혼백魂魄을 붙이니, 일곱 길동이 일시에 팔을 뽐내며, 그게 소리하고 한 곳에 모여 난만히 수작하니, 어느

것이 정작 길동인지 알지 못할찌요, 또 팔도에 하나씩 흩어지되 각각 수백 명씩 거느리고 다니니, 그 중에 정작 길동이 어느 곳에 있는 줄을 더욱 알지 못할러라.

이때에 상上이 만조滿朝를 모으고 친국親鞫하실 쌔, 팔도에서 여덟 길동을 잡아 올리니, 어느 것이 정작 길동인지 분간ㅎ지 못할러라. 길동들이 상께 아뢰되,

"신의 아비 국은을 입사와 망극하온지라, 어찌 감히 불측不測한 행사를 하오리까마는, 오직 천비賤婢 소생이오라, 그 아비를 아비라 못 하옵고, 그 형을 형이라 못 하오매, 평생에 일편지한一片至恨이 가슴에 맺혔삽기로 집을 버리고 적당賊黨에 참예하오나, 백성은 추호도 범함이 없삽고, 각읍 수령 중 준민고택浚民膏澤한 재물을 탈취하였사오며, 나라를 떠나 갈 곳이 있사오나, 젛사오되 성상은 근심ㅎ지 마옵시고, 신臣을 잡는 관자關子를 거두옵소서."

하며, 일시에 넘어지니 다 촌인이라. 상이 더욱 놀라시며, 다시 정작 길동이 잡기를 팔도에 행관行關하시니라.

하며, 일시에 넘어지니 다 초인이라. 상이 더욱 놀라시며, 다시 정작 길동이 잡기를 팔도에 행관行關하시니라.

차설. 길동이 초인을 거둔 후에, 사대문에 방을 붙였으되,

"요인妖人 홍길동은 아무리 하여도 잡지 못하리니, 병조판서兵曹判書 교지敎旨를 내리시면 잡히리이다."

하였거늘, 상이 그 방을 보시고 조신朝臣을 모아 의논하시니, 한 신하 아뢰되,

"길동의 소원이 병조 판서를 한번 지내면 조선을 떠나리라 하오니, 한 번 제 원을 풀면 제 스스로 사은謝恩하오리니, 이때를 타 잡음이 옳을까

하나이다."

상이 옳게 여기사 홍길동으로 병조판서를 제수除授하시고, 사문에 방을 붙이니라.

이 때 길동이 이 말을 듣고 즉시 사모관대紗帽冠帶로 높은 초헌軺軒을 타고, 병조 소속所屬들이 호위하여 궐내闕內에 사은하러 들어갈 쌔, 백관들이 의논하되,

"길동이 오늘 사은하고 나오거든 도부수刀斧手를 매복埋伏하였다가 쳐 죽이리라."

약속을 정하더라.

길동이 궐내에 들어가 사은하고 아뢰어 가로되,

"신의 죄악이 지중至重하옵거든, 도리어 천은天恩을 입사와 평생 한을 푸옵고 돌아가오나, 이제 전하殿下를 영결永訣하오니, 엎드려 바라옵건대 성상은 만수무강하옵소서."

하고 몸을 공중에 솟오아 구름에 씨여 가거늘, 상이 이를 보시고 찬탄하여 가라사대,

"길동의 신기한 재주는 고금에 희한하도다. 제 조선을 떠나려 하였으니, 다시는 작폐作弊할 일이 없으리라."

하시고 팔도에 길동 잡는 영을 거두시니라.

14. 太平詞(태평사)

박인로朴仁老

나라히 偏小(편소)ᄒᆞ야
海東(해동)애 ᄇᆞ려셔도,
箕子(기자) 유풍遺風이
古今(고금) 없시 淳厚(순후)ᄒᆞ야,
二百年來(이백년래)예
禮儀(예의)를 崇尙(숭상)ᄒᆞ니,
衣冠 文物(의관 문물)이
漢唐宋(한 당 송)이 되야쩌니,
島夷(도이) 百萬(백만)이
一朝(일조)애 衝突(충돌)ᄒᆞ야,
億兆(억조) 驚魂(경혼)이
칼 빗출 조차 나니,
平原(평원)에 사힌 ᄲᅨᄂᆞᆫ
뫼두곤 노파 잇고,
雄都(웅도) 巨邑(거읍)은
豺狐窟(시호굴)이 되얏거ᄂᆞᆯ,
凄凉(처량) 玉蓮(옥련)이
蜀中(촉중)으로 뵈와 드니,
煙塵(연진)이 아득ᄒᆞ야,
日色(일색)이 열워쩌니,
聖天子(성천자) 神武(신무)ᄒᆞ샤,
一怒(일노)를 크게 내야,
平壤(평양) 群凶(군흉)을
一劒下(일검하)의 다 버히고,
風驅南下(풍구남하)ᄒᆞ야,
海口(해구)에 더져 두고,
窮寇(궁구)를 勿迫(물박)ᄒᆞ야,
몃몃 ᄒᆡ를 디내연고?
江左一帶(강좌 일대)예
孤雲(고운) ᄀᆞᆺᄒᆞᆫ 우리 물이,

偶然(우연) 時來(시래)예 武候龍(무후룡)을 幸(행)혀 만나,
五德(오덕)이 ᄇᆞᆯ근 아래 獵狗(엽구) 몸이 되야써가,
英雄(영웅) 仁勇(인용)을 喉舌(후설)에 섯겨시니,
炎方(염방)이 稍安(초안)ᄒᆞ고, 土馬 精强(정강)ᄒᆞ얏써니,
皇朝(황조) 一夕(일석)에 大風(대풍)이 다시 이니,
龍(용) ᄀᆞᆺᄒᆞᆫ 將帥(장수)와 구름 ᄀᆞᆺᄒᆞᆫ 勇士(용사)들이,
旌旗(정기) 蔽空(폐공)ᄒᆞ야, 萬里(만리)예 이어시니,
兵聲(병성)이 大振(대진)ᄒᆞ야, 山岳(산악)을 씌엿ᄂᆞᆫ ᄃᆞᆺ.
兵房(병방) 御營大將(어영대장)은

先鋒(선봉)을 引導(인도)ᄒᆞ야, 賊陳(적진)에 突擊(돌격)ᄒᆞ니,
疾風 大雨(질풍 대우)에, 霹靂이 즈ᄎᆡᄂᆞᆫ ᄃᆞᆺ,
淸正(청정) 小豎頭(소수두)도 掌中(장중)에 잇것마ᄂᆞᆫ,
天雨(천우) 爲祟(위수)ᄒᆞ야, 士卒(사졸)이 疲困(피곤)커늘,
저근ᄃᆞᆺ 解圍(해위)ᄒᆞ야, 士氣(사기)를 쉬우더가
賊徒(적도)ㅣ 犇潰(분궤)ᄒᆞ니, 못 다 잡아 말년졔고,
窟穴(굴혈)을 구어보니, 구든 ᄃᆞᆺ도 ᄒᆞ다마ᄂᆞᆫ
有敗 灰燼(유패회신)ᄒᆞ니, 不在險(부재험)을 알니로다.
上帝(상제) 聖德(성덕)과 遠近(원근) 업시 미쳐시니,
天誅猾賊(천주활적)ᄒᆞ야, 仁義(인의)를 돕ᄂᆞᆫ도다.
海不揚波(해불양파) 이젠가 너기로라.
無狀(무상)ᄒᆞᆫ 우리 물도 臣子(신자) 되야 이셔더가,
君恩(군은)을 못 갑ᄒᆞᆯ가? 敢死心(감사심)을 가져 이셔,
七載(칠재)를 분주터가 太平(태평) 오ᄂᆞᆯ 보완디고.
投兵(투병) 息戈(식과)ᄒᆞ고, 細柳營(세류영) 도라들 제,

大平簫(대평소) 노픈 솔의예 鼓角(고각)이 섯겨시니,
水宮(수궁) 깁흔 곳의 魚龍(어룡)이 다 우ᄂᆞᆫᄃᆞᆺ,
龍旗(용기) 偃蹇(언건)ᄒᆞ야 西風(서풍)에 빗겨시니,
五色 祥雲(상운) 一片(일편)이 半空(반공)애 ᄠᅥ러딘ᄃᆞᆺ.
太平(태평) 模樣(모양)이 더욱ᄒᆞ나 반가올사.
揚弓 擧矢(양궁 거시)ᄒᆞ고, 凱歌(개가)를 아뢰오니,
爭唱歡聲(쟁창환성)이 碧空(벽공)애 얼히ᄂᆞ다.
三尺 霜刃(삼척 상인)을 興氣(흥기) 계워 둘러메고,
仰而長嘯(앙이장소)ᄒᆞ야, 춤을 추려 이러셔니,
天寶 龍光(천보 용광)이 斗牛間(두우간)의 소이ᄂᆞ다.
手之舞之 足之蹈之(도지), 절노절노 즐거오니,
歌七德 舞七德을 그칠 줄 모ᄅᆞ로다.
人間 樂事(인간 낙사) ㅣ 이 굿ᄒᆞ니 ᄯᅩ 잇는가?
華山(화산)이 어ᄃᆡ오? 이 말을 보내고져.
天山(천산)이 어ᄃᆡ오? 이 활을 노피 거쟈.
이제야 ᄒᆞ올 일이 忠孝一事(충효일사) ᄲᅮᆫ이로다.
營中(영중)에 일이 업셔, 긴 좀 드러 누어시니,
뭇노라, 이 날이 어ᄂᆡ 적고?
羲皇(희황) 盛時(성시)를 다시 본가 너기로라.
天無淫雨(천무음우)ᄒᆞ니, 白日(백일)이 더욱 볼다.
白日(백일)이 볼그니, 萬方(만방)애 비최노다.
處處(처처) 溝壑(구학)애 흐터 잇던 老羸(노리)드리
東風(동풍) 新鷰(신연) 가치 舊巢(구소)를 ᄎᆞ자 오니,
首丘初心(수구초심)에 뉘 아니 반겨ᄒᆞ리?

爰居爰處(원거원처)에
孑遺生靈(혈유생령)들아,
聖恩(성은)이 기픈 아ᄅᆡ
教訓 生聚(교훈 생취)라,
天運 循環(천운 순환)을
佑我邦國(우아방국)ᄒᆞ샤
唐虞 天地(당우 천지)예
於萬斯年(오만사년)에
耕田 鑿井(경전 착정)에
우리도 聖主(성주)를 뫼읍고
즐거움이 엇더ᄒᆞᆫ뇨?
聖恩(성은)인 줄 아ᄂᆞᄉᆞᆫ다?
오륜五倫을 발켜ᄉᆞ라.
절로 아니 닐어 가랴?
아옵게다, 하ᄂᆞ님아.
萬歲無疆(만세무강) 눌리소셔.
三代 日月(삼대 일월) 비최소셔.
兵革(병혁)을 그치소셔.
擊壤歌(격양가)를 불니소셔.
同樂太平(동락태평)ᄒᆞ오리라.

15. 옛 시조 (5) (선조 시대)

철령鐵嶺 높은 재에 자고 가는 저 구름아.
고신孤臣의 눈물을 비삼아 띠어다가,
임 계신 구중 궁궐九重宮闕에 뿌려 본들 어떠하리?

이항복李恒福

호아곡呼兒曲의 "동간 관어"東澗觀魚

아이야, 되롱 삿갓 찰화, 동간東澗에 비 지거다.
기나긴 낚대에 미늘 없는 낚시 매어,
저 고기 놀라지 마오라, 내 흥 겨워 하노라.

조존성趙存性

노진虜稹에게 줌

오면 가려 하고 가면 아니 오네.
오노라 가노라 하니 볼 날이 전혀 없네.
오늘도 가노라 하니 그를 슳어 하노라.

선조宣祖

한우가寒雨歌

북천北天이 맑다ㅎ거늘 우장雨裝 없이 길을 나니,
산에는 눈이 오고, 들에는 찬 비로다.
오늘은 찬 비 맞았으니 얼어 잘까 하노라.

임제林悌

녹양綠楊이 천만사千萬絲ㄴ들 가는 춘풍 매어 두며,
탐화봉접探花蜂蝶인들 지는 꽃을 어이하리?
아무리 사랑이 중重한들 가는 임을 어이하리?

이원익李元翼

한산閑山 섬 달 밝은 밤에 수루戍樓에 혼자 앉아,

큰 칼을 옆에 차고 깊은 시름 하는 적에,
어디서 일성 호가一聲胡笳는 나의 애를 끊느니?

이순신李舜臣

녹초綠草 청강상晴江上에 구레 벗은 말이 되어,
때때로 머리 들어 북향北向하여 우는 뜻은,
석양이 재 넘어가매 임자 그려 우노라.

서익徐益

대臺 위에 심은 느티 몇 해나 자랐는고?
씨 지어 난 휘추리 저같이 늙도록에,
그제야 또 한 잔 잡아 다시 헌수獻壽하리라.

정철鄭澈

풍파에 일리던 배 어드러로 가단 말고?
구름 머흘거든 처음에 날 줄 어찌?
허술한 배 두신 분네는 모두 조심하소서.

정철鄭澈

쓴나물 데온 물이 고기도곤 맛이 이세.
초옥草屋 좁은 줄이 그 더욱 내 분分이라.

다만당 임 그린 탓으로 시름 계워하노라.

정철鄭澈

내 마음 버혀 내어 저 달을 맹글고저.
구만리九萬里 장천長天에 번듯이 걸려 이셔,
고온 임 계신 곳에가 비치어나 보리라.

정철鄭澈

송림松林에 눈이 오니 가지마다 곶이로다.
한 가지 것거 내어 임 계신 데 보내고저.
저 임이 보신 후제야 녹아지다 어떠리?

정철鄭澈

16. 續美人曲(쇽미인곡)

정철鄭澈

뎨 가ᄂᆞᆫ 뎌 각시,
天텬上샹 白ᄇᆡᆨ玉옥京경을
ᄒᆡ 다 뎌 져믄 날의
어와, 네여이고!
내 얼굴 이 거동이
엇딘디 날 보시고
나도 님을 미더
이ᄅᆡ야, 교ᄐᆡ야,
반기시ᄂᆞᆫ ᄂᆞᆺ비치
누어 ᄉᆡᆼ각ᄒᆞ고
내 몸의 지은 죄
하ᄂᆞᆯ히라 원망ᄒᆞ며
셜워 플텨 혜니
글란 ᄉᆡᆼ각 마오.
님을 뫼셔 이셔

본 듯도 ᄒᆞᆫ뎌이고!
엇디ᄒᆞ야 離니別별ᄒᆞ고,
눌을 보라 가시ᄂᆞᆫ고?
이 내 ᄉᆞ셜 드러 보오.
님 괴얌즉ᄒᆞᆫ가마ᄂᆞᆫ,
네로다 녀기실ᄉᆡ,
군ᄠᅳ디 전혀 업서,
어ᄌᆞ러이 구돗썬디,
네와 엇디 다ᄅᆞ신고?
니러안자 혜여ᄒᆞ니,
뫼ᄀᆞ티 빠혀시니,
사ᄅᆞᆷ이라 허믈ᄒᆞ랴?
造조物믈의 타시로다.
ᄆᆡ친 일이 이셔이다.
님의 일을 내 알거니,

믈 ᄀᆞᄐᆞᆫ 얼굴이
春츈寒한 苦고熱열은
秋츄日일 冬동天텬은
粥쥭早조飯반 朝죠夕셕 뫼,
기나긴 밤의
님다히 消쇼息식을
오ᄂᆞᆯ도 거의로다,
내 ᄆᆞ음 둘 ᄃᆡ 업다.
잡거니 밀거니
구롬은 ᄏᆞ니와
山산川쳔이 어둡거니
咫지尺쳑을 모ᄅᆞ거든
ᄎᆞᆯ하리 믈ᄀᆞ의 가
ᄇᆞ람이야, 믈결이야,
샤공은 어ᄃᆡ 가고
江강天텬의 혼자 셔셔
님다히 消쇼息식이
茅모簷쳠 ᄎᆞᆫ 자리의
半반壁벽 靑쳥燈등은
오ᄅᆞ며 ᄂᆞ리며
져근덧 力력盡진ᄒᆞ야
精졍誠셩이 지극ᄒᆞ야
玉옥 ᄀᆞᄐᆞᆫ 얼굴이
ᄆᆞ음의 머근 말ᄉᆞᆷ
편ᄒᆞ실 적 몃 날일고?
엇디ᄒᆞ야 디내시며,
뉘라셔 뫼셧ᄂᆞᆫ고?
녜와 ᄀᆞ티 셰시ᄂᆞᆫ가?
ᄌᆞᆷ은 엇디 자시ᄂᆞᆫ고?
아므려나 아쟈 ᄒᆞ니,
ᄂᆡ일이나 사ᄅᆞᆷ 올가?
어드러로 가쟛 말고?
놉픈 뫼ᄒᆡ 올라가니,
안개ᄂᆞᆫ 므ᄉᆞ 일고?
日일月월을 엇디 보며,
千쳔里리ᄅᆞᆯ ᄇᆞ라보랴?
ᄇᆡ길히나 보쟈 ᄒᆞ니,
어둥정 된더이고!
빈 ᄇᆡ만 걸렷ᄂᆞ니?
디ᄂᆞᆫ ᄒᆡᄅᆞᆯ 구버보니,
더옥 아득ᄒᆞᆫ뎌이고!
밤듕만 도라오니,
눌 위ᄒᆞ야 ᄇᆞᆯ갓ᄂᆞᆫ고?
헤쓰며 바자니니,
픗ᄌᆞᆷ을 잠간 드니,
ᄭᅮᆷ의 님의 보니,
半반이 나마 늘거셰라.
슬ᄏᆞ장 ᄉᆞᆲ쟈 ᄒᆞ니,

눈믈이 바라 나니
情졍을 못 다ᄒᆞ야
오뎐된 溪계聲셩의
어와, 虛허事ᄉᆞ로다!
결의 니러안자
어엿븐 그림재
ᄎᆞᆯ하리 싀여디여
님 겨신 窓창 안ᄒᆡ
각시님 ᄃᆞᆯ이야 ᄏᆞ니와
말인들 어이 ᄒᆞ며,
목이조차 메여ᄒᆞ니,
좀은 엇디 ᄭᆡ돗던고?
이 님이 어ᄃᆡ 간고?
窓창을 열고 ᄇᆞ라보니,
날 조촐 ᄲᅮᆫ이로다.
落낙月월이나 되야 이셔,
번드시 비최리라.
구즌 비나 되쇼서.

17. 思美人曲(사미인곡)

정철鄭澈

이 몸이 삼기실 제　님을 조차 삼기시니,
ᄒᆞᆫ싱 緣연分분이며　하ᄂᆞᆯ 모ᄅᆞᆯ 일이런가?
나 ᄒᆞ나 졈어 잇고　님 ᄒᆞ나 날 괴시니,
이 ᄆᆞ옴 이 ᄉᆞ랑　견졸 ᄃᆡ 노여 업다.
平평生싱애 願원 ᄒᆞ요ᄃᆡ　ᄒᆞᆫᄃᆡ 녀쟈 ᄒᆞ얏더니,
늙거야 므ᄉᆞ 일로　외오 두고 그리ᄂᆞᆫ고?
엇그제 님을 뫼셔　廣광寒한殿뎐의 올낫더니,
그더ᄃᆡ 엇니ᄒᆞ야　下하界계예 ᄂᆞ려오니?
올 적의 비슨 머리　얼킈연 디 三삼年년 일쇠.
臙연脂지粉분 잇ᄂᆡ마ᄂᆞᆫ　눌 위ᄒᆞ야 고이 ᄒᆞᆯ고?
ᄆᆞ옴의 ᄆᆡ친 실음　疊텹疊텹이 ᄡᅡ혀 이셔,
짓ᄂᆞ니 한숨이오　디ᄂᆞ니 눈믈이라.
人인生싱은 有유限ᄒᆞᆫᄒᆞᆫᄃᆡ　시ᄅᆞᆷ도 그지업다.
無무心심ᄒᆞᆫ 歲셰月월은　믈 흐ᄅᆞ돗 ᄒᆞᄂᆞᆫ고야!
炎염凉냥이 ᄣᅢᄅᆞᆯ 아라　가ᄂᆞᆫ 돗 고텨 오니,

듯거니 보거니
東동風풍이 건듯 부러
窓창 밧긔 심근 梅ᄆᆡ花화
ᄀᆞᆺ득 冷닝淡담ᄒᆞᆫᄃᆡ
黃황昏혼의 ᄃᆞᆯ이조차
늣기ᄂᆞᆫ ᄃᆞᆺ 반기ᄂᆞᆫ ᄃᆞᆺ
뎌 梅ᄆᆡ花화 것거 내여
님이 너ᄅᆞᆯ 보고
ᄭᅩᆺ 디고 새닙 나니
羅라幃위 寂젹寞막ᄒᆞ고
芙부蓉용을 거더 노코
ᄀᆞᆺ득 시름 한ᄃᆡ
鴛원鴦앙錦금 버혀 노코
금자ᄒᆡ 견화 이셔
手슈品품은ᄏᆞ니와
珊산瑚호樹수 지게 우ᄒᆡ
님의게 보내오려
山산인가, 구롬인가,
千쳔里리 萬만里리 길흘
니거든 여러 두고
ᄒᆞᄅᆞ밤 서리김의
危위樓루에 혼자 올나
東동山산의 ᄃᆞᆯ이 나고
님이신가 반기니
늣길 일도 하도 할샤!
積젹雪셜을 헤텨 내니,
두세 가지 픠여셰라.
暗암香향은 므ᄉᆞ 일고?
벼마ᄐᆡ 빗최니,
님이신가, 아니신가?
님 겨신 ᄃᆡ 보내오져!
엇더타 너기실고?
綠록陰음이 ᄭᆞᆯ렷ᄂᆞᆫᄃᆡ,
繡슈幕막이 뷔여 잇다.
孔공雀쟉을 둘려 두니,
날은 엇디 기돗던고?
五오色ᄉᆡᆨ線션 플텨 내여,
님의 옷 지어내니,
制졔度도도 ᄀᆞᄌᆞᆯ시고!
白ᄇᆡᆨ玉옥函함의 다마 두고,
님 겨신 ᄃᆡ ᄇᆞ라보니,
머흐도 머흘시고!
뉘라셔 ᄎᆞ자 갈고?
날인가 반기실가?
기려기 우러 녈 제,
水슈晶졍簾념을 거든 말이,
北븍極극의 별이 뵈니,
눈믈이 절로 난다.

淸청光광을 쥐여 내여
鳳봉凰황樓누의 븟티고져!
樓누 우ᄒᆡ 거러 두고
八팔荒황의 다 비최여,
深심山산 窮궁谷곡
졈낫 ᄀᆞ티 ᄆᆡᆼ그쇼셔.
乾건坤곤이 閉폐塞ᄉᆡᆨᄒᆞ야
白ᄇᆡᆨ雪셜이 ᄒᆞᆫ 비친 제,
사ᄅᆞᆷ은ᄏᆞ니와
ᄂᆞᆯ새도 긋쳐 잇다.
瀟쇼湘샹 南남畔반도
치오미 이러커든,
玉옥樓누 高고處쳐야
더옥 닐너 므ᄉᆞᆷᄒᆞ리?
陽양春츈을 부쳐 내여
님 겨신 ᄃᆡ 쏘이고져!
茅모簷쳠 비쵠 ᄒᆡ를
玉옥樓누의 올리고져!
紅홍裳샹을 니믜ᄎᆞ고
翠취袖슈를 半반만 거더,
日일暮모 脩슈竹듁의
혬가림도 하도 할샤!
ᄃᆞ른 ᄒᆡ 수이 디여
긴 밤을 고초 안자,
靑쳥燈등 거른 겻ᄐᆡ
鈿뎐箜공篌후 노하 두고,
ᄭᅮᆷ의나 님을 보려
ᄐᆞᆨ 빗고 비겨시니,
鴦앙衾금도 ᄎᆞ도 ᄎᆞᆯ샤!
이 밤은 언제 샐고?
ᄒᆞᄅᆞ도 열 두 째
ᄒᆞᆫ ᄃᆞᆯ도 셜흔 날,
져근덧 ᄉᆡᆼ각 마라,
이 시ᄅᆞᆷ 닛쟈 ᄒᆞ니,
ᄆᆞᄋᆞᆷ의 ᄆᆡ쳐 이셔
骨골髓슈의 ᄢᅦ텨시니,
扁편鵲쟉이 열히오나
이 병을 엇디ᄒᆞ리?
어와, 내 병이야!
이 님의 타시로다.
ᄎᆞᆯ하리 싀여디여
범나븨 되오리라.
곳나모 가지마다
간 ᄃᆡ족족 안니다가,
향 므든 ᄂᆞᆯ애로
님의 오ᄉᆡ 올므리라.
님이야 날인 줄 모ᄅᆞ셔도
내 님 조ᄎᆞ려 ᄒᆞ노라.

18. 옛 시조 (6) (선조 시대)

고산 구곡高山九曲의 제 2.

이곡二曲은 어드메오, 화암花岩에 춘만春滿ㅎ거다.
벽파碧波에 곶을 띄워 야외野外로 보내노라.
사람이 승지勝地를 모르니 알게 한들 어떠리?

이이李珥

말 없은 청산靑山이요, 태態 없은 유수流水로다.
값 없은 청풍淸風이요, 임자 없은 명월明月이라.
이 중에 병 없은 이 몸이 분별分別 없이 늙으리라.

성혼成渾

높으나 높은 낡에 날 권하여 올여 두고,
이 보오, 벗님네야, 흔드지나 말으되야.

나려져 죽기는 섧지 아녀도 임 못 볼까 하노라.

이양원李陽元

묏버들 갈해 것거, 보내노라, 임의 손대.
자시는 창 밖에 심거 두고 보소서.
밤 비에 새 잎곧 나거든 날인가도 너기소서.

홍낭洪娘

이화우梨花雨 흩날릴 제 울며 잡고 이별한 임,
추풍 낙엽에 저도 나를 생각는지?
천리千里에 외로운 꿈만 오락가락 하더라.

이계생李癸生

어이 얼어 자리? 무스 일 얼어 자리?
원앙침鴛鴦枕 비취금翡翠衾을 어디 두고 얼어 자리?
오늘은 찬 비 맞았으니 녹아 잘까 하노라.

한우寒雨

청산리靑山裏 벽계수碧溪水야, 수이 감을 자랑 마라.
일도창해一到滄海하면 돌아오기 어려오니.
명월明月이 만공산滿空山하니 수여 간들 어떠리?

황진이黃眞伊

청산青山은 내 뜻이요, 녹수綠水는 임의 정이.
녹수 흘러 간들 청산이야 변할쏜가?
녹수도 청산을 못 잊어, 울어 녀어 가는고?

황진이黃眞伊

동짓달 기나긴 밤을 한 허리를 버혀 내어,
춘풍春風 이불 아래 서리서리 넣었다가,
얼은 임 오신 날 밤이어든 굽이굽이 펴리라.

황진이黃眞伊

어져, 내 일이여! 그럴 줄을 모르던가?
이시라 하더면 가랴마는, 제 구태여,
보내고 그리는 정은 나도 몰라 하노라.

황진이黃眞伊

만수산가萬壽山歌

만수산萬壽山 만수동萬壽洞의 만수천萬壽泉이 있더이다.
이 물에 술을 빚어 만수주萬壽酒라 하더이다.
이 잔을 잡으오시면 만수무강萬壽無疆하시리다.

노진盧禛

헌근가獻芹歌

미나리 한 펄기를 캐어서 싯우이다.
연대 아니아, 우리 임께 받자오이다.
맛이야 긴ㅎ디 아니ㅎ거니와 다시 십어 보소서.

유희춘柳希春

19. 關東別曲(관동별곡)

정철鄭澈

江강湖호애 病이 깁펴 竹듁林림에 누엇더니,
關관東동 八팔百ᄇᆡᆨ里니에 方방面면을 맛디시니,
어와, 聖셩恩은이야! 가디록 罔망極극ᄒᆞ다.
延연秋츄門문 드리ᄃᆞ라 慶경會회 南남門문 ᄇᆞ라보며,
下直직고 믈너나니 玉옥節졀이 알ᄑᆡ 셧다.
平평丘구驛역 ᄆᆞᆯ을 ᄀᆞ라 黑흑手슈로 도라드니,
蟾셤江강은 어듸메오, 稚티岳악은 여긔로다.
昭쇼陽양江강 ᄂᆞ린 믈이 어드러로 든단 말고?
孤고臣신 去거國국에 白ᄇᆡᆨ髮발도 하도 할샤!
東동州ᄌᆔ 밤 계오 새와 北븍寬관亭뎡의 올나ᄒᆞ니,
三삼角각山산 第뎨一일峯봉이 ᄒᆞ마면 뵈리로다.
弓궁王왕大대闕궐 터희 烏오鵲쟉이 지지괴니,
千천古고興흥亡망을 아ᄂᆞᆫ다, 몰ᄋᆞᄂᆞᆫ다?
淮회陽양 녜 일홈이 마초아 ᄀᆞᄐᆞᆯ시고!
汲급長댱孺유 風풍彩ᄎᆡ를 고텨 아니 볼게이고?

營영中듕이 無무事사ᄒᆞ고 / 時시節졀이 三삼月월인 제,
花화川쳔 시내길히 / 楓풍岳악으로 버더 잇다.
行힝裝장을 다 ᄯᅥᆯ티고 / 石셕逕경의 막대 디퍼,
百ᄇᆡᆨ川쳔洞동 겨ᄐᆡ 두고 / 萬만瀑폭洞동 드러가니,
銀은 ᄀᆞᄐᆞᆫ 무지게 / 玉옥 ᄀᆞᄐᆞᆫ 龍룡의 초리,
섯돌며 ᄲᅮᆷᄂᆞᆫ 소ᄅᆡ / 十십里리의 ᄌᆞ자시니,
들을 제ᄂᆞᆫ 우레러니 / 보니ᄂᆞᆫ 눈이로다.
金금剛강臺ᄃᆡ ᄆᆡᆫ 우層층의 / 仙션鶴학이 삿기 치니,
春츈風풍 玉옥笛뎍聲셩의 / 첫ᄌᆞᆷ을 ᄭᆡ돗던디?
縞호衣의 玄현裳샹이 / 半반空공의 소소ᄯᅳ니,
西셔湖호 녯 主쥬人인을 / 반겨서 넘노ᄂᆞᆫ ᄃᆞᆺ.
小쇼香향爐노 大대香향爐노 / 눈 아래 구버보고,
正졍陽양寺ᄉᆞ 眞진歇헐臺ᄃᆡ / 고텨 올나 안존 말이,

廬녀山산 眞진面면目목이 / 여긔야 다 뵈ᄂᆞ다.
어와 造조化화翁옹이 / 헌ᄉᆞ토 헌ᄉᆞ홀샤!
ᄂᆞᆯ거든 ᄯᅱ디 마나, / 셧거든 솟디 마나.
芙부蓉용을 고잣ᄂᆞᆫ ᄃᆞᆺ, / 白ᄇᆡᆨ玉옥을 뭇것ᄂᆞᆫ ᄃᆞᆺ.
東동溟명을 박ᄎᆞᄂᆞᆫ ᄃᆞᆺ, / 北븍極극을 괴왓ᄂᆞᆫ ᄃᆞᆺ.
놉흘시고 望망高고臺ᄃᆡ / 외로올샤 穴혈望망峯봉,
하ᄂᆞᆯ의 추미러 / 므ᄉᆞ 일을 ᄉᆞ로리라,
千쳔萬만劫겁 디나ᄃᆞ록 / 구필 줄 모ᄅᆞᄂᆞᆫ다?
어와, 너여이고! / 너 ᄀᆞᄐᆞ니 ᄯᅩ 잇ᄂᆞᆫ가?
開ᄀᆡ心심臺ᄃᆡ 고텨 올나 / 衆듕香향城셩 ᄇᆞ라보며,

萬만 二이千쳔 峯봉을 歷녁歷녁히 혜여ᄒᆞ니,
峯봉마다 믻쳐 잇고 긋마다 서린 긔운,
ᄆᆞᆰ거든 조티 마나, 조커든 ᄆᆞᆰ디 마나.
뎌 긔운 흐터내야 人인傑걸을 ᄆᆞᆫ돌고쟈!
形형容용도 그지업고 體톄勢세도 하도 할샤!
天텬地디 삼기실 제 自자然연이 되연마ᄂᆞᆫ,
이제 와 보게 되니 有유情졍도 有유情졍ᄒᆞᆯ샤!
毗비盧로峯봉 上샹上샹頭두의 올라 보니 긔 뉘신고!
東동山산 泰태山산이 어ᄂᆞ야 놉돗던고?
魯노國국 조븐 줄도 우리ᄂᆞᆫ 모ᄅᆞ거든,
넙거나 넙은 天텬下하 엇띠ᄒᆞ야 젹닷 말고?
어와, 뎌 디위ᄅᆞᆯ 어이ᄒᆞ면 알거이고?
오ᄅᆞ디 못ᄒᆞ거니 ᄂᆞ려가미 고이ᄒᆞᆯ가?
圓원通통골 ᄀᆞᄂᆞᆫ 길로 獅ᄉᆞ子ᄌᆞ峯봉을 ᄎᆞ자가니,
그 알ᄑᆡ 너러바회 化화龍룡쇠 되어셰라!
千쳔年년 老노龍룡이 구ᄇᆡ구ᄇᆡ 서려 이셔,
晝듀夜야의 흘녀 내여 滄창海ᄒᆡ예 니어시니,
風풍雲운을 언제 어더 三삼日일雨우ᄅᆞᆯ 디련ᄂᆞᆫ다?
陰음崖애예 이온 풀을 다 살와 내여ᄉᆞ라!
摩마訶하衍연 妙묘吉길祥상 鴈안門문재 너머 디여,
외나모 뻐근 ᄃᆞ리 佛불頂뎡臺ᄃᆡ 올라ᄒᆞ니,
千쳔尋심 絶절壁벽을 半반空공애 셰여 두고,
銀은河하水슈 한 구ᄇᆡᄅᆞᆯ 촌촌이 버혀 내여,
실 ᄀᆞ티 플텨 이셔 뵈 ᄀᆞ티 거러시니,

圖도經경 열 두 구ᄇᆡ
李니謫뎍仙션 이제 이셔
廬녀山산이 여긔도곤
山산中듕을 ᄆᆡ양 보랴?
藍남輿여 緩완步보ᄒᆞ야
玲녕瓏농 碧벽溪계와
數수聲셩 啼뎨鳥됴ᄂᆞᆫ
旌졍旗긔를 ᄯᅥᆯ티니
鼓고角각을 섯브니
鳴명沙ᄉᆞ길 니근 ᄆᆞᆯ이
바다ᄒᆞᆯ 겻ᄐᆡ 두고
白ᄇᆡᆨ鷗구야, ᄂᆞ디 마라.
金금幱난窟굴 도라드러
白백玉옥樓누 남은 기동
工공倕슈의 셩녕인가?
구ᄐᆞ야 六뉵面면은
高고城셩을란 뎌만 두고
丹단書셔ᄂᆞᆫ 宛완然연ᄒᆞ되
예 사ᄒᆞᆯ 머믄 後후의
仙션遊유潭담 永영郎낭湖호
淸청澗간亭뎡 萬만景경臺ᄃᆡ
梨니花화ᄂᆞᆫ ᄇᆞᆯ셔 디고
洛낙山산 東동畔반으로
日일出츌을 보리라

내 보매ᄂᆞᆫ 여러히라.
고텨 의논ᄒᆞ게 되면,
낫단 말 못ᄒᆞ려니!
東동海ᄒᆡ로 가쟈ᄉᆞ라!
山산映영樓누의 올나ᄒᆞ니,

離리別별을 怨원ᄒᆞᄂᆞᆫ ᄃᆞᆺ.
五오色ᄉᆡᆨ이 넘노ᄂᆞᆫ ᄃᆞᆺ.
海ᄒᆡ雲운이 다 것ᄂᆞᆫ ᄃᆞᆺ.
醉취仙션을 빗기 시러,
海ᄒᆡ棠당花화로 드러가니,
네 버딘 줄 엇디 아ᄂᆞᆫ?
叢총石셕亭뎡의 올라ᄒᆞ니,
나만 내히 셔 잇고야!
鬼귀斧부로 다ᄃᆞ문가?
므어슬 象샹톳던고?
三삼日일浦포ᄅᆞᆯ ᄎᆞ자가니,
四ᄉᆞ仙션은 어ᄃᆡ 가니?
어ᄃᆡ 가 ᄯᅩ 머믄고?
거긔나 가 잇ᄂᆞᆫ가?
몃 고ᄃᆡ 안돗던고?
졉동새 슬피 울 제,
義의相샹臺ᄃᆡ예 올라 안자,
밤듕만 니러ᄒᆞ니,

祥상雲운이 집픠ᄂᆞᆫ동,
六뉵龍뇽이 바퇴ᄂᆞᆫ동.
바다ᄒᆡ 써날 제ᄂᆞᆫ
萬만國국이 일워더니,
天텬中듕의 텹쓰니
毫호髮발을 혜리로다.
아마도 녈 구름이
근쳐의 머믈셰라!
詩시仙션은 어ᄃᆡ 가고
咳ᄒᆡ唾타만 나맛ᄂᆞ니?
天텬地디間간 壯장ᄒᆞᆫ 긔별
ᄌᆞ셔히도 ᄒᆞᆯ셔이고!
斜샤陽양 峴현山산의
躑텩躅툑을 므니 ᄇᆞᆯ와,
羽우蓋개芝지輪륜이
鏡경浦포로 ᄂᆞ려가니,
十십里리 氷빙紈환을
다리고 고텨 다려,
長댱松숑 울ᄒᆞᆫ 소개
슬ᄏᆞ장 펴뎌시니,
믈결도 자도 잘샤!
모래ᄅᆞᆯ 혜리로다.
孤고舟쥬 解ᄒᆡ纜람ᄒᆞ야
亭뎡子ᄌᆞ 우ᄒᆡ 올나가니,
江강門문橋교 너믄 겨ᄐᆡ
大ᄃᆡ洋양이 거긔로다!
從죵容용ᄒᆞᆫ댜, 이 氣긔像샹
濶활遠원ᄒᆞᆫ댜, 뎌 境경界계,
이도곤 ᄀᆞᄌᆞᆫ ᄃᆡ
또 어듸 잇닷 말고?
紅홍粧장 古고事ᄉᆞᄅᆞᆯ
헌ᄉᆞ타 ᄒᆞ리로다!
江강陵능 大대都도護호
風풍俗쇽이 됴흘시고!
節졀孝효 旌졍門문이
골골이 버러시니,
比비屋옥 可가封봉이
이제도 잇다 ᄒᆞᆯ다!
眞진珠쥬館관 竹듁西셔樓루
五오十십川쳔 ᄂᆞ린 믈이,
太ᄐᆡ白ᄇᆡᆨ山산 그림재ᄅᆞᆯ
東동海ᄒᆡ로 다마 가니,
ᄎᆞᆯ하리 漢한江강의
木목覓멱의 다히고져!
王왕程뎡이 有유限ᄒᆞᆫᄒᆞ고
風풍景경이 못 슬믜니
幽유懷회도 하도 할샤!
客ᄀᆡᆨ愁슈도 둘 ᄃᆡ 업다.

仙션槎사를 띄워 내여
仙션人인을 ᄎᆞᄌᆞ려
天텬根근을 못내 보와
바다 밧근 하ᄂᆞᆯ히니
ᄀᆞ득 노ᄒᆞᆫ 고래
블거니, ᄲᅳᆷ거니,
銀은山산을 것거 내여
五오月월 長댱天텬의
져근덧 밤이 드러
扶부桑상 咫지尺쳑의
瑞셔光광 千쳔丈댱이
珠쥬簾렴을 고텨 것고
啓계明명星셩 돗도록
白ᄇᆡᆨ蓮년花화 ᄒᆞᆫ 가지ᄅᆞᆯ
일이 됴흔 世셰界계
流뉴霞하酒쥬 ᄀᆞ득 부어
英영雄웅은 어ᄃᆡ 가며
아모나 만나 보아
仙션山산 東동海ᄒᆡ예
松숑根근을 베여 누어
ᄭᅮᆷ애 ᄒᆞᆫ 사ᄅᆞᆷ이
그ᄃᆡ를 내 모ᄅᆞ랴?
黃황庭뎡經경 一일字ᄌᆞᄅᆞᆯ
人인間간의 내려와셔

斗두牛우로 向향ᄒᆞ살가?
丹단穴혈의 머므살가?
望망洋양亭뎡의 올은 말이,
하ᄂᆞᆯ 밧근 므어신고?
뉘라셔 놀래관ᄃᆡ,
어즈러이 구ᄂᆞᆫ디고!
六뉵合합의 ᄂᆞ리ᄂᆞᆫ ᄃᆞᆺ,
白ᄇᆡᆨ雪설은 므ᄉᆞ 일고?
風풍浪낭이 定뎡ᄒᆞ거ᄂᆞᆯ,
明명月월을 기ᄃᆞ리니,
뵈ᄂᆞᆫ ᄃᆞᆺ 숨ᄂᆞᆫ고야!
玉옥階계를 다시 쓸며,
곳초안자 ᄇᆞ라보니,
뉘라셔 보내신고?
ᄂᆞᆷ대되 다 븨고져!
ᄃᆞᆯᄃᆞ려 무론 말이,
四ᄉᆞ仙션은 긔 뉘러니?
녯 긔별 뭇자 ᄒᆞ니,
갈 길히 머도 멀샤!
픗ᄌᆞᆷ을 얼풋 드니,
날ᄃᆞ려 닐온 말이,
上샹界계예 眞진仙션이라.
엇디 그ᄅᆞᆺ 닐거 두고,
우리ᄅᆞᆯ ᄯᆞ오ᄂᆞᆫ다?

져근덧 가디 마오,	이 술 ᄒᆞᆫ 잔 머거 보오.
北븍斗두星셩 기우려	滄창海ᄒᆡ水슈 부어 내여
저 먹고 날 머겨ᄂᆞᆯ	서너 잔 거후로니,
和화風풍이 習습習습ᄒᆞ야	兩냥腋익을 추혀 드러,
九구萬만里리 長댱空공애	져기면 ᄂᆞᆯ리르다!
이 술 가져다가	四ᄉᆞ海ᄒᆡ예 고로 ᄂᆞᆫ화,
億억萬만 蒼창生ᄉᆡᆼ을	다 醉취케 ᄆᆡᆼ근 後후의,
그제야 고텨 만나	ᄯᅩ ᄒᆞᆫ 잔 ᄒᆞ쟛고야!
말 디쟈 鶴학을 ᄐᆞ고	九구空공의 올나가니,
空공中듕 玉옥簫쇼 소ᄅᆡ	어제런가, 그제런가?
나도 ᄌᆞᆷ을 ᄭᆡ여	바다ᄒᆞᆯ 구버보니,
기픠ᄅᆞᆯ 모ᄅᆞ거니	ᄀᆞ인ᄃᆞᆯ 엇디 알리?

明명月월이 千쳔山산萬만落낙의 아니 비쵠 ᄃᆡ 업다.

20. 옛 시조 (7) (명종 이전, 중종 이후)

태산泰山이 높다 하되 하늘 아래 뫼히로다.
오르고 또 오르면 못 오를 리 없건마는,
사람이 제 아니 오르고 뫼흘 높다 하느니?

양사언楊士彦

임형수林亨秀를 슬퍼함.

엊그제 버힌 솔이 낙락장송落落長松 아니런가?
적은덧 두던들 동량재棟梁材 되리러니!
어즈버, 명당明堂이 기울면 어느 낡이 받티리?

김인후金麟厚

삼동三冬에 뵈옷 입고, 암혈岩穴에 눈비 맞아,
구름 낀 볕뉘도 쬔 적이 없건마는,

서산西山에 해 디다 하니, 눈물 겨워 하노라.

조식曺植

청량산淸凉山 육륙봉六六峯을 아는 이 나와 백구白鷗.
백구야 헌사하랴? 못 믿을쏜 도화桃花ㅣ로다.
도화야, 떠디디 마라, 어주자魚舟子ㅣ 알까 하노라.

이황李滉

도산 십이곡陶山十二曲에서 두 수

고인古人도 날 못 보고 나도 고인 못 뵈.
고인을 못 봐도 여던 길 앒에 있네.
여던 길 앒에 있거든 아니 여고 어쩔꼬?

청산은 어찌하여 만고萬古에 프르르며,
유수流水는 어찌하여 주야晝夜에 긏지 아니는고?
우리도 그치지 말아 만고상청常靑하리라.

이황李滉

곶이 진다 하고, 새들아, 슳어 마라.

바람에 흗날리니 곳의 탓 아니로다.
가노라 희짓는 봄을 새와 무슴하리요?

송순宋純

특사特賜한 황국을 읊음

풍상風霜 섯거친 날에 갓 피온 황국화黃菊花를,
금분金盆에 가득 담아 옥당玉堂에 보내오니,
도리桃李야, 곳이온양 마라. 임의 뜻을 알괘라.

송순宋純

치사가致仕歌

늙었다 물러가자 마음과 의논하니,
이 임 바리고 어드러로 가잔말고?
마음아, 너란 있거라, 몸만 먼저 가리라.

송순宋純

면앙정 잡가 (제 2)

십년을 경영하여 초려草廬 삼간 지어 내니,
나 한 간, 달 한 간에, 청풍 한 간 맛뎌 두고,
강산江山은 들일 데 없으니, 둘러 두고 보리라.

송순宋純

마음이 어린 후ㅣ니, 하는 일이 다 어리다.
만중운산萬重雲山에 어느 임 오리마는,
지는 잎 부는 바람에 행혀 권가 하노라.

서경덕徐敬德

어부단가漁父短歌

굽어는 천심녹수千尋綠水, 돌아보니 만첩萬疊 청산.
십장홍진十丈紅塵이 언매나 가렜는고?
강호에 월백月白하니 더욱 무심하얘라.

이현보李賢輔

21. 感君恩(감군은)

상진尙震

ᄉᆞᄒᆡ四海 바닷 기픠ᄂᆞᆫ 닫줄로 자히리어니와,
님의 덕택德澤 기픠ᄂᆞᆫ 어ᄂᆡ 줄로 자히리잇고?
　향복무강享福無疆ᄒᆞ샤 만셰萬歲ᄅᆞᆯ 누리쇼셔.
　향복무강享福無疆ᄒᆞ샤 만셰萬歲ᄅᆞᆯ 누리쇼셔.
　일간명월一竿明月이 역군은亦君恩이샷다.
태산泰山이 놉다컨마ᄅᆞᄂᆞᆫ 하ᄂᆞᆯ해 몯 밋거니와,
님의 놉ᄑᆞ샨 은恩과 덕德과ᄂᆞᆫ 하ᄂᆞᆯ ᄀᆞ티 노ᄑᆞ샷다.
　향복무강享福無疆ᄒᆞ샤 만셰萬歲ᄅᆞᆯ 누리쇼셔.
　향복무강享福無疆ᄒᆞ샤 만셰萬歲ᄅᆞᆯ 누리쇼셔.
　일간명월一竿明月이 역군은亦君恩이샷다.
ᄉᆞᄒᆡ 넙다ᄒᆞᆫ 바다ᄒᆞᆫ 쥬즙舟楫이면 건너리어니와,
님의 너브샨 은ᄐᆡᆨ恩澤을 ᄎᆞᄉᆡᆼ此生애 갑ᄉᆞ오릿가?
　향복무강享福無疆ᄒᆞ샤 만셰萬歲ᄅᆞᆯ 누리쇼셔.
　향복무강享福無疆ᄒᆞ샤 만셰萬歲ᄅᆞᆯ 누리쇼셔.
　일간명월一竿明月이 역군은亦君恩이샷다.

일편단심一片丹心ᄲᅳᆫ을 하ᄂᆞᆯ하 아ᄅᆞ쇼셔.
ᄇᆡᆨ골미분白骨虀粉인ᄃᆞᆯ 단심丹心이ᄯᆞᆫ 가ᄉᆡ리잇가?
향복무강享福無疆ᄒᆞ샤 만셰萬歲ᄅᆞᆯ 누리쇼셔.
향복무강享福無疆ᄒᆞ샤 만셰萬歲ᄅᆞᆯ 누리쇼셔.
일간명월一竿明月이 역군은亦君恩이샷다.

22. 賞春曲(상춘곡)

정극인丁克仁

紅塵(홍진)에 뭇친 분네,
녯 사ᄅᆞᆷ 風流(풍류)ᄅᆞᆯ
天地間 男子(남자) 몸이
山林에 뭇쳐 이셔
數間(수간) 茅屋(모옥)을
松竹 鬱鬱裏(울울리)예
엇그제 겨을 지나
桃李(도리) 杏花(행화)는
綠楊(녹양) 芳草(방초)ᄂᆞᆫ
칼로 ᄆᆞᆯ아 낸가,
造化(조화) 神功(신공)이
수풀에 우ᄂᆞᆫ 새는
소ᄅᆡ마다
物我(물아) 一體(일체)이니,
柴扉(시비)예 거러 보고
逍遙(소요) 吟咏(음영)ᄒᆞ야
이 내 生涯(생애) 엇더ᄒᆞᆫ고?
미ᄎᆞᆯ가 못 미ᄎᆞᆯ가?
날만ᄒᆞᆫ 이 하건마ᄂᆞᆫ,
至樂(지락)을 모ᄅᆞᆯ 것가?
碧溪水(벽계수) 알ᄑᆡ 두고,
風月主人(풍월주인)되어셔라.
새 봄이 도라오니,
夕陽裏(석양리)예 퓌여 잇고,
細雨中(세우중)에 프르도다.
붓으로 그려 낸가?
物物(물물)마다 헌ᄉᆞ롭다.
春氣(춘기)를 ᄆᆞᆺ내 계워
嬌態(교태)로다.
興(흥)인들 다ᄅᆞᆯ소냐?
亭子(정자)애 안자 보니,
山日(산일)이 寂寂(적적)ᄒᆞᆫᄃᆡ,

閑中(한중) 眞味(진미)ᄅᆞᆯ
이바, 니웃드라,
踏靑(답청)으란 오ᄂᆞᆯ ᄒᆞ고
아ᄎᆞᆷ에 採山(채산)ᄒᆞ고
ᄀᆞᆺ 괴여 닉은 술을
곳나모 가지 것거
和風(화풍)이 건듯 브러
淸香(청향)은 잔에 지고
樽中(준중)이 뷔엿거ᄃᆞᆫ
小童(소동) 아ᄒᆡᄃᆞ려
얼운을 막대 집고
微吟(미음) 緩步(완보)ᄒᆞ야
明沙(명사) 조ᄒᆞᆫ 믈에
淸流(청류)를 굽어보니
武陵(무릉)이 갓갑도다,
松間(송간) 細路(세로)에
峰頭(봉두)에 급피 올나
千村(천촌) 萬落(만락)이
煙霞(연하) 日輝(일휘)ᄂᆞᆫ
엇그제 검은 들이
功名(공명)도 날 씌우고
淸風(청풍) 明月(명월) 外(외)에
簞瓢(단표) 陋巷(누항)에
아모타, 百年(백년) 行樂(행락)이

알 니 업시 혼재로다.
山水(산수) 求景(구경) 가쟈스라.
浴沂(욕기)란 來日(내일) ᄒᆞ새라.
나조ᄒᆡ 釣水(조수)ᄒᆞ새.
葛巾(갈건)으로 밧타 노코,
수 노코 먹으리라.
綠水(녹수)ᄅᆞᆯ 건너 오니,
落紅(낙홍)은 옷새 진다.
날ᄃᆞ려 알외여라.
酒家(주가)에 술을 물어,
아ᄒᆡᄂᆞᆫ 술을 메고,
시냇ᄀᆞ의 혼자 안자,
잔 시어 부어 들고,
써오ᄂᆞ니 桃花(도화)ㅣ로다.
져 ᄆᆡ이 긘 거이고,
杜鵑花(두견화)ᄅᆞᆯ 부치들고,
구름 소긔 안자 보니,
곳곳이 버러 잇ᄂᆡ.
錦繡(금수)를 재폇ᄂᆞᆫ ᄃᆞᆺ,
봄빗도 有餘(유여)ᄒᆞᆯ샤!
富貴(부귀)도 날 씌우니,
엇던 벗이 잇ᄉᆞ올고?
흣튼 혜음 아니ᄒᆞᄂᆡ.
이만ᄒᆞᆫᄃᆞᆯ 엇더ᄒᆞ리?

23. 杜詩諺解(두시언해)에서

【蜀相】(쵹상)

丞相(승상)ᄋᆡ 祠堂(사당)ᄋᆞᆯ 가 ᄎᆞᄌᆞ리오.

錦官(금관)ㅅ 잿밧긔 잣남기 森列(삼렬)ᄒᆞᆫᄃᆡ로다.

버텅에 비취옛ᄂᆞᆫ 프른 프른 저로 봆비치 ᄃᆞ외옛고,

니플 ᄉᆞᅀᅵᄒᆞ얫ᄂᆞᆫ 곳고리ᄂᆞᆫ 속절업시 됴ᄒᆞᆫ 소리루다

세 번 도라보ᄆᆞᆯ 어즈러이 호ᄆᆞᆫ 天下(천하)ᄅᆞᆯ 爲(위)ᄒᆞ야 혜아료미니,

두 朝(조)ᄅᆞᆯ 거리츄믄 늘근 臣下(신하) ᄆᆞᅀᆞ미니라.

軍師(군사)ᄅᆞᆯ 내야 가 이긔디 몯ᄒᆞ야셔 보미 몬져 주그니,

기리 英雄(영웅)으로 ᄒᆡ여 눉므리 옷기제 ᄀᆞ독게 ᄒᆞᄂᆞ다.

丞祖祠堂何處尋, 錦官城外栢森森.

映階碧草自春色, 隔葉黃鸝空好音.

三顧頻繁天下計, 兩朝開濟老臣心.

山師未捷身先死, 長使英雄淚滿襟. (권6)

【江村】(강촌)

ᄆᆞᆰᄀᆞᆫ ᄀᆞᄅᆞᇝ ᄒᆞᆫ 고ᄇᆡ ᄆᆞᄉᆞᆯᄒᆞᆯ 아나 흐르ᄂᆞ니,
긴 녀ᄅᆞᇝ 江村(강촌)애 일마다 幽深(유심)ᄒᆞ도다.
절로 가며 절로 오ᄂᆞᆫ 집 우흿 져비오,
서르 親(친)ᄒᆞ며 서르 갓갑ᄂᆞᆫ 믌 가온ᄃᆡᆺ ᄀᆞᆯ며기로다.
늘근 겨지븐 죠ᄒᆡᄅᆞᆯ 그려 쟝긔판을 ᄆᆡᆼᄀᆞᆯ어ᄂᆞᆯ,
져믄 아ᄃᆞᄅᆞᆫ 바ᄂᆞᄅᆞᆯ 두드려 고기낫ᄀᆞᆯ 낙ᄉᆞᆯ ᄆᆡᆼᄀᆞᄂᆞ다.
한 病(병)애 얻고져 ᄒᆞ논 바ᄂᆞᆫ 오직 藥物(약물)이니,
져구맛 모미 이 밧긔 다시 므스글 求(구)ᄒᆞ리오?
清江一曲抱村流, 長夏江村事事幽.
自去自來堂上燕, 相親相近水中鷗.
老妻畫紙爲碁局, 稚子敲針作釣鉤.
多病所須唯藥物, 微軀此外更何求. (권7)

【月夜 憶舍弟】(월야 억사제)

防戍(방수)ᄒᆞᄂᆞᆫᄃᆡᆺ 부페 사ᄅᆞᆷ ᄃᆞᆫ니리 그츠니,
邊方(변방)ㅅ ᄀᆞᄉᆞᆯᄒᆡ ᄒᆞᆫ 그려긔 소리로다.
이슬은 오ᄂᆞᆳ 바ᄆᆞᆯ 조차 ᄒᆡ니,
ᄃᆞᄅᆞᆫ 이 녯 ᄀᆞ올ᄒᆡ 볼갯ᄂᆞ니라.
잇ᄂᆞᆫ 아ᇫ이 다 흐터 가니,
지비 주그며 사ᄅᆞᆷ 무ᄅᆞᆯ ᄃᆡ 업도다.

브텨 보내ᄂᆞᆫ 書信(서신)이 댱샹 ᄉᆞᄆᆞᆺ디 몯거ᄂᆞᆯ,

ᄒᆞᄆᆞᆯ며 兵戈(병과)ㅣ 마디 아니ᄒᆞ놋다.

戍鼓斷人行, 邊秋一鴈聲. 露從今夜白, 月是故鄕明.

有弟皆分散, 無家問死生. 寄書長不達, 況乃未休兵.

【佳人】(가인)

一代(일대)예 그츤 됴ᄒᆞᆫ 사ᄅᆞ미 잇ᄂᆞ니,

幽僻(유벽)ᄒᆞᆫ 사ᄂᆞᆫ ᄯᅡ히 뷘 묏고래 잇도다.

제 닐오ᄃᆡ 良家(양가)앳 子息(자식)이라니,

ᄠᅥ러뎌 草木(초목) 서리예 브텃노라.

關中(관중)이 녜 브스왤 제,

오라비 殺戮(살륙)을 맛나니라.

벼슬 노ᄑᆞᆫ 엇뎨 足(족)히 議論(의논)ᄒᆞ리오,

아ᄉᆞᄆᆞᆯ 收合(수합)호ᄆᆞᆯ 得(득)디 몯ᄒᆞ니라.

世間(세간)앳 ᄠᅳ디 衰歇(쇠헐)ᄒᆞ니ᄅᆞᆯ 아쳗고,

萬事(만사)ㅣ 옮ᄂᆞᆫ 燭(촉)ㅅ브를 좃ᄂᆞ니라.

샤옹ᄋᆞᆫ 輕薄(경박)ᄒᆞᆫ 男兒(남아)ㅣ니,

새 겨지비 아ᄅᆞᆷ다오미 玉(옥) ᄀᆞᆮ도다.

合昏(합혼)나모도 오히려 ᄢᅢᄅᆞᆯ 알오,

鴛鴦(원앙)새도 ᄒᆞ오ᅀᅡ 자디 아니ᄒᆞᄂᆞ니라.

오직 새 사ᄅᆞᄆᆡ 우수믈 보거니.

엇뎨 녯 사ᄅᆞᄆᆡ 우루믈 드르리오?

뫼해 이셔ᄂᆞᆫ ᄉᆡᆷ므리 ᄆᆞᆰ더니,
뫼해 나가ᄂᆞᆫ ᄉᆡᆷ므리 흐리놋다.
더브렛ᄂᆞᆫ 겨집종이 구스를 ᄑᆞ라 도라오나ᄂᆞᆯ,
薜蘿(벽라)ᄅᆞᆯ ᄭᅳᅀᅥ다가 새집 헌ᄃᆡᄅᆞᆯ 깁노라.
고ᄌᆞᆯ ᄠᅡ도 머리예 곳디 아니ᄒᆞ고,
잣남ᄀᆞᆯ 採取(채취) ᄒᆞᆫ다마다 주메 ᄀᆞᄃᆞ기 ᄒᆞᄂᆞᆺ다.
하ᄂᆞᆯ히 칩고 ᄑᆞ른 ᄉᆞ매 열우니,
ᄒᆡ 져믈어ᄂᆞᆯ 긴 대ᄅᆞᆯ 지여 셋도다.
絶代有佳人, 幽居在空谷. 自云良家子, 零落依草木.
關中昔喪敗, 兄弟遭殺戮. 官高何足論, 不得收骨肉.
世情惡衰歇, 萬事隨轉燭. 夫婿輕薄兒, 新人美如玉.
合昏尙知時, 鴛鴦不獨宿. 但見新人笑, 那聞舊人哭
在山泉水淸, 出山泉水濁, 侍婢賣珠回, 牽蘿補茅屋.
摘花不揷髮, 採栢動盈掬. 天寒翠袖薄, 日暮依脩竹. (권8)

【春望】(츈망)

나라히 破亡(파망)ᄒᆞ니 뫼콰 ᄀᆞᄅᆞᆷᄲᅮᆫ 잇고,
잣안 보ᄆᆡ 플와 나모ᄲᅮᆫ 기펫도다.
時節(시절)을 感嘆(감탄)호니 고지 눉므를 ᄲᅳ리게코,
여희여슈믈 슬호니 새 ᄆᆞᅀᆞ믈 놀래노다.
烽火(봉화)ㅣ 석 ᄃᆞᄅᆞᆯ 니ᅀᅥ시니,
지빗 音書(음서)는 萬金(만금)이 ᄉᆞ도다.

셴머리ᄅᆞᆯ 글구니 ᄯᅩ 뎌르니,

다 빈혀를 이긔다 몯홀 ᄃᆞᆺᄒᆞ도다.

國破山河在 城春草木深 感時花濺淚 恨別鳥驚心

烽火連三月 家書抵萬金 白頭搔更短 渾欲不勝簪

【漫興】(만흥)

누네 나그내 시르믈 보니 시르미 ᄭᆡ디 아니ᄒᆞ니,

依賴(의뢰)티 몯홀 봆비치 ᄀᆞᄅᆞᇝ 亭子(정자)애 니르렛도다.

곧 고ᄌᆞ로 ᄒᆡ여 희게 호ᄆᆞᆯ 아니ᄒᆞᆫ 더데 기피ᄒᆞ고,

곧 곳고ᄅᆡ 말로 ᄒᆡ여 ᄀᆞ장 丁寧(정녕)케 ᄒᆞ놋다.

眠見客愁愁不醒, 無賴春色到江亭.

即遣花開深造次, 便教鶯語太丁寧.

二月(이월)이 ᄒᆞ마 헐오 三月(삼월)이 오ᄂᆞ니,

漸漸(점점) 늘구메 봄 맛나ᄆᆞᆫ 能(능)히 몃 디위리오?

몸 밧긔 다ᄋᆞᇝ 업슨 일란 ᄉᆞ랑티 말오,

사라실 제 그지 잇ᄂᆞᆫ 숤 盞(잔)ᄋᆞᆯ ᄯᅩ 다 머굴디니라.

二月已破三月來, 漸老逢春能幾回.

莫思身外無窮事, 且盡生前有限杯.

봆 가ᄅᆞ미 다ᄋᆞ고져ᄒᆞᄂᆞᆫ 그테셔 애ᄅᆞᆯ 긋노니,

도ᄐᆞ랏 딥고 날호야 거러 곳다온 믌ᄀᆞ새 셔쇼라.

업드리 미친 버듨가야지ᄂᆞᆫ ᄇᆞᄅᆞ몰 조차 가고,

가ᄇᆡ얍고 열운 복셨고ᄌᆞᆫ 므를 조차 흐르ᄂᆞ다.

腸斷春江欲盡頭, 杖藜徐步立芳洲.

顚狂柳絮隨風去, 輕薄桃花逐水流.

이플 즈슴ᄒᆞ얏ᄂᆞᆫ 버드리 보ᄃᆞ라와 노ᄒᆞᆫ노ᄒᆞᆫᄒᆞ니,

마치 열 다ᄉᆞ신 져믄 겨지븨 허리 ᄀᆞᆮ도다.

뉘 닐오ᄃᆡ 아ᄎᆞ미 오매 ᄠᅳ들 니르왇디 아니ᄒᆞᆫ다 ᄒᆞᄂᆞ니오?

미친 ᄇᆞᄅᆞ미 안직 긴 가지ᄅᆞᆯ 돌ᄋᆡ야 그처ᄇᆞ리ᄂᆞ다.

隔戶楊柳弱嫋嫋, 恰似十五兒女腰.

誰謂朝來不作意, 狂風挽斷最長條.

【秋興】(추흥)

玉(옥) ᄀᆞᄐᆞᆫ 이스레 싣나모 수프리 ᄠᅳ드러 ᄒᆡ야디니,

巫山(무산)과 巫峽(무협)엣 氣運(기운)이 蕭森(소삼)ᄒᆞ도다.

ᄀᆞᄅᆞᇝ ᄉᆞᅀᅵ예 믌겨른 하ᄂᆞᆯ해 兼(겸)ᄒᆞ야 솟고,

邊塞(변새)ㅣ 우흿 ᄇᆞᄅᆞᆷ과 구루믄 ᄯᅡ해 니ᅀᅥ 어득ᄒᆞ도다.

퍼기옛 菊花(국화)ㅣ 두 번 ᄑᆡ거늘 다ᄅᆞᆫ 날브터 우노라.

외ᄅᆡ왼 ᄇᆡᄅᆞᆯ ᄒᆞᆫ번 ᄆᆡ야이쇼니 故園(고원)에 가고져 ᄒᆞ논 ᄆᆞᅀᆞ미로다.

치운젯 오ᄉᆞᆯ 곧마다 ᄀᆞᅀᅢ와 자콰로 지ᄉᆞᄆᆞᆯ 뵈아ᄂᆞ니,

白帝城(백제성)ㅅ 노ᄑᆞᆫᄃᆡ셔 나죗 방하ᄅᆞᆯ ᄲᆞᆯ리 딘놋다.

玉露凋傷楓樹林, 巫山巫峽氣蕭森.

江間波浪兼天湧, 塞上風雲接地陰.

叢菊兩開他日淚, 孤舟一繫故園心.

寒衣處處催刀尺, 白帝城高急暮砧.

【登高】(등고)

ᄇᆞᄅᆞ미 ᄲᆞᄅᆞ며 하ᄂᆞᆯ히 놉고 나ᄇᆡ 되ᄑᆞ라미 슬프니,

믌ᄀᆞᅀᅵ ᄆᆞᆯᄀᆞ며 몰애 힌ᄃᆡ 새 ᄂᆞ라 도라오ᄂᆞᆺ다.

ᄀᆞᇫ 업슨 디ᄂᆞᆫ 나모 니픈 蕭蕭(소소)히 ᄂᆞ리고,

다ᄋᆞᆳ 업슨 긴 ᄀᆞᄅᆞᄆᆞᆫ 니ᅀᅥᆷ니ᅀᅥᆷ 오ᄂᆞᆺ다.

萬里(만리)예 ᄀᆞᅀᆞᆯᄒᆞᆯ 슬허셔 샹녜 나그내 ᄃᆞ외요니,

百年(백년)ㅅ 한 病(병)에 ᄒᆞ올로 臺(대)예 올오라.

艱難(간난)애 서리ᄀᆞᄐᆞᆫ 귀믿터리 어ᄌᆞ러우믈 심히 슬허ᄒᆞ노니.

늙고 사오나오매 흐린숤 盞(잔)ᄋᆞᆯ 새려 머믈웻노라.

風急天高猿嘯哀, 渚清沙白鳥飛廻.

無邊落木蕭蕭下, 不盡長江滾滾來.

萬里悲秋常作客, 百年多病獨登臺.

艱難苦恨繁霜鬢, 潦倒新停濁醪杯. (권10)

【吹笛】(취적)

ᄀᆞᅀᆞᆶ 뫼해셔 뎌 부로매 ᄇᆞᄅᆞᆷ과 ᄃᆞᆯ왜 ᄆᆞᆯᄀᆞ니,
뉘 지븨셔 애긋ᄂᆞᆫ 소리ᄅᆞᆯ 工巧(공교)히 짓ᄂᆞ니오?
ᄇᆞᄅᆞ매 律呂(율려) 소리 불여 서로 섯거 切當(절당)ᄒᆞ니,
ᄃᆞᄅᆞᆫ 關山(관산)애 바라 몃 고대 ᄇᆞᆯᄀᆞᆺᄂᆞᆫ고?
되 ᄆᆞᆯ ᄐᆞ니 밦中에 北으로 ᄃᆞᄅᆞᆷ직ᄒᆞ도소니,
武陵(무릉)ㅅ ᄒᆞᆫ 놀애예 南녀그로 征伐(정벌)ᄒᆞ요ᄆᆞᆯ ᄉᆞ치노라.
故園(고원)엣 버드리 이제 이어 ᄠᅥ러디거시니,
엇뎨 시러곰 시름 가온ᄃᆡ 도로 다 나ᄂᆞ니오?
吹笛秋山風月淸, 誰家巧作斷腸聲.
風飄律呂相和切, 月傍關山幾處明.
胡騎中宵堪北走, 武陵一曲想南征.
故園楊柳今搖落, 何得愁中却盡生. (권16)

【孤雁】(고안)

외로온 그려기 믈마시며 딕먹디 아니ᄒᆞ고,
ᄂᆞ라셔 우ᄂᆞᆫ 소리 제 무를 念(염)ᄒᆞᄂᆞᆺ다.
一片(일편)ㅅ 그르메
萬重(만중)인 구루메 서르 일허슈믈 뉘 어엿비 너기리오?
ᄇᆞ라오매 다 업소ᄃᆡ 오히려 보ᄂᆞᆫ ᄃᆞᆺᄒᆞ고.
슬픈 소리 하니 다시 듣ᄂᆞᆫ ᄃᆞᆺᄒᆞ도다.

ᄆᆡ햇 가마괴ᄂᆞᆫ ᄠᅳ디 업스니,

우러 수수미 제 어즈럽도다.

孤雁不飮啄, 飛鳴聲念群. 誰隣一片影, 相失萬重雲.

望盡似猶見, 哀多如更聞. 野鴉無意緖, 鳴噪自紛紛

【燕子來 舟中作】(연자래 주중작)

湖南(호남)애 나그내 ᄃᆞ외야신다마다 보ᄆᆞᆯ 디내요니,

져비 ᄒᆞᆯᄀᆞᆯ 므러 두버늘 새롭도다.

녜 故園(고원)에 드러 일즉 님자ᄒᆞᆯ 아더니,

이제 社日(사일)에 머리 와 사ᄅᆞᄆᆞᆯ 보ᄂᆞ다.

可(가)히 슬프다 곧마다 사ᄂᆞᆫ 지븨 깃ᄒᆞᄂᆞ니,

飄飄(표표)히 이 모ᄆᆞᆯ 브터슘과 어느 다ᄅᆞ료?

잢간 빗ᄃᆡ예셔 말ᄒᆞ고 도로 니러 가,

고ᄌᆞᆯ 들워 므레 디어ᄂᆞᆯ 더욱 눉므를 手巾(수건)에 저지노라.

湖南爲客動經春, 燕子啣泥兩度新.

舊人故園嘗識主, 如今社日遠看人.

可憐處處巢居室, 何異飄飄托此身.

暫語船檣還起去, 穿花落水益霑巾.

【見螢火】(견영화)

巫山(무산) ᄀᆞᅀᆞᆳ 바ᄆᆡ 반ᄃᆡ ᄂᆞᄂᆞ니,

바리 드믄 ᄃᆡ로 工巧(공교)히 드러 사ᄅᆞᄆᆡ 오새 앉ᄂᆞ다.

집안햇 거믄고와 書冊(서책)의 서늘호ᄆᆞᆯ 믄듯 놀라고,

ᄯᅩ 집 기슭 알ᄑᆡ 어즈러우니 벼리 드믄 ᄃᆞᆺᄒᆞ도다.

도로혀 우믌 欄干(난간)애 버므라 낫나치 더으고,

偶然(우연)히 고ᄌᆞᆯ 디나가 빗나ᄆᆞᆯ ᄒᆞ놀이 놋다.

滄江(창강)애 와 셴 머리예 시름ᄒᆞ야 너를 보노니,

오ᄂᆞᆫ ᄒᆡᆺ 이ᄢᅴ 도라갈가 몯 도라갈가?

巫山秋夜螢火飛, 簾踈巧入坐人衣.

忽驚屋裏琴書冷, 復亂簷前星宿稀.

却繞井欄添箇箇, 偶經花蘂弄輝輝.

滄江白髮愁看汝, 來歲如今歸未歸. (권17)

【客至】(객지)

집 앏과 집 뒤헤 다 보ᄆᆡᆺ 므리로소니,

믌 ᄀᆞᆯ며기 날마다 오ᄆᆞᆯ 오직 보리로다.

곳 ᄠᅥ러뎟ᄂᆞᆫ 길ᄒᆞᆯ 일즉 소ᄂᆡ 젼ᄎᆞ로 ᄡᅳ디 아니ᄒᆞ다니,

다봇 門을 오ᄂᆞᆯ 비르서 그ᄃᆡᄅᆞᆯ 爲(위)ᄒᆞ야 여노라.

盤(반)애 다ᄆᆞᆫ 차바니 져제 머러 여러가짓 마시 업스니,

樽(준)엣 수른 지비 가난ᄒᆞ야 오직 녯 아니 걸운 수리로다.

이우젯 한아비와 다ᄆᆞᆺ 相對(상대)ᄒᆞ야 머구믈 肯許(긍허)하면,

울홀 즈슴쳐 블러 나맷ᄂᆞᆫ 잔ᄋᆞᆯ ᄆᆞᄌᆞ 머구리라.

舍南舍北皆春水, 但見群鷗日日來.

花徑不曾緣客掃, 蓬門今始爲君開.

盤飧市遠無兼味, 樽酒家貧只舊醅.

肯與隣翁相對飮, 隔籬呼取盡餘杯. (권25)

【貧交行】(빈교행)

소ᄂᆞᆯ 두위혀 구루믈 짓고 소ᄂᆞᆯ 업더리혀 비ᄅᆞᆯ ᄒᆞᄂᆞ니,

어즈러운 가ᄇᆡ얍고 열운 사ᄅᆞᄆᆞᆯ 엇뎨 구틔여 혜리오?

그듸ᄂᆞᆫ 管仲 鮑叔(관중 포숙)의 가난ᄒᆞᆫ 제 사괴요ᄆᆞᆯ 도비 아니ᄒᆞᄂᆞᆫ다?

이 道(도)ᄅᆞᆯ 이제 사ᄅᆞᄆᆞᆫ ᄇᆞ료ᄆᆞᆯ ᄒᆞᆰᄀᆞ티 ᄒᆞᄂᆞ다.

翻手作雲覆作雨, 紛紛輕薄何須數.

君不見管鮑貧時交, 此道今人棄如土. (권25)

24. 옛 시조 (8) (연산 이전, 단종 이후)

가마귀 싸호는 골에 백로白鷺야 가지 마라.
성낸 가마귀 흰 빛을 새올쎄라.
청강淸江에 읻껏 싯은 몸을 더러일까 하노라.

김정구金鼎九

뉘라서 날 늙다는고, 늙은이도 이러한가?
곶 보면 반갑고, 잔盞 보면 우음 난다.
추풍秋風에 흩나는 백발白髮이야 낸들 어이하리요?

김정구金鼎九

이시렴, 부디 갈따? 아니 가든 못할쏘냐?
무단無端히 슳더냐? 남의 권勸을 들었는다?
그려도 하 애닯구나. 가는 뜻을 일러라.

성종成宗

장검長劍을 빼혀 들고 백두산에 올라 보니,
대명천지大明天地에 성진腥塵이 잠겨세라.
언제나 남북 풍진風塵을 헤쳐 볼꼬 하노라.

남이南怡

천만리 머나먼 길에 고운 임 여희옵고,
내 마음 둘 데 없어 냇가에 앉아이다.
저 물도 내 안 같도다, 울어 밤길 예놋다.

왕방연王邦衍

간밤에 우던 여흘 슬피 울어 지내어다.
이제야 생각하니 임이 울어 보내도다.
저 물이 거스리 흐르고저. 나도 울어 예리라.

원호元昊

수양산首陽山 바라보며 이제夷齊를 한恨하노라.
주려 죽을진들 채미採薇도 하는것가?
비록에 푸새엣 것인들 그 뉘 따헤 났더니?

성삼문成三問

이 몸이 죽어 가서 무엇이 될꼬 하니,
봉래산蓬萊山 제일봉에 낙락장송落落長松 되어 이셔,

백설白雪이 만건곤滿乾坤할 제 독야청청獨也靑靑하리라.

성삼문成三問

창窓 안에 혔는 촉불 눌과 이별하였관데,
겉으로 눈물 디고 속타는 줄 모르는고?
뎌 촉불 날과 갈하야 속타는 줄 모르더라.

이개李塏

가마괴 눈비 맞아 희는 듯 검노매라.
야광 명월夜光明月이 밤인들 어두우랴?
임 향한 일편단심一片丹心이야 고칠 줄이 이시랴?

박팽년朴彭年

간밤에 부던 바람 눈서리 치단말가?
낙락장송이 다 기울어지단말가?
하물며 못 다 핀 곶이야 일러 무삼하리요?

유응부兪應孚

삭풍朔風은 나모 긑에 불고 명월은 눈 속에 찬데,
만리 변성萬里邊城에 일장검一長劍 짚고 서서,
긴 파람 큰 한 소리에 거칠 것이 없에라.

김종서金宗瑞

25. 月印釋譜 序(월인셕보 서)에서

세조世祖

녜 병인년丙寅年에 이셔 소헌왕후昭憲王后ㅣ 영양營養ᄋᆞᆯ ᄲᆞᆯ리 ᄇᆞ려시ᄂᆞᆯ 셜ᄫᅥ 슬ᄊᆞᄫᅩᆷ매 이셔 ᄒᆞᇙ 바ᄅᆞᆯ 아디 몯ᄒᆞ다니 세종世宗이 날ᄃᆞ려 니ᄅᆞ샤ᄃᆡ 추언追薦이 전경轉經 ᄀᆞᆮᄒᆞ니 업스니 네 석보釋譜ᄅᆞᆯ ᄆᆡᇰᄀᆞ라 번역翻譯호미 맛당ᄒᆞ니라 ᄒᆞ야시ᄂᆞᆯ 내 자명慈命을 받ᄌᆞ바 더욱 ᄉᆞ랑호ᄆᆞᆯ 너비ᄒᆞ야 승우僧祐 노선道宣 두 율사律師ㅣ 각각各各 보譜 ᄆᆡᇰᄀᆞᄅᆞ니 잇거늘 서러 보ᄃᆡ 상략詳略이 ᄒᆞᆫ가지 아니어늘 두 글워ᄅᆞᆯ 어울워 석보상절釋譜詳節을 ᄆᆡᇰᄀᆞ라 일우고 정음正音으로 번역翻譯ᄒᆞ야 사ᄅᆞᆷ마다 수ᄫᅵ 알에 ᄒᆞ야 진상進上ᄒᆞᅀᆞᄫᆞ니 보ᄆᆞᆯ 주ᅀᆞ오시고 곧 찬송讚頌ᄋᆞᆯ 지ᅀᅳ샤 일후믈 월인천강月印千江이라 ᄒᆞ시니 이제 와 이셔 존숭尊崇ᄒᆞᅀᆞᄫᅩᄆᆞᆯ 엇뎨 누기리오

근간近間애 가액家厄ᄋᆞᆯ 맛나 ᄆᆞᆮ 아ᄃᆞ리 즐어 업스니 부모父母 ᄠᅳ든 천성天性에 근원根源혼디라 슬픈 ᄆᆞᅀᆞᆷ 뮈유미 엇뎨 오라며 갓가 보매 다ᄅᆞ리오 내 ᄉᆞ랑호ᄃᆡ 삼도三途ㅅ 수고受苦애 열오져ᄒᆞ며 나 여희ᇙ 도道ᄅᆞᆯ 구求코져 홇딘댄 이 ᄇᆞ리고 어듸 브트리오 요의了義ᄅᆞᆯ 전轉ᄒᆞ며 일우미 비륵ᄒᆞ마 하나 염念호ᄃᆡ 이 월인석보月印釋譜ᄂᆞᆫ 선고先考 지ᅀᅳ샨 거시니 의연依然ᄒᆞ야 상로霜露애 애와텨 더욱 슬허ᄒᆞ노라

울워러 율추聿追ᄅᆞᆯ ᄉᆞ랑ᄒᆞ건댄 모로매 일 ᄆᆞᄌᆞ 일우ᅀᆞᄫᆞᆯ 몬져 ᄒᆞᇙ띠니 만기萬幾 비록 하나 엇뎨 겨르리 업스리오 자디 아니ᄒᆞ며 음식飮食을 니저 ᄒᆡ 다ᄋᆞ며 나ᄅᆞᆯ 니ᅀᅥ 우흐로 부모父母 선가仙駕ᄅᆞᆯ 위爲ᄒᆞᅀᆞᆸ고 망아亡兒ᄅᆞᆯ 조쳐 위爲ᄒᆞ야 ᄲᆞᆯ리 지혜智慧ㅅ 구루믈 ᄐᆞ샤 제진諸塵에 머리 나샤 바ᄅᆞ 백셩百姓을 ᄉᆞᄆᆞᆺ 아ᄅᆞ샤 각지覺地를 믄득 증證ᄒᆞ시게 호리라 ᄒᆞ야 녯 글워레 강론講論ᄒᆞ야 ᄀᆞ다ᄃᆞ마 다ᄃᆞᆫ게 지극至極게 ᄒᆞ며 새 ᄆᆡᇰᄀᆞ논 글워레 고텨 다시 더어 십이부十二部 수다라修多羅애 출입出入호ᄃᆡ 곧 기튼 히미 업스며 ᄒᆞᆫ두 구句ᄅᆞᆯ 더으며 더러 ᄇᆞ리며 뿌ᄃᆡ ᄆᆞᅀᆞᆷ 다ᄫᆞᆯ 닐윓ᄀᆞ장 긔지ᄒᆞ야 의심疑心ᄃᆞᄫᆡᆫ 고디 잇거든 모로매 너비 무루믈 브터 먼 불휘ᄅᆞᆯ 구求ᄒᆞ야 다ᄃᆞ마 일승一乘의 미묘微妙ᄒᆞᆫ ᄠᅳ들 펴 ᄀᆞ장ᄒᆞ며 도리道理ㅅ 굼글 ᄀᆞ다ᄃᆞ마 만법萬法의 기픈 근원根源을 ᄉᆞᄆᆞᆺ게코져 ᄇᆞ라노니 글워리 경經이 아니며 경經이 부톄 아니라 도리道理 닐온 거시이 경經이오 도리道理로 몸사ᄆᆞ시니 이 부톄시니 이 경經 닐긇 사ᄅᆞᄆᆞᆫ 광명光明을 두르ᅘᅧ 제 비취요미 귀貴하고 솘가락 자ᄇᆞ며 전筌 두미 ᄀᆞ장 슬ᄒᆞ니라

서천西天ㄷ 자字앳 경經이 노피 사햇거든 븛 사ᄅᆞ미 오히려 독송讀誦ᄋᆞᆯ 어려ᄫᅵ 너기거니와 우리 나랏 말로 옮겨 써 펴면 드릃 사ᄅᆞ미 다 시러키 울월리니 그럴ᄊᆡ 종친宗親과 재상宰相과 공신功臣과 아ᅀᆞᆷ과 백관百官 사중四衆과 발원發願ㅅ 술위ᄅᆞᆯ 석디 아니호매 ᄆᆡ며 덕본德本을 그지 업소매 심거 신령神靈이 편안便安ᄒᆞ시고 백셩百姓이 즐기며 나랏 ᄀᆞᅀᅵ 괴외ᄒᆞ고 복福이 구드며 시절時節이 편안便安ᄒᆞ고 녀르미 ᄃᆞ외며 복福이 오고 액厄이 스러디과뎌 ᄒᆞ노니 우희 닐온 요ᄉᆞᅀᅵ예 ᄒᆞ욘 공덕功德으로 실제實際예 도ᄅᆞᅘᅧ 향向ᄒᆞ야 일체一切 유정有情과 보제菩提 피안彼岸에 ᄲᆞᆯ리 가고져 원願ᄒᆞ노라

천순 삼년 기묘 칠월 칠일 서天順 三年 己卯 七月 七日 序

26. 月印千江之曲(월인천강지곡)에서

세종世宗

기其 일一

외외巍巍 석가불釋迦佛 무량무변無量無邊 공덕功德、을 겁겁劫劫、에 어、느:다 ᄉᆞᆯ、ᄫᆞ、리

기其 이二

세존世尊ㅅ :일 ᄉᆞᆯ、ᄫᅩ리、니 만리외萬里外ㅅ :일、이시、나 눈、에 、보논、가 너、기ᅀᆞ、ᄫᆞ쇼、셔

세존世尊ㅅ :말 ᄉᆞᆯ、ᄫᅩ리、니 천재상千載上ㅅ :말、이시、나 귀、에 들、논、가 너、기ᅀᆞ、ᄫᆞ쇼、셔

기其 삼三

아승저阿僧祗 전세前世 겁劫、에 :님、금 위位ㄹ ᄇᆞ、리、샤 정사精舍、애 안、잿、더시、니

오백五百 전세前世 원수怨讎ㅣ 나、랏 :쳔 일버、ᅀᅡ 정사精舍、ᄅᆞᆯ :디、나、아가、니

기其 사四

형兄:님、올 모、롤、씨 、발자、췰 바、다 남、기 :뻬、여 성명性命、을 ᄆᆞᄎᆞ、시、니

자식子息 :업、스실、씨 몸、앳、필 뫼、화 그、르、세 담、아 남녀男女、를 :내、ᅀᆞᄫᆞ、니

기其 오五

:어、엿브、신 명종命終、에 감자씨甘蔗氏 :니、ᅀᆞ샤、몰 대구담大瞿曇、이 일、우、니이、다

、아、득ᄒᆞᆫ 후세後世、예 석가불釋迦佛 ᄃᆞ외、실、돌 보광불普光佛、이 니ᄅᆞ、시、니이、다

기其 육六

외도인外道人 오백五百、이 선혜善慧ㅅ 덕德 닙ᄉᆞ、방 제자弟子ㅣ ᄃᆞ외、야 은銀:돈、올 받ᄌᆞ、ᄫᆞ、니

매화녀賣花女 구이俱夷 선혜善慧ㅅ、뜯 :아ᅀᆞ、방 부처원夫妻願、으로 고、졸 받ᄌᆞ、ᄫᆞ시、니

기其 칠七

다、ᄉᆞᆺ 곶 :두 고、지 공중空中、에 머、믈어、늘 천룡天龍 팔부八部ㅣ 찬탄讚嘆、ᄒᆞ、ᅀᆞᄫᆞ、니

、옷、과 마、리、롤 노중路中、에 、펴、아시、놀 보광불普光佛、이 、또 수기授記、ᄒᆞ시、니

기其 팔八

닐·굽 고·ᄌᆞᆯ 인因·ᄒᆞ·야 신서信誓 기프·실·ᄊᆡ 세세世世·예 처권妻眷·이ᄃᆞ외·시·니

다·ᄉᆞᆺ ·ᄭᅮᆷ·을 인因·ᄒᆞ·야 수기授記 ᄇᆞᆯᄀᆞ·실·ᄊᆡ 금일今日·에 세존世尊·이ᄃᆞ외·시·니

기其 구九

명현겁名賢劫·이 :옰·제 후後ㅅ :일·ᄋᆞᆯ :뵈·요리·라 일천一千 청련靑蓮·이도·다 ·펫더·니

사선천四禪天·이 보·고 :디·나건 :일·로 :혜·야 일천一千 세존世尊·이 ·나싫·ᄃᆞᆯ :아·니

기其 십十

중생衆生·이 ᄃᆞ톨·ᄊᆡ 평등왕平等王·ᄋᆞᆯ :셰·ᅀᆞᄫᆞ·니 구남씨瞿曇氏 그 성姓·이시·니

:겨지·비 :하라·ᄂᆞᆯ 니루尼樓ㅣ·나가시·니 석가씨釋迦氏 :일로·나시·니

기其 십일十一

장생長生·인 불초不肖ᄒᆞᆯ·ᄊᆡ ·ᄂᆞᆷ·이 ·나·아간·ᄃᆞᆯ 백성百姓·ᄃᆞᆯ ·히·ᄂᆞᆷᄋᆞᆯ :다 조·ᄎᆞ·니

니루尼樓·는 현賢ᄒᆞᆯ·ᄊᆡ ·내 ·나·아간·ᄃᆞᆯ 아·바:님·이 :나·ᄅᆞᆯ 올타 ·ᄒᆞ시·니

27. 釋譜詳節 序(석보상절 서)

수양대군首陽大君

부:톄 삼계三界、옛 존尊、이 ᄃᆞ외、야 :겨、샤 중생衆生、올 너、비 제도濟渡、ᄒᆞ、시ᄂᆞ、니 그、지:업、서 :몯、내 :혜ᅀᆞ、ᄫᆞᆯ 功、과 덕德、괘、사ᄅᆞᆷ、ᄃᆞᆯ、콰 하、ᄂᆞᆯ、ᄃᆞᆯ、히 :내:내 기、리ᅀᆞᆸ、디 :몯、ᄒᆞᅀᆞᆸ、ᄂᆞᆫ、배、시니、라 세간世間、애 부텻 도리道理 빈、호ᅀᆞ、ᄫᆞ、리 부텨 、나、아 ᄃᆞᆫ、니시、며 ᄀᆞ마니 :겨시、던 、처ᅀᅥᆷ ᄆᆞ、ᄎᆞ、ᄆᆞᆯ :알 、리 :노니 비、록 :알오、져ᄒᆞ、리라、도、ᄯᅩ 팔상八相、올 :넘、디 아、니、ᄒᆞ야、셔:마、ᄂᆞ니、라 근간近間、애 추천追薦、ᄒᆞᅀᆞ、ᄫᆞ、ᄆᆞᆯ 인因 、ᄒᆞᅀᆞ、ᄫᅡ 、이저、긔여、러 경經、에 ᄀᆞᆯ、ᄒᆡ、여 :내、야 각별各別、히 ᄒᆞᆫ、그、를 ᄆᆡᇰ、ᄀᆞ、라일、훔지、허 ᄀᆞ、로、ᄃᆡ 석보상절釋譜詳節、이、라 ᄒᆞ、고 ᄒᆞ、마 차제次第、혜、여 ᄆᆡᇰ、ᄀᆞ、론、바、ᄅᆞᆯ 브:터 세존世尊ㅅ 도道 일、우샨 :이、릐 야ᇰ、ᄌᆞ、ᄅᆞᆯ、그、려 일、우ᅀᆞᆸ、고 、ᄯᅩ 정음正音、으、로、ᄡᅥ 、곧 인因、ᄒᆞ、야 더 번역翻譯、ᄒᆞ、야 사、기노、니 :사ᄅᆞᆷ :마、다 :수、ᄫᅵ 아、라 삼보三寶、애 나、ᅀᅡ、가 봄、귓、고、ᄇᆞ、라노、라

정통正統 십十 이二 년年 칠월七月 이십二十 오일五日、에 수양군首陽君 휘諱 서序、ᄒᆞ노、라

28. 釋譜詳節(석보상절)에서

:녯 아승저阿僧祇 겁劫 시절時節、에 ᄒᆞᆫ 보살菩薩、이 왕王 ᄃᆞ외、야 :겨
、샤나、라、ᄒᆞᆯ 아ᄉᆞ 맛、디시、고 도리道理 ᄇᆡ、호、라 、나、아、가
、샤 구담瞿曇 파라문婆羅門을、맛、나、샤 、ᄌᆞ갸 、오ᄉᆞ、란 밧、고 담
구曇瞿、ᄋᆡ 、오、ᄉᆞᆯ 니브、샤 심산深山、애 、드、러 과실果實、와 、믈
、와 :좌지、고 좌선坐禪、ᄒᆞ、시다、가 나、라、해 :빌머、그、라 、오
시、니 :다 :몰、라、보、ᄉᆞᆸ더、니 소구담小瞿曇、이、라 、ᄒᆞ더、라 보
살菩薩、이 성城 밧 감자원甘蔗園、에 정사精舍 ᄆᆡᇰ、ᄀᆞᆯ、오 ᄒᆞ오、ᅀᅡ 안、
자 잇、더시、니 도ᄌᆞᆨ 오백五百、이 그윗거、슬 일버、ᄡᅥ 정사精舍ㅅ 셔
、ᄐᆞ、로 :디、나가、니 그 도ᄌᆞ、기 보살菩薩ㅅ 전세생前世生ㅅ 원수怨讐
ㅣ러、라 이、틄나、래 나、라、해이、셔 도ᄌᆞ、ᄀᆡ 자、최 바、다、가
、아 그 보살菩薩、ᄋᆞᆯ 자、바 남、ᄀᆡ 、모、ᄆᆞᆯ :ᄢᅦᄉᆞ、ᄫᅡ 、뒷더、니 대
구담大瞿曇、이 천안天眼、ᄋᆞ、로 보、고 허공虛空、애 ᄂᆞ、라、와 :문、
ᄌᆞ、ᄫᆞ、ᄃᆡ 그:디 자식子息 :업더、니 므、슷 죄罪、오 보살菩薩、이 대답
對答、ᄒᆞ샤、ᄃᆡ ᄒᆞ、마 주、글 、내어、니 자손子孫、ᄋᆞᆯ 의논議論ᄒᆞ、리
、여 그 왕王、이 :사ᄅᆞᆷ 、브、려 、쏘、아 주、기ᄉᆞ、ᄫᆞ니、라 대구담
大瞿曇、이 슬、허 ᄢᅳ、리、여 관棺、애 녀:ᄉᆞᆸ、고 、피 무、든 ᄒᆞᆰ、ᄀᆞᆯ、
파 가、져 정사精舍、애 도、라、와 :왼녁 、피 、닫 :담、고 、올ᄒᆞᆫ녁、
피 닫다、마 두 고 닐、오、ᄃᆡ、이 도사道士ㅣ 정성精誠、이 지극至極、

ᄒᆞ단、디、면 하、ᄂᆞᆯ、히 당다이 、이、피、ᄅᆞᆯ :사ᄅᆞᆷ ᄃᆞ외、에 、ᄒᆞ、시리、라 、열 、ᄃᆞᆳ :마、내 :왼녁 、피、ᄂᆞᆫ 남자男子ㅣ ᄃᆞ외、오 、올ᄒᆞᆫ녁 、피、ᄂᆞᆫ 여자女子ㅣ ᄃᆞ외어、늘 성姓、을 구담씨瞿曇氏、라 、ᄒᆞ더、니 、일、로브、터 자손子孫 이 :니、ᅀᅳ시、니 구담씨瞿曇氏 다、시 니、러、나、시니、라

29. 龍飛御天歌(용비어천가)에서

세종世宗 명찬命撰

【제 일 장第一 章】

해동海東 육룡六龍、이 ᄂᆞᄅᆞ、샤 :일 :마다 천복天福、이시、니 고성古聖、이 동부同符、ᄒᆞ시、니

海東六龍飛 莫非天所扶 古聖同符

【제 이 장第二 章】

불、휘 기、픈 남、ᄀᆞᆫ ᄇᆞᄅᆞ、매 아、니 :뮐、ᄊᆡ 곶 :됴코 여、름 、하ᄂᆞ、니

:ᄉᆡ、미 기、픈 、므、른 、ᄀᆞᄆᆞ、래 아、니 그、츨、ᄊᆡ :내、히 이、러 바、ᄅᆞ、래 、가ᄂᆞ、니

根深之木 風亦不扤 有灼基華 有 基實

源遠之水 旱亦不竭 流斯爲川 于海必達

【제 삼 장第三 章】

주국周國 대왕大王、이 빈곡豳谷、애 :사ᄅᆞ、샤 제업帝業、을 :여、르시

、니

우리 시조始祖ㅣ 경흥慶興、에 :사ᄅᆞ、샤 왕업王業、을 :여、르시、니

昔周大王 于豳斯依 于豳斯依 肇造丕基

今我始祖 慶興是宅 慶興是宅 肇開鴻業

【제 사 장第四 章】

적인狄人ㅅ 、서리、예 、가、샤 狄人、이 ᄀᆞᆯ、외어 、늘 기산岐山 :올、ᄆᆞ샤、도 하、ᄂᆞᇙ 、ᄠᅳ、디시、니

야인野人ㅅ 、서리、예 、가、샤 야인野人、이 ᄀᆞᆯ、외어 、늘 덕원德源 :올、ᄆᆞ샤、도 하、ᄂᆞᇙ 、ᄠᅳ、디시、니

狄人與處 狄人于侵 岐山之遷 實維天心

野人與處 野人不禮 德源之徙 實是天啓

【제 오 장第五 章】

칠저漆沮 、ᄀᆞ、ᅀᅢᇫ、움、흘 후성後聖、이 니ᄅᆞ、시、니 제업帝業 우근憂勤、이、뎌러、ᄒᆞ시、니

적도赤島 안、해ᇫ、움、흘 지금至今、에、보、ᅀᆸᄂᆞ、니 왕업王業 간난艱難、이、이러、ᄒᆞ시、니

漆沮陶穴 後聖以矢 帝業憂勤 允也始彼

赤島陶穴 今人猶視 王業艱難 允也如此

【제 육 장第六 章】

상덕商德、이 쇠衰、ᄒᆞ거、든 천하天下、롤 맛ᄃᆞ、시릴、ᄊᆡ 서수西水ㅅ :ᄀᆞ、ᅀᅵ져、재 、ᄀᆞᆮᄒᆞ、니

여운麗運、이 쇠衰、ᄒᆞ거、든 나、라、ᄒᆞᆯ 맛ᄃᆞ、시릴、ᄊᆡ 동해東海ㅅ:ᄀᆞ、ᅀᅵ져、재 、곧ᄒᆞ、니

商德之衰 將受九圍 西水之滸 如市之歸

麗運之衰 將受大東 東海之濱 如市之從

【제 칠 장第七 章】

불、근 :새 、그、를 므、러 침실寢室 이、폐 안ᄌᆞ、니 성자聖子 혁명革命、에 제호帝祜、ᄅᆞᆯ :뵈ᅀᆞ、ᄫᆞ、니

、ᄇᆞ야 :미 :가、칠 므、러 즘、겟 、가、재 연ᄌᆞ、니 성손聖孫 장흥將興、에 가상嘉祥、이 몬 :졔시、니

赤爵銜書 止室之戶 聖子革命 爰示帝祜

大蛇銜鵲 寘樹之揚 聖孫將興 爰先嘉祥

【제 팔 장第八 章】

태자太子、ᄅᆞᆯ 하、ᄂᆞᆯ、히 ᄀᆞᆯ、ᄒᆡ :샤 형兄ㄱ 、ᄠᅳ디 :일、어시、ᄂᆞᆯ 성손聖孫ᄋᆞᆯ :내시、니이、다

자世子、ᄅᆞᆯ 하、ᄂᆞᆯ、히 ᄀᆞᆯ、ᄒᆡ:샤 제명帝命、이 ᄂᆞ、리、어시、ᄂᆞᆯ 성자聖子ᄅᆞᆯ :내시、니이、다

維周太子 維天擇兮 兄讓旣遂 聖孫出兮

維我世子 維天簡兮 帝命旣降 聖子誕兮

【제 구 장第九 章】

봉천토죄奉天討罪실、ᄊᆡ 사방제후四方諸候ㅣ 몯、더、니 성화聖化ㅣ 오、라、샤 서이西夷、ᄯᅩ 모、ᄃᆞ、니

창의반사唱義班師ㅣ실、씨 쳔리인민千里人民、이 몯、더、니 셩화聖化ㅣ 기프、샤 북젹北狄、이、또 모、ᄃᆞ、니

奉天討罪 諸候四合 聖化旣久 西夷亦集

唱義班師 遠人競會 聖化旣深 北狄亦至

【제 십 장第十 章】

일부一夫ㅣ 유독流毒ᄒᆞᆯ、씨 아후我后、를 기、드、리ᅀᆞ、ᄫᅡ 현황광비玄黃筐篚、로 길헤 、ᄇᆞ라ᅀᆞ、ᄫᆞ、니

광부狂夫ㅣ 사학肆虐ᄒᆞᆯ、씨 의기義旗、를 기、드、리ᅀᆞ、ᄫᅡ 단식호장簞食壺漿、ᄋᆞ、로길、헤、ᄇᆞ、라ᅀᆞ、ᄫᆞ、니

一夫流毒 爰徯我后 玄黃筐篚 于路迎候

狂夫肆虐 爰徯義旗 簞食壺漿 于路望來

【제십일 장第十一 章】

우예虞芮 질셩質成ᄒᆞ、ᄂᆞ、로 방국方國、이 :해 모、ᄃᆞ、나 지덕至德、이실、씨 독부獨夫수受ㄹ 셤、기시、니

위화威化 진려振旅ᄒᆞ、시ᄂᆞ、로 여망輿望、이:다 몯ᄌᆞ、ᄫᆞ、나 지츙至忠、이실、씨 즁흥주中興主、를 :셰시、니

虞芮質成 方國多臻 維基至德 事獨夫辛

威化振旅 輿望咸聚 維其至忠 立中興主

【제 십이 장第十二 章】

오년五年、을 개과改過 :몯、ᄒᆞ、야 학정虐政、이 、날、로 더을、씨 도과지일倒戈之日、에 션고先考 ㆆ、ᄠᅳᆮ :몯 일、우시、니

、쳐ᇫ 나、래 참소讒訴、ᄅᆞᆯ 드、러 흉모兇謀ㅣ 、날、로 더을、씨 권진지일勸進之日、에 平生ㄱ 、ᄠᅳᆮ :몯 일 、우시、니

五年罔悛 虐政日深 倒戈之日 莫遂考心

始日聽讒 兇謀日熾 勤進之日 莫遂素志

【제 구십 장第九十 章】

:두 형제兄弟 、ᄢᅬ 、하、건마、ᄅᆞᆫ 약藥、이 하、ᄂᆞᆯ 계、우、니 아、바 :님 지ᄒᆞ、신 일、훔 :엇더、ᄒᆞ시、니

:두:버、디 、배、안마、ᄅᆞᆫ ᄇᆞᄅᆞ、미 하、ᄂᆞᆯ계、우니 、어마:님 드르、신 말 :엇더、ᄒᆞ시、니

兄弟謀多 藥不勝天 厥考所名 果如何焉

兩朋舟覆 風靡勝天 維母所聞 果如何焉

【제 구십일 장第九十一 章】

아、바:님 이받ᄌᆞ、ᄫᆞᆶ 、제 、어마 :님 、그리、신 、누ᇈ、므、를 좌우左右ㅣ :하ᅀᆞ、ᄫᅡ 아、바:님 노怒、ᄒᆞ시、니

아、바:님 :뵈ᅀᆞ、ᄫᆞᆶ 、제 、어마、님 여、희、신 누ᇈ、므、를 좌우左右ㅣ 슬ᄊᆞ、ᄫᅡ 아、바:님 일ᄏᆞᄅᆞ、시、니

侍宴父皇 憶母悲涕 左右訴止 父皇則懫

來見父王 戀母悲淚 左右傷止 父王稱謂

【제 구십삼 장第九十三 章】

아、바、닚 재궁梓宮、을 ᄃᆞᅀᆞ、샤 고평高平、에 아、니 、가시、면 배천지업配天之業、이 구드、시、리잇、가

、어마 :닚 산륙山陸、을 :ᄃᆞ솨 :샤 속촌粟村、애 도、라、오시、면 건국지공建國之功、올 일、우시、리잇、가

守考梓宮 高平不赴 配天之業 其何能固

戀妣山陸 粟村旋行 建國之功 其何能成

【제 백십 장第百十 章】

사조四祖ㅣ 편안便安、히 :몯 :겨、샤 、현 、고、돌 올、마시、뇨、몃 간間ㄷ 지、븨 :사、ᄅᆞ시、리잇、고

구중九重、에 、드르、샤 태평太平、을 누、리싫 、제 、이 、ᄠᅳ、들 닛、디 :마、ᄅᆞ쇼、셔

四祖莫寧息 幾處徒厥宅 幾間以爲屋

入此九重闕 享此太平日 此意願毋忘

【제 백십사 장第百十四 章】

대업大業、을 ᄂᆞ、리、오리、라 근골筋骨、올 몬져 ᄀᆞᆺ、고、샤 옥체玉體 창반創瘢、이 ᄒᆞᆫ :두 、곧 아、니시、니

병위兵衛 엄연儼然커、든 수공垂拱 임조臨朝、ᄒᆞ、샤 、이 、ᄠᅳ、들 닛、디 :마、ᄅᆞ쇼、셔

天欲降大業 迺先勞筋骨 玉體創不一

儼然兵衛陣 垂拱臨朝臣 此意願毋忘

【제백십육 장第百十六 章】

도상道上、애 강시僵尸、룰、보、샤 침식寢食、을 그、쳐시、니 민천지심旻天之心、애 :긔 아、니 、쁘、디시、리

민막民瘼、ᄋᆞᆯ 모、ᄅᆞ시、면 하、ᄂᆞᆯ、히 ᄇᆞ、리、시ᄂᆞ、니 、이 、ᄠᅳ
、들 닛、디 :마、ᄅᆞ쇼、셔

僵尸道上見 爲之廢寢饍 旻天寧不眷

民瘼苟不識 天心便棄絶 此意願毋忘

【제백이십일 장第百二十一 章】

내그에 :모딜、언마、ᄅᆞᆫ 제 :님금 위爲、타 、ᄒᆞ실 、ᄡᅵ 죄罪、ᄅᆞᆯ 니、저 다、시 、브、려시、니

、ᄒᆞᄆᆞᆯ、며 곤직袞職 :돕、ᄉᆞᄫᅳ :려 면절정쟁面折廷爭커、든、이、ᄠᅳ、들 닛、디 :마、ᄅᆞ쇼、셔

於我雖不軌 謂爲其主耳 忘咎復任使

況思補袞職 廷爭或面折 此意願毋忘

【제 백이십오 장第百二十五 章】

천세千世 우、희 미、리 정定、ᄒᆞ、샨 한수북漢水北、에 누인累仁 개국開國、ᄒᆞ、샤 복卜 년年、이 :ᄀᆞᇫ :업、스시、니 성신聖神、이 :니、ᅀᆞ샤、도 경천근민敬天勤民 、ᄒᆞ샤、ᅀᅡ 더욱 구드、시、리이、다 、님、금、하아、ᄅᆞ쇼、셔 낙수洛水、예 산행山行 、가 이、셔 、하나、빌 미、드、니잇、가

千世默定漢水陽 累仁開國 卜年無疆

子子孫孫 聖神雖繼 敬天勤民 迺益永世

嗚呼 嗣王監此 洛表遊畋 皇祖其恃

30. 옛 시조 (9) (태종 이전, 고려 말)

하여가何如歌

이런들 어떠하며 저런들 어떠하료?
만수산萬壽山 드렁츩이 얽어진들 어떠하리?
우리도 이같이 얽어져 백년까지 누리리라.

태종太宗

내 해 돟다 하고 남 슳은 일 하디 말며,
남이 한다 하고 의義 아니면 좇디 말리.
우리는 천성을 디키어 삼긴 대로 하리라.

변계량卞季良

강호江湖에 봄이 드니, 이 몸이 일이 하다.
나는 그물 깁고 아희는 밭을 가니,

뒷 뫼헤 엄 기는 약藥을 언제 캐려 하느니?

황희黃喜?

대초 볼 붉은 골에 밤은 어이 뜯들으며,
벼 뷘 그루에 게는 어이 나리는고?
술 익자 체 장사 돌아가니, 아니 먹고 어이리?

황희黃喜?

강호사시가江湖四時歌 (제4)
강호에 겨월이 드니 눈 기피 자히 남다.
삿갓 빗기 쓰고 누역으로 옷을 삼아,
이 몸이 칩디 아니해옴도 역군은亦君恩이샷다.

맹사성孟思誠

오백 년 도읍지都邑地를 필마匹馬로 돌아 드니,
산천山川은 의구依舊하되 인걸人傑은 간 데 없다.
어즈버, 태평연월太平烟月이 꿈이런가 하노라.

길재吉再

구름이 무심ㅎ단 말이 아마도 허랑虛浪하다.
중천에 떠 이셔 임의任意로 단니며서,

구태야 광명한 날빛을 따라 가며 덮느니?

이존오李存吾

단심가丹心歌

이 몸이 죽어 죽어 일백번 고쳐 죽어,
백골白骨이 진토塵土ㅣ 되어 넋이라도 있고 없고,
임 향한 일편단심一片丹心이야 가실 줄이 이시랴?

정몽주鄭夢周

백설白雪이 잦아진 골에 구룸이 머흘에라.
반가온 매화는 어느 곳에 피었는고?
석양에 홀로 서 이셔 갈 곳 몰라 하노라.

이색李穡

녹이綠耳 상제霜蹄 살지게 먹여 시냇물에 싯겨 타고,
용천龍泉 설악雪鍔을 들게 갈아 두러메고,
장부의 위국충절爲國忠節을 세워 볼까 하노라.

최영崔瑩

이화梨花에 월백月白하고, 은한銀漢은 삼경三更인 제,
일지 춘심一枝春心을 자규子規야 아랴마는,
다정多情도 병病인 양하야 잠 못 들어 하노라.

이조년李兆年

춘산에 눈 녹인 바람, 건 듯 불어 간데 없다.
적은덧 빌어다가 마리 우헤 불리고저.
귀밑에 해묵은 서리를 녹여 볼까 하노라.

우탁禹倬

31. 青山別曲(청산별곡)

살어리 살어리랏다
청산青山에 살어리랏다
멀위랑 ᄃᆞ래랑 먹고
청산青山에 살어리랏다
 얄리얄리 얄랑셩 얄라리 얄라

우러라 우러라 새여
 자고 니러 우러라 새여
널라와 시름 한 나도
 자고 니러 우니로라
  얄리얄리 얄랑셩 얄라리 얄라

가던 새 가던 새 본다
 믈아래 가던 새 본다
잉무든 장글란 가지고
 믈아래 가던 새 본다
  얄리얄리 얄랑셩 얄라리 얄라

이링공 뎌링공 ᄒᆞ야
나즈란 디내와손뎌
오리도 가리도 업슨
바므란 ᄯᅩ 엇디 호리라
얄리얄리 얄랑셩 얄라리 얄라

어듸라 더디던 돌코
누리라 마치던 돌코
믜리도 괴리도 업시
마자셔 우니노라
얄리얄리 얄랑셩 얄라리 얄라

살어리 살어리랏다
바ᄅᆞ래 살어리랏다
ᄂᆞᄆᆞ자기 구조개랑 먹고
바ᄅᆞ래 살어리랏다
얄리얄리 얄랑셩 얄라리 얄라

가다가 가다가 드로라
에졍지 가다가 드로라
사ᄉᆞ미 짒대에 올아셔
해금奚琴을 혀거를 드로라
얄리얄리 얄랑셩 얄라리 얄라

가다니 ᄇᆡ브른 도긔
설진 강수를 비조라
조롱곳 누로기 ᄆᆡ와
잡ᄉᆞ와니 내 엇디ᄒᆞ리잇고
　얄리얄리 얄랑셩 얄라리 얄라

32. 西京別曲(서경별곡)

서경西京이 아즐가 서경西京이 셔울히마르는
　　　위 두어렁셩 두어렁셩 다링디리
닷곤ᄃᆡ 아즐가 닷곤ᄃᆡ 쇼셩경 고외마른
　　　위 두어렁셩 두어렁셩 다링디리
여ᄒᆡ므론 아즐가 여ᄒᆡ므론 질삼뵈 ᄇᆞ리시고
　　　위 두어렁셩 두어렁셩 다링디리
괴시란ᄃᆡ 아즐가 괴시란ᄃᆡ 우러곰 좃니노이다
　　　위 두어렁셩 두어렁셩 다링디리

구스리 아즐가 구스리 바회예 디신ᄃᆞᆯ
　　　위 두어렁셩 두어렁셩 다링디리
긴히ᄯᆞᆫ 아즐가 긴히ᄯᆞᆫ 그츠리잇가 나ᄂᆞᆫ
　　　위 두어렁셩 두어렁셩 다링디리
즈믄 ᄒᆡ를 아즐가 즈믄 ᄒᆡ를 외오곰 녀신ᄃᆞᆯ
　　　위 두어렁셩 두어렁셩 다링디리
신信잇ᄯᆞᆫ 아즐가 신信잇ᄯᆞᆫ 그츠리잇가 나ᄂᆞᆫ
　　　위 두어렁셩 두어렁셩 다링디리

대동강大同江 아즐가 대동강大同江 너븐디 몰라셔

위 두어렁셩 두어렁셩 다링디리

ᄇᆡ 내여 아즐가 ᄇᆡ 내여 노ᄒᆞᆫ다 샤공아

위 두어렁셩 두어렁셩 다링디리

네가시 아즐가 네가시 럼난디 몰라셔

위 두어렁셩 두어렁셩 다링디리

녈ᄇᆡ예 아즐가 녈빅예 연즌다 샤공아

위 두어렁셩 두어렁셩 다링디리

대동강大同江 아즐가 대동강大同江 건너편 고즐여

위 두어렁셩 두어렁셩 다링디리

ᄇᆡ타들면 아즐가 ᄇᆡ타들면 것고리이다 나ᄂᆞᆫ

위 두어렁셩 두어렁셩 다링디리

33. 가시리

가시리 가시리 잇고 나ᄂᆞᆫ
ᄇᆞ리고 가시리잇고 나ᄂᆞᆫ
　　위 증즐가 태평성대大平盛大

날러는 엇디 살라 ᄒᆞ고
ᄇᆞ리고 가시리잇고 나ᄂᆞᆫ
　　위 증즐가 태평성대大平盛大

잡ᄉᆞ와 두어리마ᄂᆞᄂᆞᆫ
선ᄒᆞ면 아니 올셰라
　　위 증즐가 태평성대大平盛大

셜온님 보내ᄋᆞᆸ노니 나ᄂᆞᆫ
가시ᄂᆞᆫ ᄃᆞᆺ 도셔 오쇼셔 나ᄂᆞᆫ
　　위 증즐가 태평성대大平盛大

34. 鄭石歌(정석가)

딩아 돌아 당금當今에 계샹이다
 딩아 돌아 당금當今에 계샹이다
선왕선대先王聖代예 노니ᄋᆞ와지이다

삭삭기 셰몰애 별헤 나ᄂᆞᆫ
 삭삭기 셰몰애 별헤 나ᄂᆞᆫ
구은 밤 닷 되를 심고이다
그 바미 우미 도다 삭 나거시아
그 바미 우미 도다 삭 나거니사
유덕有德ᄒᆞ신 님믈 여ᄒᆡᄋᆞ와지이다

옥玉으로 련蓮ㅅ고즐 사교이다
옥玉으로 련蓮ㅅ고즐 사교이다
바회 우희 접주接柱ᄒᆞ요이다
그 고지 삼동三同이 퓌거시아
그 고지 삼동三同이 퓌거시아
유덕有德ᄒᆞ신 님 여ᄒᆡᄋᆞ와지이다

므쇠로 텰릭을 ᄆᆞᆯ아 나ᄂᆞᆫ
므쇠로 텰릭을 ᄆᆞᆯ아 나ᄂᆞᆫ
철사鐵絲로 주름 바고이다
그 오시 다 헐어시아
그 오시 다 헐어시아
유덕有德ᄒᆞ신 님 여ᄒᆡᄋᆞ와지이다

므쇠로 한쇼를 디여다가
므쇠로 한쇼를 디어다가
철수산鐵樹山에 노호이다
그 쇠 철초鐵草를 머거아
그 쇠 철초鐵草를 머거아
유덕有德ᄒᆞ신 님 여ᄒᆡᄋᆞ와지이다

구스리 바회예 디신ᄃᆞᆯ
구스리 바회예 디신ᄃᆞᆯ
긴힛ᄃᆞᆫ 그츠리잇가
즈믄 ᄒᆡᄅᆞᆯ 외오곰 녀신ᄃᆞᆯ
즈믄 ᄒᆡᄅᆞᆯ 외오곰 녀신ᄃᆞᆯ
신信잇ᄃᆞᆫ 그츠리잇가

35. 動動(동동)

덕德으란 곰ᄇᆡ예 받ᄌᆞᆸ고
복福으란 림ᄇᆡ예 받ᄌᆞᆸ고
덕德이여 복福이여 호ᄂᆞᆯ
나ᄋᆞ라 오소이다
　　　아으 동동動動다리

정월正月ㅅ 나릿므른
아으 어져 녹져 ᄒᆞ논ᄃᆡ
누릿 가온ᄃᆡ 나곤
몸하 ᄒᆞ올로 녈셔
　　　아으 동동動動다리

이월二月ㅅ 보로매
아으 노피 현 등燈ㅅ불 다호라
만인萬人 비취실 즈이샷다
　　　아으 동동動動다리

삼월三月 나며 개開ᄒᆞᆫ

아으 만춘滿春 ᄃᆞᆯ 욋고지여
ᄂᆞᄆᆡ 브를 즈을
디녀 나샷다
　　　아으 동동動動다리

사월四月 아니 니지
아으 오실셔 곳고리새여
므슴다 녹사錄事니ᄆᆞᆫ
녯나롤 닛고신뎌
　　　아으 동동動動다리

오월五月 오일五日애
아으 수릿날 아ᄎᆞᆷ 약藥은
즈믄힐 장존長存ᄒᆞ샬
약藥이라 받ᄌᆞᆸ노이다
　　　아으 동동動動다리

육월六月ㅅ 보로매
아으 별헤 ᄇᆞ룐빗 다호타
도라보실 니믈
젹곰 좃니노이다
　　　아으 동동動動다리

칠월七月ㅅ 보로매

아으 백종百種 배排ᄒᆞ야 두고
니믈 ᄒᆞᆫᄃᆡ 녀가져
원願을 비ᅀᆞᆸ노이다
　　아으 동동動動다리

팔월八月ㅅ 보로ᄆᆞᆫ
아으 가배嘉俳나리마ᄅᆞᆫ
니믈 뫼셔 녀곤
오ᄂᆞᆯ낤 가배嘉俳샷다
　　아으 동동動動다리

구월九月 구일九日애
아으 약藥이라 먹는 황화黃花
고지 안해 드니
새셔가 만ᄒᆞ애라
　　아으 동동動動다리

시월十月애
아으 져미연 ᄇᆞᄅᆞᆺ 다호라
것거 ᄇᆞ리신 후後에
디니실 ᄒᆞᆫ부니 업스샷다
　　아으 동동動動다리

십일월十一月ㅅ 봉당 자리예

아으 한삼汗衫 두퍼 누워
슬홀ᄉᆞ라온뎌
고우닐 스싀옴 녈셔
　　　아으 동동動動다리

십이월十二月ㅅ 분디남ᄀᆞ로 갓곤
아으 나ᄉᆞᆯ반盤ᄋᆡᆺ 져 다호라
니믜 알ᄑᆡ 드러 얼이노니
소니 가재다 므ᄅᆞᄋᆞᆸ노이다

36. 鄭瓜亭(정과정)

정서鄭叙

전강前腔 내 님믈 그리ᅀᆞ 우니다니
중강中腔 산山졉동새 난 이슷ᄒᆞ요이다
후강後腔 아니시며 거츠르신 ᄃᆞᆯ 아으
부엽附葉 잔월殘月 효성曉星이 아ᄅᆞ시리이다
대엽大葉 넉시라도 님은 ᄒᆞᆫᄃᆡ 녀져라 아으
부엽附葉 벼기더시니 뉘러시니잇가
이엽二葉 과過도 혀믈도 천만千萬 업소이다
삼엽三葉 ᄆᆞᆯ힛마러신뎌
사엽四葉 ᄉᆞᆯ웃브뎌 아으
부엽附葉 니미 나ᄅᆞᆯ ᄒᆞ마 니ᄌᆞ시니잇가
오엽五葉 아소 님하 도람 드르샤 괴오쇼셔

37. 思母曲(사모곡)

호ᄆᆡ도 ᄂᆞᆯ히언마ᄅᆞᄂᆞᆫ
낟 ᄀᆞ티 들 리도 업스니이다
아바님도 어이어신마ᄅᆞᄂᆞᆫ
위 덩더둥셩 어마님 ᄀᆞ티 괴시리 업세라
아소 님 하
어마님 ᄀᆞ티 괴시리 업세라

38. 相杵歌(상저가)

듥긔동 방해나 디히 히애
게우즌 바비나 지서히애
아바님 어머님씌 받줍고 히야해
남거시든 내머고리 히야해 히야해

39. 維鳩曲(유구꼭)

쇽칭俗稱 비두로기

비두로기새ᄂᆞᆫ
비두로기새ᄂᆞᆫ
우루믈 우루ᄃᆡ
버곡댱이ᅀᅡ
난 됴해
버곡댱이ᅀᅡ
난 됴해

40. 井邑詞(정읍사)

전강前腔

ᄃᆞᆯ하 노피곰 도ᄃᆞ샤
어긔야 머리곰 비취오시라
어긔야 어강됴리 아으 다롱디리

후강전後腔全

져재 녀러신고요
어긔야 즌ᄃᆡ를 드ᄃᆡ욜셰라
어긔야 어강됴리

과편過篇

어느이다 노코시라

금선조金善調

어긔야 내 가논ᄃᆡ 졈그ᄅᆞᆯ셰라
어긔야 어강됴리

소엽小葉

아으 다롱듸리

41. 願往生(원왕생) 노래[263]

광덕廣德의 아내

(1) 月下 伊底亦
(달하 이제)
西方念丁 去賜里遣
(서방꺼정 가샤리고)

(2) 無量壽佛 前乃
(무량수불 전에)
惱叱古音多可支 白遣賜立
(닏 곰 나 가 숣고사셔)

(3) 誓音 深史隱 尊衣希 仰支
(다짐 깊으샨 존에게 우럴이)
兩手 集刀花乎白良
(두손 모도호숣아)

(4) 願往生 願往生
(원왕생 원왕생)

263 이두문자는 원문 그대로 표기함(편집자 주).

慕人 有如 白遣賜立

(그릴사람 있다 숣고샤셔)

(5) 阿邪 此身 遺也 置古

(아으 이몸 끼쳐 두고)

四十八 大願 成遣賜去

(사십팔 대원 일고샬가)

붙임

[간단한 주해]

어귀 머리의 아라비아 숫자는 각각 본문의 페이지를 보임

1. 訓民正音(훈민정음)

이 훈민정음은 세종대왕이 그 28년(단 3679)에 한문漢文으로 발표한 원문을 세조가 그 4년에 번역 간행한 것임.

판본板本은 여럿 있는데, 여깃 것은 희방사喜方寺 판에 따름.

세조는 조선조 일곱째 임금. 일찍 수양 대군首陽大君으로 있을 때 아버지 세종世宗의 명으로 석보 상절釋譜詳節을 짓고, 임금된 뒤에도 불서佛書의 번역을 많이 하였음.

7[글 지슬 씨니] 글 짓는다는 뜻이니.

[님금 지ᅀᅳ샨 그리라] 임금님이 지으신 글이라.

[ᄀᆞᄅᆞ치시논 정正혼 소리라] 가르치시는 바른 소리라.

[나랏 말ᄊᆞ미] 우리나라의 말이.

[달아] 달라.

[문자文字와로] 한문 글자하고.

[서르] 서로.

[ᄉᆞᄆᆞ디 아니홀씨] 통하지 아니하매.

[젼ᄎᆞ로] 까닭으로.

[어린] 어리석은.

[니르고져 홇 배] 이르고자 할 바가.

[이셔도] 있어도.

[ᄆᆞᄎᆞᆷ내] 마침내.

[제 ᄠᅳ들] 제 뜻을.

[시러] 능히.

[펴디 몯ᄒᆞᇙ 노미] 발표하지 못할 이가.

[하니라] 많으니라.

[어엿비너겨] 딱하게 여겨.

[ᄆᆡᇰᄀᆞ노니] 만드노니.

[ᄒᆡᅇᅧ] 하여금.

[수ᄫᅵ 니겨] 쉽게 익혀.

[ᄡᅮ메] 씀에.

[편안便安킈 ᄒᆞ고져 ᄒᆞᇙ] 편리하게 하고자 할.

[ᄯᆞᄅᆞ미니라] 따름이니라.

2. 농가월령가農家月令歌

[정학유] 헌종 때 사람. 호는 운포耘逋. 정약용丁若鏞의 둘째 아들. 농가월령가는 광해군 때 경상도 상주尙州 사람 태촌 고상안高尙顔의 원작原作이 있다 하나, 얻어 보지 못하고, 비슷한 종류로 김소당金嘯堂 지음이라는 농가 십이월 속시農家十二月俗詩가 있으나 한시漢詩로 된 것인데, 여기 실은 것은 순 한글로 된 정학유의 지음으로, 정인보鄭寅普씨의 간직한 사본寫本에 의함. (철자 수정).

[삼월령]三月令

[모춘] 늦은봄.

[청명] 스물 네 절후의 다섯째. 양력 4월 5일께.

[곡우] 스물 네 절후의 여섯째. 양력 4월 20일께.

[재양] 일기가 따뜻하기 시작함.

[화창] 부드럽고 생기 있음.

[난만] 한창 아름답게 활짝 피어있음.

[분분히] 여럿이 어지럽게.

[미물] 미미한 동물.

[득시] 제 때를 만나.

[자락] 자연으로 즐거워함.

[한식] 동지冬至 후 105일째 되는 날. 명절의 하나로서 조상의 묘소에 제사함이 일반의 관습임.

[성묘] 조상의 무덤에 절함.

[백양] 사시나무. 옛날 중국에서는 흔히 뫼 앞에 심는다 함.

[우로] "은택"恩澤의 뜻으로 쓰는 말.

[감창] 감격하고 슬픔.

[권속] 딸린 가족.

[두곡] 한 말쯤의 곡식.

[물꼬] 물이 논으로 들어가는 목.

[모판] 못자리를 다듬어 갈피를 지음.

[나마] 나머지.

[삶이] 써레로 흙을 써리고 나래로 노글노글하게 고르는 일.

[포전] 집 근처에 있는 밭.

[그루를 상환] 다른 곡식 거둔 자리에 그루갈이하여 심음.

9[못논] 못자리 논.

[되어] 갈아 놓았던 논이나 밭을 다시 갈아.

[치포] 밭농사하는 일.

[시므고] 심고.

[가자] 덩굴을 받쳐 주는 시렁.

[개바자] 개가 못 들어가게 막은 나지막한 울타리.

[잠농] 누에농사.

[쇄소] 물을 뿌려 소제함.

[달발] 갈대 모양으로 생긴 풀의 대로 엮어 만든 발.

[접] 나무의 가지를 다른 나무의 그루터기에 붙이는 일.

[단행, 이행] 살구 종류의 두 가지.

[울룽도] 복숭아의 한 종류.

[문배] 산에 여는 과실의 한 가지. 모양이 배와 비슷하되 훨씬 잘고 단단하여 먹기에 좋지는 못하나, 물리어 익히면 냄새가 좋음.

[엇접] 서로 엇베어서 맞붙이는 접.

[피접] 그루터기의 껍질을 벌리고 가지의 밑쪽을 얇게 깎아 끼워 붙임.

[도마접] 그루터기를 약간 쪼개어, 가지를 끼워 붙임.

[행차접] 먼 지방에 있는 나무

가지를 꺾어다가 붙임. 꺾어 올 때에 가지가 마르지 않게 하기 위하여 흔히 무우에 꽂아 옴.

9[청다대] 푸른 꽃받침.

[정릉매] 매화의 한 종류.

[고사] 늙은 등걸.

[천한백옥] 추운 날 초가집.

[요긴한] 없을 수 없이 필요한.

[정사] 일. 생활에 관한 일.

10[두부장] 두부를 주머니에 넣어 고추장에 묻었다가 오랜 뒤에 먹는 반찬.

[산처] 자기 아내를 겸손하게 이르는 말.

[가효] 좋은 안주.

[사월령]四月令

[맹하] 첫여름.

[입하] 스물 네 절후의 일곱째. 양력 오월 6일께.

[소만] 스물 네 절후의 여덟째. 양력 5월 21일께.

[자로] 자주.

[방장] 바로 제 철.

[골몰] 일에 몸이 바쁨.

[부룩] 곡식이나 채마를 심은 빈큼에 다른 것을 듬성듬성 더 심음.

[무논] 물 있는 논.

[써리어서] 써레질하여서.

[농량] 농사일 할 때 먹을 양식.

[환자] 가을에 받기로 하고 관청에서 봄에 백성에게 꾸어 주는 곡식

[타] 제 몫으로 받아

[한잠] 누에의 마지막 잠.

[이는] 일어나는

11[훗그루] 뒷날에 다시 나올 움

[보아하여] 보기 위하여. 잘 생각하여.

[햇잎] 새 순에서 핀 잎.

[승시하여] 때를 타서. 때를 이용하여.

[우루처] 비 새는 곳.

[봄낳이] 봄에 낳은.

[마전] 피륙을 빨아 볕에 바램.

[새끼 나니] 벌이 번식하여 통이 좁게 되면 한 떼가 묵은 봉왕을 모시고 새 집을 만들려고

나감을 이르는 말. 학술어로는 "분봉分封"이라 함.
[옹위] 주위에서 모시어 보호함.
[분의] 직분과 의리.
[파일] 음력 사월 초여드렛날. 석가모니釋迦牟尼의 탄생일임.
[현등] 우리나라 민속에 파일날 저녁에 등불을 높이 달아, 불이 밝을쑤록 좋다 함.
[불긴] 필요하지 않음.
[느티떡]느티나무의 연한 잎을 가루에 섰어서 찐 시루떡.
[콩찐이] 콩을 넣어서 찐 떡.
[천렵] 고기 잡아 냇가에서 먹는 놀이.
11[잔풍하니] 바람이 잔잔하니
[수단화] 때찔레의 한 종류인 매괴玫瑰나무 꽃.
[촉고] 코를 잘게 만든 그물.
[은린] 은빛 나는 좋은 물고기.
[옥척] 옥 같이 아름답고 큰 좋은 물고기.
[반석] 펀펀한 바위.
[노구] 놋쇠로 남비처럼 만든 자그마한 솥.
[솟구쳐] 푹푹 솟아 오르게.
[팔진미] 여덟 가지 진귀한 중국 요리. 용의 간, 봉의 골, 토끼 태, 잉어 꼬리, 물수리 구이, 곰의 발바닥, 원숭이 입술, 표범 발굽. 혹은 달리 말하기도 함.
[오후청] 중국 한나라 때 다섯 제후 집의 진미를 한데 섞어 만든 전골.

3. 한중록恨中錄

[홍씨] 사노세사思悼世子의 빈嬪, 궁호는 혜경궁惠慶宮. 영풍 부원군永豊府院君 봉한鳳漢의 딸. (단 4068—4148). 이 글은 홍씨 회갑 해(정조 19년)에 쓰고, 71세(순조 5년) 때 보태어 쓴 것인데, 사도 세자의 죽은 내막을 순조에게 알려 주기 위하여 썼음.
사도 세자는 영조의 아들이요, 정조의 아버지. 추존 장조莊祖

참고되는 연대
영조 11(을묘乙卯). 홍씨 1세. 사도세자와 동갑.
영조 20(갑자甲子). 홍씨 10세. 세자빈이 됨. 혜경궁.
영조 25(기사己巳). 홍씨 15세. 세자 정사를 대리함.
영조 28(임신壬申). 홍씨 18세. 왕손(정조)을 낳음.
영조 35(기묘己卯). 홍씨 25세 왕손이 세손 책봉됨.
영조 38(임오壬午). 홍씨 28세. 사도세자 돌아감.
영조 52(병신丙申). 홍씨 42세. 정조 즉위.
정조 24(경신庚申). 홍씨 66세. 순조 즉위.
순조 15(을해乙亥). 홍씨 81세. 홍씨 돌아감.

12[기사] 영조 25년.

[대리] 정사政事의 대리.

[신임] 경종景宗 원년 신축辛丑과 2년 임인壬寅에 김일경金一鏡 등이 그 때 세제世弟인 영조英祖를 모해謀害하려던 일.

[무신 역변] 김일경金一鏡의 여당餘黨인 이인좌李麟佐등의 역모逆謀.

[사외하오시며] 꺼리시오며.

[시브오시니] 싶사오니.

[차대] 매월 여섯 번 의정議政, 당상堂上, 대간臺諫, 옥당玉堂들이 입시入侍하여, 중요한 정사를 아뢰고 재가를 받는 일.

[의대] 임금의 옷.

[이부] "귀"의 궁중말.

[앙탁] 우러러 헤아림.

[계복] 상주上奏된 사형수死刑囚의 심판.

[친국] 반역죄를 임금이 친히 신문함.

13[자로] 자주.

[화평옹주] 사도 세자 동복 누이.

[무오생 옹주] 사도세자 동복 누이. 정치달鄭致達의 아내.

[동궁] 세자.

[화협 옹주] 사도세자 동복 누이.

[경모궁] 사도 세자의 궁호.

[자비] 지정한 일을 맡은 사람.

[선희궁] 사도 세자의 생모, 영빈映嬪 이씨李氏.

[옥추경] 도교道敎의 한 경문經文. 무엇을 빌 때에 주문呪文으로 읽는 글.

[뇌성보화 천존] 옥추경玉樞經을 지었다는 신인神人.

14[옥추단]구급약救急藥의 한 가지. 단오 때 내의원內醫院에서 만들어 임금께 올림. 여러 가지 약재를 가지고 여러 모양으로 만들어 금박金箔을 바르고 구멍을 뚫은 것인데, 임금이 신하들에게 나누어 주면 부채끈이나 주머니끈에 차고 다니다가 급한 곽란이나 서체에 먹음.

[절박 망조] 속이 바짝바짝 타는 듯하여 몸 둘 바를 모름.

[필것] 필로 된 피륙.

[호흡 사이] 잠간 사이.

[의대차] 옷감.

15[짓] 흥. 신. 재미.

[그날] 영조 38년 5월 22일.

[대조] 세자 대리 때의 임금님.

[전좌] 임금이 조하朝賀를 받거나 정사를 보러 자리에 나아옴.

[경현당] 경희궁慶熙宮에 있음.

[자저] 주저함.

16[내관] 내시부內侍府의 관원. 불알 없는 사람으로 시킴.

[밭소주방] 바깥 소주방. 소주방은 대궐 안에 음식을 만드는 곳.

[거쇠] 서조가. 일이.

[소조] 대리 때의 세자.

[게를] 거기를.

[임오화변] 영조 38년 사도 세자가 뒤주 속에 갇혀서 돌아간 일.

[병신] 영조 52년.

[정원 일기] 승정원承政院에서 적은 일기.

17[설만히] 상없이.

[탁하고] 칭탁하고.

[성충] 임금의 마음.

[의현] 의심되고 어지러움.

[해비] 갖추갖추.

[임염] 미룩미룩.

18[빠힌] 뺀.

[소천] 아내가 남편을 일컫는 말.

[주륙] 죄를 추궁하여 죽임.

[호흡지간] 잠간 사이.

[자애통이요] 애통대로요.

[마디] 내용 층절.

[삼조] 영조, 정조, 순조의 세 왕조.

[임술] 순조 2년.

[강잉하여] 마지 못하여.

19[을축] 순조 5년.

4. 옛 시조 (1)

[명옥] 수원 기생. 시대 모름.

[신의] 미쁨과 의리.

[탐탐히] 탐탁하게. 알뜰히.

[자로자로] 자주자주.

[뵈시소] 보이시오.

○

[매화] 기생 이름. 시대 모름.

[피엄즉도] 핌직도. 필 만도.

[난분분] 어지럽게 흩날림.

[혁] 고삐.

[굽어보니] 내려다보니.

[금수 청산] 비단 같은 푸른 산.

[잠겨세라] 잠겨 있구나.

○

[설월] 눈 위의 달빛.

[만정] 뜰에 가득함.

[예리성] 신 끄는 발자국 소리.

[판연히] 뻔히.

[아쉬운] 없어서 안타까운.

[행혀] 행여나. 혹시나.

[긘가] 그이인가.

○

20[드자] 들자마자.

[만경 창파] 한없이 넓은 푸른 물결.

[밤중만] 밤중쯤.

[지국총] 배 저으며 부르는 소리.

[애긏는 듯] 애끊는 듯.

○

[비최고저] 비취고 싶다.

[살진 맛] 살쪄서 연하고 향기로운 맛.

○

[저믈어든] 저물거든.

[곶에] 꽃에.

[푸대접] 반가와하지 않는 대접.

○

[지게] 방문.

[여던] 열던

[살뜰히] 살짝 알뜰하게.

20[속여다] 속이었다.

[풍지] 문짝 가에 붙인 종이.

[외다마는] 그르다마는.

[들라곤] 들어오라고만.

[밤이조차] 밤조차 밤도 또한.

[우을랏다] 웃을 일이었다.

○

[치위] 추위.

[막을션정] 막을 것이라면.

[고폰] 고프온.

[메올션정] 채우올 것이라면.

[산채랗다] 산채라 한다고.

[긔] 그것이

○

21[산지니] 산에서 한 해 묵은 매.

[수지니] 손에서 길들인, 한 살 된 매.

[해동청] 송골매. 매의 한 종류로, 머리가 검고 매우 날램.

[보라매] 당년 새끼로 길들인 매.

[고봉 상상령] 높은 산마루.

[아니 한번도] 한번도 아니.

5. 춘향전春香傳

지은이 모름. 남원南原 기생의 딸 춘향이 부사의 아들 이 도령을 만나 사랑을 맺었다가, 이 도령 떠난 뒤 수절하고 있던 중에 새 부사의 수청을 거절함으로 말미암아 옥중에 갇혔다가, 이 도령이 어사로 내려와서 기쁘게 만나게 된 소설.

21[투림] 숲에 들어감.

[내동헌] 내아內衙. 지방 장관의 관사.

[추러하게] 생기 없이 추저분하게.
22[설운지고] 설우어라.
[정화수] 새벽에 처음 길은 우물 물.
[청운] 벼슬 길.
[살려지다] 살려 주시기를 원하나이다.
[질 제] 떨어질 적에.
23[풍헌] 시골 촌에 공무를 맡은 구실 이름.
[반가하여] 반가와하여.
24[학장질] 글방의 선생 노릇.
[후기] 뒷날의 시기.
[수원숙우] 누구를 원망하며 누구를 탓함.
[어쩔랍나] 어찌 하려오.
[와겼구나] 오셨구나.
25[하시니까] 하셨나이까.
[관시] 푸대접하는 태도.
[지레] 미리 앞질러.
[체읍] 눈물로 욺.
[실성] 미친 모양.
26[탱천] 하늘을 치받음.
[울적] 답답하고 가깝함.
[글허지요] 그리 하지요.
[바라] "파루罷漏"의 변한 말. 새벽 오경五更 끝에 종을 서른 세 번 쳐서 통행금지를 푸는 신호. 저녁 이경二更 초에 스물여덟 번 쳐서 통행을 금지하는 신호는 "인정人定"(변한 말로 "인경")이라 함.
[가사이다] 가옵시다.
[사장이] "옥쇄장獄鎖匠"의 속어俗語. 옥문을 지키는 병졸.
[하는 차라] 말하는 중이라.
27[사또] 여기서는 남원 부사를 가리킨 말.
[염문] 비밀히 탐문함.
[천방지방] 천방지축. 아무 데나 허둥지둥.
[오실라] 오시려.
28[박명] 운명이 가박함.
[자진] 기진역진하여 까무러짐.
[봉장] 봉황을 새긴 장농.
[한산 세저] 충청남도 한산 내포內浦 등지에서 나는 가는 모시.

[물색] 물들인 빛깔.
[주진] 줄무늬 있는.
[관망] 갓과 망건.
[금봉채] 봉황을 새긴 금비녀.
[천은] 품질 좋은 은.
29[옥지환] 옥으로 만든 가락지.
[한삼] 소매 긴 홑적삼.
[고의] 홑으로 지은 바지.
[용장] 용을 새긴 장농.
[받닫이] 옷 넣어 두는 큰 궤.
[별찬] 특별한 반찬.
[주망] 주정의 망녕.
[형문] 매로 때리는 고문拷問.
[상독] 내밀어 심한 자리에 생긴 독기.
[만수운환] 흐트러져 늘어진, 구름 같은 머리털.
[염습] 시체를 싸서 묶음.
[육진 장포] 함경북도 경원, 경흥, 부령, 온성, 경성, 회령 등지에서 나는 삼베. 품질이 좋음.
[개렴] 고쳐 염습함.
[북망 산천] 무덤이 많은 곳. 옛날 중국 낙양洛陽에 귀인貴人들의 무덤이 많았던 북망산이란 산이 있었음에서 생긴 말.
[앞남산 뒷남산] 앞산 뒷산.
[망부석] 옛적 중국 무창武昌 북쪽 산에 올라, 나라일로 멀리 간 남편을 몸시 기다리다가 그 자리에서 죽어서 된 화석化石.
[신원] 원통함을 풀어줌.

6. 옛 시조 (2)

[안민영] 고종高宗때 시조 작가. 호는 주재周齋. 헌종憲宗초에 박효관朴孝寬에게 노래를 배웠음.
30[산창] 산중 집의 창문.
[침노한다] 해롭게 건드린다.
[얼우려 하인들] 얼리려 한들.
[앗을쏘냐] 빼앗을 것이냐.

○

[슳여한다] 싫어하느냐.
[찰하리] 차라리.
[얼리언정] 얼찌인정.
[군화] 여러 보통의 꽃들.
[한 봄] 같은 봄.
[말려] 아니하려.

○

[매화사] 스승 박효관의 집에서 “매화사”라는 시조 여덟 수를 지었음.

[나부산] 중국 광동廣東에 있는 매화의 명산.

[굉대등걸] 늙고 말라서 툭툭 불거친 나무등걸.

[배] 몸뚱이의 한 편.

○

[익종] 순조純祖의 아들이요, 헌종憲宗의 아버지인데, 헌종 때에 추존追尊한 임금. (단 4142—4163).

31[춘앵무] 궁중 잔치에 추는 춤의 한 가지. 익종이 세자 때 어머니를 모신 잔치에 이 춤을 보고 이 시조를 지었음.

[월하보] 달밤에 걷는 걸음.

○

[정민교] 숙종 때 사람. 호는 한계漢溪. 청구영언 서문을 쓴 정내교鄭來僑의 아우.

[만정도화] 온 뜰에 핀 복숭아꽃.

[지거다] 떨어졌다.

[쓸오려] “쓸려”의 얌전한 말씨.

[하는고야] 하는구나.

[무삼하리요] 무엇하리요.

○

[이정보] 영조英祖 때 이조 판서吏曹判書. 호는 삼주三州.

[동풍] 봄바람.

[낙목한천] 나뭇잎이 떨어진 추운 날.

[오상고절] 찬 서리를 이기는 외로운 절개.

[오려] 일찍이 익는 벼.

○

[면화] 목화

[능거] 두벌 찧어. 보리를 첫 번에 물을 쳐 찧는 것을 “아시찧는다”하고, 거득거득한 뒤에 또 물치고 두벌찧는 것을 “능근다”하고, 세 번째 또 물치고 찧는 것을 “대낀다” 함.

[외자일망정] 외상일망정.

○

[우화] 날개 돋쳐.

[광명] 환하게 밝은.

○

[조명리] 영조 때 예조 판서. 호는 도천道川. (단 4000—?).

32[설악산] 강원도 인제麟提에 있는 산.

[개골산] 금강산의 별칭.

[풍악] 금강산의 별칭.

○

[이재] 영조 때 서윤庶尹.

[샐별] 샛별. 새벽에 동쪽 하늘에 찬란하게 보이는 금성金星

[긴수풀] 길게 연해 있는 우거진 수풀.

[좋은쏜] 좋은데. 좋을 것이면.

○

[김천택] 숙종 때 포교捕校. 호는 남파南波. 노래로 유명하며, 영조 4년에 청구영언靑丘永言을 엮었음.

[긏지] 그치지.

[촌음] 짧은 시간.

[아껴스라] 아끼어라.

[중지곰] 중지만.

7. 심청전沈清傳

지은이 모름. 효녀 심청이 소경 아버지의 눈뜨기를 위하여 몸을 제물로 팔아 물에 던졌다가, 죽지 않고 뒤에 귀히 되어 아버지를 만나게 되고, 아버지 눈도 뜨게 된 소설.

(전주 판. 철자 수정).

[무어] 쌓아 올리어.

[금줄] 인줄. 부정한 사람의 출입을 막기 위하여 치는 줄.

[정화수] 새벽에 처음 길은 우물 물.

[후토] 땅을 맡은 신神.

[성황] 서낭. 동네 근처를 지킨다는 신.

[제천] 불교에서 이르는 여러 하늘.

[팔 금강 보살] 절의 문에서 칼, 비파, 우산, 뱀을 각각 쥐고, 각기 풍風, 조調, 우雨, 순順으로 불법을 수호하는 네 금강신金剛神과, 대일여래불大日如來佛의 주위를 호위하는 보현普賢, 문수文

殊, 관음觀音, 미륵彌勒의 네 보살.

[소소응감] 밝게 밝게 굽어 살펴 응하여 줌.

33[무자생] 무자년戊子年에 난 사람.

[흠향] 신이 제물을 받음.

[남경] 중국의 명나라 서울.

34[화주승] 돈이나 곡식 따위의 기부를 받으러 다니는 중.

[공양미] 부처 앞에 이바지하는 쌀.

[시주] 절에 재물을 기증함.

[철빈] 몹시 가난함.

[발원] 소원을 나타냄.

[억색] 가슴이 막힘.

[긴한지라] 필요한지라.

[행선] 배를 띄워 떠남.

35[수양딸] 데려다 기르는 딸.

[물색모르고] 아무 분별도 모르고.

[영결] 죽은 사람과 산 사람이 서로 영원히 이별함.

36[망종] 마지막.

[격한지라] 사이에 있는지라.

[삼경] 하룻밤을 초경, 이경, 삼경, 사경, 오경에 나눈 셋째.

[볼] 해진 버선의 앞 뒤 바닥에 덧대는 헝겊 조각.

[받으리라] 대어 기우리라.

[하염없는] 저도 모르는.

[경경열열] 꿀꺽꿀꺽. 목이 메어 우는 소리.

[여단수족] 손발을 끊은 듯함.

[눈총] 밉게 보는 눈치.

[괄시] 싫게 여기는 대접.

[망극한] 그지없는.

[적수 단신] 맨손으로의 홑몸.

[초종 장례] 초상과 장사 지내는 일.

[소대기] 소상과 대상.

[기제사] 탈상 후에 해마다 한 번씩 지내는 제사.

[황천] 죽어서 들어간 땅속.

37[수궁] 물속 나라.

[수륙이 현수하니] 물속과 육지가 동떨어지게 다르니.

[불원 천리] 천리를 멀리 여기

지 않음.
[오경] 하룻밤을 초경, 이경, 삼경, 사경, 오경에 나눈 다섯째. 곧 세 시부터 다섯 시까지의 동안.
[함지] 해 넘어가는 곳.
[부상] 해 뜨는 곳.
[이윽고] 얼마 있다가.
[시비] 싸리문.
38[가긍하여] 불쌍히 여기어.
[물색없이] 아무 분별 없이.
[천륜] 선천적인 윤리 관계.
[몽조] 꿈으로의 징조.
[사당] 신주를 모신 곳.
[하직차로] 작별을 고하기 위하여.
39[작배] 배필을 삼음.
[향화] 자손이 받드는 제사.
[불승영모] 길이 사모함을 못내 이기지 못함.
[주과포혜] 술, 과실, 포육, 젓갈.
[무 강근지 친족] 힘입을 만한 가까운 친족이 없음.
[형세 없어] 재산이 없어.
[정가] 험잡아 흉봄.
[회 동하였구나] 거위가 치밀어 배가 아프구나.
40[실성] 정신을 제대로 차리지 못 함.
[사궁지수] 사궁의 첫머리. 사궁은 늙은 홀아비, 늙은 홀어미, 어버이 없는 아이, 자식없는 늙온이.
[앙화] 죄로 받는 불행한 일.
[유인] 꾀어 냄.

8. 도끼전

지은이 모름. 남해 용왕이 병이 들어 토끼의 간을 구하매, 자라가 토끼 화상을 가지고 산으로 가서 토끼를 꾀어 왔더니, 토끼가 속은 줄을 알고 꾀를 내어 도로 산으로 나가게 된 소설. (통행본, 철자 수정).
41[도화서] 그림에 관한 일을 맡은 관청.
[하교] 임금의 명령.

[지향] 정한 방향.

[자로] 자주.

[두견새] 소쩍새. 우는 소리가 "소쩍다", "귀촉도", "불여귀" 들과 같이 들린다 함.

[깁] 성기고 얇은 비단.

42[청] 목청.

[성화] 높이 알려진 명성.

43[학치뼈] 정강이뼈.

[한량] 무인武人이 되려고 활쏘기, 말타기 들의 기술을 공부하는 젊은이.

[수족] 물 속에서 사는 동물.

[과인] 임금이 자기를 겸손하게 일컫는 말.

44[천승] 제후諸候의 자리.

[하린즉] 나은즉.

45[방성] 이십팔수二十八宿의 하나.

[있는다] 있느냐?

46[적간] 죄인을 조사함.

[풍마우 불상급] 서로 멀어서 관계가 없다는 뜻.

9. 옛 시조 (3)

[김성기] 숙종 때 사람. 호는 조은釣隱, 또는 어은漁隱. 거문고, 비파, 통소에 정통하였음.

47[홍진] 번잡한 도시에 일어나는 먼지.

[죽장] 대지팡이.

[망혜] 짚신.

[서호] 서울의 서강, 마포 등지를 이른 말.

[노화] 갈대꽃.

○

[유숭] 숙종 25년에 급제, 뒤에 참판.

[물지거다] 한물 졌다.

[넋] 나무 뿌리가 얼킨 웅뎅이 진 곳.

[올라고야] 올랐구나.

[가자스라] 가자꾸나.

○

[윤두서] 숙종 때 진사. 호는 공재恭齋. 서화書畵로 유명함. (단 4001—?).

48[하는고야] 하는구나.

○

[이택] 숙종 때 병사兵使. (단 3985—4052).

48[감장새] 굴뚝새.

[대붕] 상상으로의 굉장히 큰 새.

[비조] 날짐승.

○

[주의식] 숙종 때 칠원漆原 현감. 호는 남곡南谷. 묵화와 노래로 유명함.

[저겨] 제기어. 뒤꿈치를 들어.

[따히] 땅이.

[마이] 매우.

○

[구지정] 숙종 때 목사牧使.

[소로기] 소리개.

[주리다] 배고프다고.

[부를쏘냐] 부러워할 것이냐.

[한가하야마는] 한가하면 그만이니.

○

[남구만] 숙종 때 영의정. 호는 약천藥泉. (단 4962—4044).

[노고지리] 종달새.

[우지진다] 울어 지저귄다.

[치는] 기르는.

[상기] 아직.

[사래] 이랑.

○

[김수장] 숙종 때 기성 서리騎省書吏. 호는 노가재老歌齋. 영조 39년 해동가요海東歌謠를 엮음. 노래로 유명함.

[찰하로] 차라리.

49[환욕] 벼슬 욕심.

[양짓결] 한 때의 권세權勢를 비유한 말.

○

[정두경] 현종 때 예조 참판. 호는 동명東溟. 이항복의 제자.

[슬카장] 실컷.

[거후르고] 거우르고.

[그지없다] 끝이 없다.

[어즈버] 감탄으로 부르는 소리.

[진ㅎ다] 다되었다고.

[달이조차] 달조차가.

[오노매라] 오는구나.

○

[적성군]

[일갠] 일찍이 갠.

[일거스라] 일어나거라.

[뫼헤] 산에.

[하마] 벌써.

[오늘란] 오늘을랑은.

[일것거] 일찍 꺾어.

○

[효종] 조선 조 17대 임금. 인조의 아들. 일찍 봉림대군鳳林大君으로서, 병자호란 때 청나라淸에 잡혀갔다가 8년 만에 돌아왔음. (단 3952—3992, 재위 3983—3992).

[듣는] 뚝뚝 떨어지는.

[긔] 그것이.

[우읍관대] 우습관데.

[만산 홍록] 온 산의 꽃과 잎들.

[휘드러] 뒤흔들어.

49[웃는고야] 웃는 구나.

[우을대로] 웃을 대로.

10. 흥부전興夫傳

지은이 모름. 착한 흥부가 사나운 형 놀부에게 쫓기어 나서 가난하게 살던 중, 땅에 떨어져 다리 부러진 제비 새끼를 구원해 주었더니, 이듬해에 제비가 보물 나오는 박의 씨를 물어다 주어 부자가 되고, 그후 가난하게 된 놀부를 도와준 내용의 소설. (통행본. 철자 수정).

50[지향] 지정한 방향.

[말집] 네모지게 지은 집.

[착고] 긴 나무토막 두 개를 각각 중등을 에어 죄인의 발목을 끼워 놓는 형구.

[회자수] 사형 집행을 맡은 병졸.

51[고초일] 날을 잘못 가려서 초목을 심으면 말라서 잘 되지 않는다는 날.

[당도리] 나무로 만든 큰 배.

[인경] 큰 종을 가리킨 속어. 저녁 이경 초에 스물 여덟 번 쳐서 통행을 금지하는 신호를 "인정

人定"이라 하는데, 시 속에서 "인경"으로 잘못 이르고 종의 명칭으로 부름.

[육관대사] 소설 구운몽九雲夢의 주인공인 양소유楊少遊의 전신前身이었던 성진性眞의 스승이라는 중.

[법고] 부처 앞에서 치는 북

[비단이 한 끼] 배고프게 되면 비단옷이라도 팔아서 한 끼를 먹는다는 속담.

[오금] 구리 십분과 금 일분과의 합금. 검은 자줏빛이 남.

[십성] 품질이 제일 좋은 황금.

[천은] 품질이 제일 좋은 은.

52[금패] 누르고 투명한 호박琥珀의 한 가지.

[사향] 궁노루 수컷의 배꼽. 향내가 썩 좋고 약에 귀중히 쓰임.

[용뇌] 용뇌수龍腦樹에서 나오는 진. 향료와 약으로 씀.

[선자추녀] 추녀 양옆에 휘움한 서까래들을 머리는 한데 대고 끝은 퍼져 부채 모양이 되게 하는 방식.

[말굽추녀] 서까래 머리를 말굽 모양으로 엇 잘라서 추녀 양옆에 띄엄띄엄 층지게 붙이는 방식.

[내외 분합] 대청과 마루에 각각 단. 분한문. 분합은 두 짝씩 양편으로 접어서 들어 열게 된 살창문.

[물림퇴] 기둥 밖으로 반간쯤 더 기둥을 세워서 놓은 마루.

52[살미] 기둥 위에 층층으로 짜서 내는 장식.

[살창] 문살을 촘촘히 짜서 만든 창문.

[가로닫이] 가로 여닫는 창문.

[말니 같은] 말의 잇발과 같이 굵고 튼튼한.

[열쇠같은] 열쇠와 같이 필요하고 살가운

[앵무같은] 앵무새와 같이 말 잘 알아듣는.

[우걱뿔이] 뿔이 안으로 욱어

굽은 소.

[자빡뿔이] 뿔 끝이 뒤로 틀어진 소.

[우걱지걱] 마소에 실림 짐에서 흔들려 나는 소리.

[담불담불] 여러 무더기 되게.

53[트집 바탈] 트집잡는 맘보.

54[예수] 손님을 만나 보는 인사 절차.

[영문] 군영軍營 있는 곳. 여기서는 큰 도시都市를 이른 말.

[차집] 반찬 만드는 일을 맡은 여자.

[별성] 임금의 특사.

[벙거지꾼] 전골 지지는 쇠남비.

[너비아니] 넓적넓적 저며서 양념하여 구운 쇠고기.

[수육] 삶아 익힌 쇠고기.

[장볶이] 육회를 버무리어 볶은 고추장.

[약포] 양념하여 말린 쇠고 기포.

[전복채] 전복을 잘게 썰어 녹말 묻혀 데친 어채.

[찬수] 반찬 재료.

55[당화기] 채색 그림을 넣어서 구운, 중국식 사기그릇.

[성이 말라] 끈기가 없어.

[수라] 임금께 올리는 밥.

[입시] 입매. 끼니 같지 않게 먹는 밥.

[제배] 나이와 신분이 서로 비슷한 사람.

[손도] 도덕적 죄를 지은 사람을 동네에서 쫓아냄.

11. 사씨남정기謝氏南征記

[김만중] 숙종 때 대제학. 호는 서포西浦. 병자호란 때 김익겸金益兼의 유복자遺腹子로 나서 어머니에게 지극한 효자. (단 3970—?). 숙종 15년에 귀양살이로 영해領海에 가 있으면서 소설 구운몽九雲夢을 지어 어머니께 보냈고, 또 이 소설도 지었는데, 모두 그 뒤에 그 종손 김춘택金春澤이 한문으로 번역한 바 있음.

56[유한림] 명나라(明) 가정嘉靖 때 유연수劉延秀란 가상 인물. 15세에 급제及第하여, 한림학사翰林學士가 되었다 함.

56[공] 유 한림의 아버지. 벼슬은 이부시랑吏部侍郎.

[기리면] 칭찬하면.

[헐면] 헐뜯으면.

[노야] 높은 벼슬한 이를 부르는 말.

[요조한] 얌전한.

57[대간] 명나라(明) 급사중給事中 벼슬의 별칭.

[적소] 귀양간 곳.

[결친] 친사親査 관계를 맺음.

[희한하오니] 썩 드무오니.

[왕공 재열] 왕과 공과 재상의 반열班列.

[정정 유한] 지조가 곧고 행동이 조용함.

[일정] 반드시. 과연.

[필법] 글씨 쓴 본새.

[남해관음] 남해 보타락補陀洛산에 산다는 관음보살.

58[오도자] 당 현종唐玄宗 때 유명한 화가. 특히 불상佛像을 잘 그렸음.

[우화암] 암자 이름.

[시주] 절에 재물을 기증함.

[관음 찬] 관음 보살을 찬송하는 글.

59[보시] 자기의 것을 남에게 은혜로 줌을 불가佛家에서 이르는 말.

[불비지혜] 자기의 손해 없이 남에게 주는 은혜.

[천문] 천금千金, 곧 큰 돈.

[산문] 절.

[칠보] 금金, 은銀, 유리琉璃, 차거硨磲, 마뇌瑪瑙, 호박琥珀, 산호珊瑚.

[연보] 아름다운 여자의 걸음걸이.

[쇄락] 명랑하고 깨끗함.

61[포자] 보물을 싼 보.

[족자] 그림같은 것을 그리어 벽에 걸게 된 비단 폭.

[영락] 구슬을 꿰어 목에 거는

장식.

[빠혀] 빼어.

12. 옛 시조 (4)

[송시열] 효종 때 좌의정. 호는 우암尤庵, 유학儒學의 대가大家. (단 3940—4022).

62[혜오시매] 헤아려 주오시매.

[뉘손대] 누구에게.

[믜시던] 미워하시던.

[붙침] 다음의 "청산도 절로절로" 시조는 김인후金麟厚의 지음이라고도 함.

○

[강백년] 현종顯宗때 판중추判中樞. 호는 설봉雪峰. (단 3936—4014).

62[청춘] 젊은 시절.

[양자] 모양과 몸매.

[임으뢰야] 임으로 하여. 임 때문에.

[고대] 지금 곧.

○

[이명한] 인조 때 예조 판서. 호는 백주白洲. 이정귀李廷龜의 아들. (단 3928—3978).

[초원 장제] 멀리 뵈는 긴 둑.

[객창] 객지의 방.

[잔등] 침침해 가는 등불.

○

[윤선도] 효종의 스승. 호는 고산孤山. 시조 저작의 대가. (단 3920—4004).

[뫼흘] 산을.

[우음] 웃음.

[아녀도] 아니하여도.

[못내] 잊지 못하고 늘.

○

63[월출산] 전라남도 영암靈巖에 있는 명산.

[천왕] 월출산의 제일 높은 봉우리.

[가리와다] 가리웠다.

○

[김광욱] 효종 때 우참찬. 호는 죽소竹所. (단 3913—3989).

[질가마] 질흙으로 구운 가마.

[좋이] 깨끗이. 조촐하게.

[절이지] 절이김치.

○

[김덕령] 선조 때 의병義兵 대장. 정여립鄭汝立의 옥獄에 몰리어 죽음. (단 3901—3929). 이 시조는 옥중에서 지었음.

[뫼] 메.

[내] 연기.

○

[장만] 인조 때 도원수都元帥. 호는 낙서洛西. (단 3899—3962).

[구절 양장] 꼬불꼬불하여 양의 창자 같은 산길.

[물도곤] 물보다.

[어려웨라] 어렵구나.

[이 후란] 이 될랑은.

○

[신흠] 인조 때 영의정. 호는 상촌象村. (단 3899—3961).

[해오랍이] 해오라기야.

[무스 일] 무슨 일로.

[있는다] 있느냐.

[여어] 엿보아.

[무슴 하려는다] 무엇을 하려느냐?

[잊어신들] 잊고 있은들.

○

[박인로] 인조 때 부호군副護軍. 호는 노계蘆溪. 가사歌詞 작가. (단 3894—3975). 단기 3934년 9월에 정승 이덕형李德馨의 집 잔치에 가서 조홍감을 받고, 돌아간 어버이를 생각하여 이 시조를 지었음.

64[반중] 쟁반에 담은.

[조홍감] 감의 한 가지. 일찌기 붉고 맛이 닮.

[보이나다] 보이는구나.

[품엄즉하다] 품을 만하다.

후한後漢때 육직陸績이 이렸을 제, 원술袁述의 집에서 귤을 먹지 않고 품고 돌아가 어머니에게 드린 일이 있음.

[없을쌔] 없으므로.

[글로] 그 때문으로.

○

[김상용] 인조 때 우의정. 호는 선원仙源. 병자호란丙子胡亂에 순절함. (단 3894—3970)

[듣는] 뚝뚝 떡어지는.

[하니] 많으니.

[수성] 근심을 일으키는 소리.

13. 홍길동전洪吉童傳

[허균] 광해군 때 참찬參贊. 호는 교산蛟山. 일찍이 시詩와 문장으로 한 때 독판을 쳤었는데, 성질이 경박하고 괴상하다 하여 선비들의 배척을 받고, 당시의 세태에 불평을 품어 의옥疑獄을 일으키려고 인심을 미혹ㅎ게 하다가 잡혀 죽었음. 이 홍길동전은, 그가 중국 소설 수호지水湖志를 탐독耽讀하는 중에 지은 우리 글로의 최초인 소설인데, 재상가의 천첩 소생으로 학대虐待 받던 홍 길동이 세력 없는 백성들을 학대 착취한 권력층의 재물을 빼앗아 불쌍한 백성들을 구조한 내용의 소설임.

66[백] 옛날 중국 사람들이 서로 맹세할 때 흔히 흰 말을 잡아 그 피를 입 가에 바르는 준례가 있음.

[활빈당] "가난한 사람을 구제하여 살리는 단체"라는 뜻.

67[초인] 짚으로 만든 인형.

[진언] 신통력神通力을 부린다는 불경佛經의 글귀.

[난만히 수작하니] 충분히 의논하니.

[친국] 임금이 친히 국문함.

[일편 지한] 한 조각 지극한 원한.

68[준민고택] 백성의 피땀으로 된 재물을 착취함.

[정사오되] 황송하오나.

[관자] 관문關文. 상관이 하관에게 보내는 공문.

[행관] 관문關文을 보냄.

[요인] 요술장이.

[교지] 높은 벼슬의 사령서.

[제수] 임금이 임명함.

[초헌] 옛날 높은 관리가 타는 수레.

[도부수] 칼과 도끼를 쓰는 군사.

68[매복] 적의 지나갈 길목에 미리 숨어 기다림.

69[솟오아] 솟구어.

[희한하도다] 드물도다.

[작폐] 폐해를 일으킴.

14. 태평사太平詞

[박인로] 인조 때 시인詩人. 고향 경상도 영양英陽에서 글공부하다가 임진왜란 때 강좌 절도사江左節度使 성윤문成允文의 막하에 들어가 선조 31년에 부산釜山 해전海戰에서 왜적倭賊을 물리치고 이 노래를 지었음. (단 3894—3975). 본문 노계가집(蘆溪歌集, 光武板)에 의함.

69[나라히] 나라가.

[편소偏小] 한 쪽으로 치우쳐 있고 면적이 작음.

[해동海東] 황해黃海 동쪽.

[ㅂ·려셔도] 멀리 떨어져 있어도.

[기자箕子] 본디 중국 은나라殷의 왕족王族으로서, 은나라가 망하매 조선으로 와서 어진 정치를 베풀었다 함.

[유풍遺風] 남아 있는 덕화.

[의관문물衣冠文物] 나라의 풍속과 문화.

[도이島夷] 동쪽 섬에 사는 오랑캐.

[뫼두곤] 산山보다.

[웅도거읍雄都巨邑] 큰 도시와 큰 골.

[시호굴豺狐窟] 승냥이와 여우의 굴. 곧 "왜적의 소굴"이란 뜻.

[옥련玉輦] 임금의 수레.

[촉중蜀中] 촉蜀은 중국 사천성四川省지방의 옛 이름인데, 당 현종唐玄宗이 안록산安祿山의 난에 피란하였던 일이 있음. 여기서는 선조대왕이 피란 간 평안도를 가리킴.

[뵈와드니] 재촉하여 들어가니.

[열위써니] 엷었더니.

70[신무神武] 신성하고 무덕이 있음.

[일노一怒] 한번 성냄. 주나라周 무왕武王이 은나라殷를 친 일에 대하여 "일로이안천하一怒而安

天下"란 말이 맹자에 있음.

[군흉群凶] 평양平壤에 머물러 있던 왜장倭將들.

[버히고] 목을 베고

[풍구남하風驅南下] 바람처럼 남쪽으로 휘몰아 내려옴.

[해구海口] 남쪽 바다 어귀.

[궁구窮寇를 물박勿迫ᄒᆞ야] 막다른 골에 빠진 적을 너무 급히 쫓지 말기로 하여.

[강좌일대江左一帶] 낙동강 동쪽 지방.

[물이] 무리가.

[무후룡武候龍] 제갈량諸葛亮. 여기서는 성윤문成允文을 가리킴.

[오덕五德] 장수將帥가 가질 다섯가지 덕. 손자孫子 병법兵法에 말한 지智, 신信, 인仁, 용勇, 엄嚴.

70[엽구獵狗] 사냥개. 여기서는 장수將帥의 지휘에 충성으로 복종하는 군사.

[되야써가] 되었다가.

[후설喉舌] 목구멍과 혀. 곧 "구변口辯"이란 뜻이니, 여기서는 명나라(明) 심유경沈惟敬의 조정調停을 말함.

[섯겨시니] 섞이었으니.

[염방炎方] 남쪽 지방.

[초안稍安] 좀 편안함.

[황조皇朝] 명나라(明)를 가리킴.

[대풍大風] 임진왜란 끝의 정유재요丁酉再擾를 가리킴.

[이니] 일어나니.

[정기폐공旌旗蔽空] 깃발들이 하늘을 덮음.

[띄엿ᄂᆞᆫ ᄃᆞᆺ] 뜨게 하였는 듯.

[병방兵房] 병사兵事에 관한 일을 맡은 관아.

[어영대장御營大將] 어영청御營廳의 우두머리 벼슬.

[즈치ᄂᆞᆫ ᄃᆞᆺ] 쏟치는 듯.

[청정清正] 왜장倭將 가등 청정加藤清正.

[소수두小豎頭] 아이놈의 대가리.

[위수爲祟] 탈이 됨.

[져근덧] 잠시 동안.

[분궤奔潰] 달아나 헤어짐.

[말년계고] 말까보구나.

[굴혈窟穴] 적진敵陣을 가리킨 말.

[구어보니] 굽어보니.

[구든 덧도] 튼튼한 듯도.

[유패회신有敗灰燼] 싸움에 패하여 불에 타 버림.

[부재험不在險] 싸움의 승패勝敗는 지리적地理的 조건에 있는 것이 아니라, 덕에 있음을 뜻한 말.

[상제上帝] 명나라(明) 신종神宗 황제를 가리킴.

[오왕吾王] 선조대왕을 가리킨 말.

[패택沛澤] 흡족한 은택.

71[천주활적天誅猾賊] 하늘이 교활하고 악한 놈을 벌줌.

[해부제파海不提波] 바다에 풍파가 일어나지 아니함. 성군聖君이 있어서 나라가 태평함을 말함.

[무상無狀훈] 변변ㅎ지 못한. 아무 공적功績도 없는.

[감사심敢死心] 죽기를 두려워하지 않는 마음.

[칠재七載] 일곱 해.

[보완디고] 보았구나.

[투병식과投兵息戈] 병기兵器를 던지고 창槍을 멈춤. 곧 싸움을 그침.

[세류영細柳營] 군령軍令이 엄숙한 군영軍營을 이른 말.

세류細柳는 중국 섬서성陝西省에 있는 지명으로서 한나라(漢) 주아부周兒夫가 그곳에 주둔駐屯하여 군령이 엄숙하였음.

71[대평소大平簫] 나발喇叭.

[솔의예] 소리에.

[고각鼓角] 북과 나발.

[수궁水宮] 물속의 세계.

[용기龍旗] 용을 그린 기.

[언건偃蹇] 높이 굼틀거려 휘날림.

[더욱ㅎ내] 더욱이나.

[양궁거시揚弓擧矢] 활과 화살을 높이 듦.

[개가凱歌] 승리의 노래.

[쟁창환성爭唱歡聲] 서로 다투어 부르는 기쁨의 소리.

[얼히ᄂᆞ다] "얼의ᄂᆞ다"("어리는도다"의 뜻)인 듯?

[삼척상인三尺霜刃] 서릿발 같은 긴 칼.

[앙이장소仰而長嘯] 얼굴을 들어 길게 휘파람을 붊.

[천보용광天寶龍光] 천보天寶는 천연의 보배, 용광龍光은 용천검龍泉劍의 광채. 여기서는 보검寶劍을 이르는 말.

[두우간斗牛間] 이십팔 수二十八宿중의 두성斗星과 우성牛星사이.

[소이ᄂᆞ디] 쏘치는도다.

[수지무지手之舞之 족지도지足之蹈之] 손으로 춤추고 발로 우줄거려.

[가칠덕歌七德 무칠덕舞七德] 시詩의 칠덕으로 노래하고, 무武의 칠덕으로 춤을 춤. 시의 칠덕은 식리識理, 고고高古, 전려典麗, 풍류風流, 정신精神, 질간質幹, 체재體裁요, 무의 칠덕은 금포禁暴, 즙병戢兵, 보대保大, 정공定功, 안민安民, 화중和衆, 풍재豊財임. 당태종唐太宗이 무칠덕武七德으로 무곡舞曲을 만들었으니, 칠덕무七德舞 또는 진왕파진악秦王破陣樂이라 함.

[화산華山] 중국 오악五嶽의 하나로, 섬서성陝西省 화음華陰 남쪽에 있음. 주무왕周武王이 천하를 평정한 뒤에 말을 화산 남쪽에 놓았다 함.

[천산天山] 중국 신강성新疆省에 있는 높은 산.

72[어ᄂᆡ 적고] 어느 때인고.

[희황羲皇] 중국 태고 때 성군聖君인, 태호복희 씨太昊伏羲 氏를 일컫는 말.

[천무음우天無淫雨] 하늘에서 몹쓸 장맛비가 내리지 않음. 곧 시절이 태평함.

[처처구학處處溝壑] 이곳저곳 살기에 좋지 못한 궁벽한 골짜기.

[노리老羸드리] 늙고 파리한 사람들이.

[동풍신연東風新燕] 봄바람에 새로 나온 제비.

[구소舊巢] 옛 보금자리.

[수구초심首丘初心] 고향을 향하여 머리 두르는 마음. 여우가 죽을 때 머리를 저의 살던 굴로 향한 다는 말로, 죽어서라도 고향 땅에 가서 묻히고 싶은 마음의 비유.

72[원거원처爰居爰處] 여기에 살고 여기에 거처함.

[혈유생령孑遺生靈] 고녹하게 살아남아 있는 목숨.

[오륜五倫] 인간의 다섯 가지 윤리. 곧 부자간의 친밀, 군신간의 의리, 부부간의 분별, 장유간의 질서, 붕우간의 신의.

[발켜ᄉᆞ라] 밝히세그려.

[교훈생취敎訓生聚] 백성을 가르치며, 인구를 늘리고, 재물을 모음. 월왕越王 구천勾踐이 십 년 생취하고 십 년 교훈하였다함에서 따온 말.

[닐어 가랴] 일어나 가랴. 곧 국운國運이 잘 홍왕해질 것을 말함.

[천운순환天運循環] 천지 운수가 돌고 돎.

[우아방국佑我邦國] 우리나라를 도움.

[눌리소셔] 누리게 하소서.

[당우천지唐虞天地] 요순堯舜 세계.

[삼대三代] 중국의 옛날 왕도王道 정치가 밝았던 하夏, 은殷, 주周의 삼대三代.

[어만사년於萬斯年] 아, 몇 만 년 가도록.

[병혁兵革] 병장기와 갑옷. 곧 전쟁의 일을 말함.

[경전착정耕田鑿井] 밭을 갈고 우물을 팜.

[격양가擊壤賈] 격양은 중국 상고上古 때 민간 유희遊戲의 한 가지인데, 격양가는 당요唐堯 때에 늙은 농부가 태평한 생활을

즐거워하여 그 유희를 하면서 부르던 노래이니, "일출이작 일입이식 경정이음 경전이식 제력하유어아재日出而作 日入而息 鑿井而飮 耕田而食 帝力何有於我哉"라고 한 것임.

[뫼옵고] 모시옵고.

[동락태평同樂太平] 함께 태평을 즐김.

15. 옛 시조 (5)

[이항복] 선조 때 영의정. 호는 백사白沙 (단 3889—3951). 광해군이 계모 인목대비仁穆大妃를 폐하려 하매, 상소上疏하여 말리다가 북청北靑으로 귀양가게 되어 이 노래를 읊었음.

73[철령] 강원도와 함경남도 사이에 있는 큰 재.

[고신] 임금의 옆을 쓸쓸히 떠나는 신하.

[띠어다가] 가져다가.

[구중 궁궐] 여러 겹의 대문 안에 있는 깊은 대궐.

○

[조존성] 선조 때 지돈령知敦寧. 호는 용호龍湖. (단 3887—3965).

73[되롱] 도롱이.

[찰화] 차리어라.

[동간] 동쪽 시내.

[지거다] 내리었다.

○

[선조] 조선 조 열넷째 임금. (단 3885—3941. 재위 3901—3941). 고향에 돌아가는 노진盧禛에게 이 시조를 지어 주었음.

[슳어하노라] 슬퍼하노라.

○

[임제] 선조 때 예조정랑禮曹正郞. 호는 백호白湖. (단 3882—3920).

[한우가] 한우라는 기생에게 지어 준 노래.

[북천] 북쪽 하늘.

[우장] 비 맞지 않게 차린 복장.

[찬 비 맞았으니] 기생"한우"를 맞았다는 뜻으로 쓴 말.

○

[이원익] 인조仁祖 때 영의정. 호

는 오리梧里. 광해주光海主때 영의정으로, 폐모廢母에 반대하여 홍천洪川으로 귀양갔다가 인조반정仁祖反正 후에 다시 영의정으로 왔음. (단 3880—3967).

74[녹양] 푸른 수양버들.

[탐화 봉접] 꽃을 찾는 벌과 나비.

○

[이순신] 선조 때 통제사統制使. 시호諡號는 충무공忠武公. 임진왜란 때 거북선을 지었으며, 큰 공을 세우고, 한산도閑山島에서 순절殉節하였음. (단 3878—3931).

[한산섬] 경상남도 통영統營 앞 바다에 있는 섬.

[수루] 변방에서 적군敵軍을 지키는 누각樓閣.

[호가] 날라리.

○

[서익] 선조 때 목사牧使. 호는 만죽정萬竹亭. (단 3875—3920).

[녹초] 봄의 푸른 풀.

[청강상] 비 갠 뒤의 강 언덕.

[구레] 굴레.

○

[정철] 선조 때 영의정. 호는 송강松江. 가사歌詞 작가로 유명함. (단 3869—3926).

[대] 흙이나 돌로 된 높은 곳.

[지어] 떨어져.

[헌수] 술잔을 드리어 오래 살기를 축수함.

○

[일리던] 일렁거리던 물에 곡식 알을 일듯이 흔듦을 당하던.

[어드러로] 어디로.

[미흘기든] 힘히기든. 뭉클 뭉클 하거든.

74[날 줄 어찌] 어찌 나갈 것 인가.

○

[데온] 데운. 데친.

[고기도곤] 고기보다.

[초옥] 초가집.

[줄이] 것이.

[긔] 그것이.

[분] 분수. 본분.

[다만당] 다만.

[계워] 겨워. 못이기어.

○

75[버혀] 베어,

[맹글고져] 만들고 싶어.

[이셔] 있어.

[고온] 고운.

○

[곶] 꽃.

[것거] 꺾어.

[후제야] 후때에야.

16. 續美人曲(속미인곡)

[정철] 선조 때 영의정. 호는 송강松江. 가사의 대가. (단 3869—3926). 늙게 전라도 창평昌平에 있을 때 임금을 그리어 사미인곡을 짓고, 다시 이 노래를 지었음. 원문 송강가사松江歌辭, 이선본李選本에 의함.

75[뎨] 저기.

[뎌 각시] 저 젊은 여인.

[ᄒᆞ뎌이고] 하구나.

[백옥경白玉京] 옥황상제玉皇上帝가 있다는 서울.

[네여이고] 네로구나.

[괴얌즉] 사랑함직.

[이릐야] "미틔媚態야"("아양이라"의 뜻)인 듯?

[교틔야] 어리광이라.

[어ᄌᆞ러이] 어지럽게. 난잡하게.

[구돗썬디] 굴었던지.

[혜어ᄒᆞ니] 헤아려 보니.

[빠혀시니] 쌓였으니.

76[플텨혜니] 풀어 헤아리니.

[조물] 조물주造物主. 곧 만물을 만들어 낸 신神.

[글란] 그것을랑은.

[미친 일이 이셔이다] 마음 속에 맺힌 일이 있소이다.

[춘한고열春寒苦熱] 봄 추위와 여름 더위.

[뫼] 메. 궁중宮中에서 "밥"을 일컫는 말.

[셰시ᄂᆞᆫ가] 잡수시는가.

[님다히] 임 계신 곳의.

[아므려나] 아무려하거나.

[어둥경 된뎌이고] 어리둥절하여지는구나.

[강천江天의] 툭 터진 강 가에.

[밤듕만] 밤중쯤.

[반벽청등半壁青燈] 벽에 걸린 고요한 등불.

77[헤쓰며] 헤대며. 헤매며.

[바자니니] 바장이니. 시름없이 오락가락 거니니.

[져근덧] 잠간 사이. 어느 새에.

[녁진ᄒᆞ여] 기운이 지쳐서.

[늘거셰라] 늙었구나.

[슬ᄏᆞ장] 싫도록.

[삷쟈ᄒᆞ니] 시뢰지 히니.

[바라] 바로.

[목이조차] 목조차.

[메여ᄒᆞ니] 메었네그려.

[오뎐된 雞聲의] 방정맞은 닭의 소리에.

[ᄭᆡ돗던고] 깨었던고.

[결의] 그 결에. 잠깬 김에.

[싀여디여] 죽어져서.

[돌이야ᄏᆞ니와] 달은커녕.

17. 사미인곡思美人曲

("속 미인 곡"의 해설을 보라).

77[삼기실제] 생겨날 적에.

[님을 조차] 임금님을 따를 운명으로.

[졈어 잇고] 젊어 있고.

[괴시니] 사랑하시니.

[견졸 ᄃᆡ] 비할 데.

[노여] "ᄂᆞ외야"의 준말. 다시야.

78[원願하요ᄃᆡ] 원하오되.

[ᄒᆞᆫᄃᆡ 녀쟈] 한데 가자. 함께 지내자.

[늙기야] 늙어서야.

[므ᄉᆞᆫ] 무슨.

[외오] 멀리 외따로.

[광한전廣寒殿] 달 속에 있다는 궁전. 여기서는 서울을 뜻함.

[그더ᄃᆡ] 그새에.

[하계下界예 ᄂᆞ려오니] 속세俗世에 내려왔느냐.

[얼킈연 ᄃᆡ] 헝클어진 지가.

[고이] 곱게.

[ᄆᆞᄋᆞᆷ의 ᄆᆡ친 실음] 마음에 맺

힌 시름.

[시ᄅᆞᆷ도 그지업다] 시름도 끝이 없다.

[염량炎凉] 더위와 추위. 곧 기후.

[가ᄂᆞᆫ ᄃᆞᆺ 고텨 오니] 갔다가 곧 다시 오니.

[하도 할샤] 많기도 많구나.

[픠여셰라] 피어 있구나.

[ᄀᆞ득] 가뜩이나.

[ᄃᆞᆯ이조차] 달조차.

[벼마ᄐᆡ] 베개 머리밭에.

[보내오져] 보내고저.

[나위羅幃] 깁으로 만든 포장.

[수막繡幕] 수놓은 장막.

[부용芙蓉] 연꽃을 그린 방장.

[공작孔雀] 공작을 그린 병풍.

[한ᄃᆡ] 많은데.

[기돗던고] 길었던고.

79[원앙금鴛鴦錦] 원앙을 수놓은 비단.

[버혀 노코] 베어 놓고. 재단하여 놓고.

[금자ᄒᆡ] 금으로 만든 자에.

[견화 이셔] 겨누어 가지고. 재어 가지고.

[수품手品은ᄏᆞ니와] 솜씨는 물론이어니와.

[ᄀᆞᄌᆞᆯ시고] 갖을씨고. 갖았네그려.

[산호수珊瑚樹 지게 우ᄒᆡ] 가지돋친 산호로 만든 지게 위에.

[머흐도 머흘시고] 험하기도 험하구료.

[니거든 여러 두고] 가거든 백옥함을 열어 놓고.

[서리김의] 서릿 기운에.

[우러 녤 제] 울고 갈 적에.

[위루危樓] 높다란 누각.

[수정염水晶簾] 수정으로 꾸민 발.

[거든 말이] 걷고 하는 말이.

[쥐여] 움켜 잡아.

[봉황루鳳凰樓] 임 계신 곳을 이른 말.

[팔황八荒] 한없는 팔방八方.

[점낫] 대낮.

[폐한閉寒ᄒᆞ야] 겨울에 얼어서

생기가 막히어.

[소상남반瀟湘南畔] 소상 강瀟湘江 남쪽 지방. 여기서는 따뜻한 지방인 전라도를 뜻한 말.

[치오미] 추움이.

[옥루玉樓] 옥황상제가 계시다는 백옥루. 여기서는 임금 계신 곳.

[양춘陽春을 부처 내여] 따뜻한 봄바람을 호호 불어 보내어.

[모첨茅簷] 초가집 처마.

[니믜ᄎᆞ고] 여미어 올리고.

[수죽脩竹] 밋밋하게 서 있는 대숲.

[혬가림] 셈속을 분별한 일.

80[다ᄅᆞᆫ ᄒᆡ] 짧은 해.

[수이] 쉽게.

[고초 안자] 꼿꼿하게 앉아.

[전공후鈿箜篌] 자개 장식한 "공후"라는 현악기絃樂器.

[틱 밧고 비겨시니] 턱을 받치고 비스듬히 누웠으니.

[앙금鴦衾] 원앙을 수놓은, 부부간에 덮는 이불.

[쎄텨시니] 궤뜨리어져 있으니.

[편작扁鵲] 중국 전국시대戰國時代의 명의名醫.

[싀여디여] 죽어져서.

[곳나모] 꽃나무.

[안니다가] 앉고 앉고 하다가.

[오ᄉᆡ] 옷에.

18. 옛 시조 (6)

[이이] 선조 때 찬성贊成. 호는 율곡栗谷. 유학儒學 대가大家. (단 3869—3917).

80[고산구곡] 율곡이 황해도 감사 때, 해주海州 수양산首陽山 속의 고산 아래 구곡담九曲潭이란 못 가에 집을 짓고 강학講學하면서 아홉 수로 지은 시조.

80[이곡] 구곡담 아홉 굽이로 흐르는 물의 둘째 굽이.

[어드메오] 어디인고.

[화암] 바위 이름.

[춘만ᄒᆞ거다] 봄이 늦었다.

[벽파] 푸른 물결.

[곳을] 꽃을

[야외로] 들 밖으로.

[승지] 경치 좋은 곳.

○

[성혼] 선조 때 좌참찬左參贊. 호는 우계牛溪 (단 3868—3931).

81[태] 꾸밈새.

[분별] 근심. 걱정. 우환憂患.

○

[이양원] 선조 때 영의정. 호는 노저鷺渚. 임진왜란에 임금이 의주義州로 나간 뒤 유도대장留都大將으로 서울에 있을 때, 임금이 명나라(明)로 가려고 요동遼東으로 갔다는 헛소문을 듣고 피를 토하고 죽었음. (단 3860—3920).

[낡에] 나무에.

[올여] 올려.

[말으되야] 말려무나.

○

[홍낭] 선조 때 함경도 경성鏡城 기생. 선조 7년에 일년 동안 모시었던 북도평사北道評事 최경창崔慶昌이 서울로 돌아갈 때, 배웅갔다 오는 도중에서 이 시조를 지어 보냈음.

[묏버들] 산버들.

[갈해] 가리어.

[것거] 꺾어.

[임의 손대] 임에게.

[자시는] 주무시는.

[심거] 심어.

[잎곧] 잎만.

[날인가도 너기소서] 나인가도 여기소서.

○

[이계생] 선조 때 부안扶安기생. 호는 매창梅窓. 거문고, 노래, 한시漢詩를 잘 하였음. 오래 사귀던 유희경劉希慶이 서울로 간 뒤 소식이 없으므로, 이 노래를 짓고 수절하였음.

[이화우] 비처럼 떨어지는 배꽃.

○

[한우] 선조 때 기생. 이 시조는 임제林悌의 한우가寒雨歌를 화답한 것.

[무스 일] 무슨 일로

[원앙침] 원앙을 수놓은 베개.
[비취금] 새파란 이볼.

○

[황진이] 선조 때 개성 명기. 기명妓名은 명월明月. 시조에 능함.
[청산리] 산 속.
[벽계수] 푸른 시냇물.
[수이] 쉬이. 빨리.
[일도창해하면] 한번 푸른 바다에 가면.
[어려오니] 어려우니라.
[만공산] 빈 산에 가득함.
81[수여] 쉬어.

○

82[정이] 정이라. 뜻이라.
[변할쏜가] 변할 것인가.
[울어 녀어] 울어 가면서. 연해 울면서.

○

[한 허리] 중툭의 한 동강.
[버혀] 베어.
[춘풍 이불] 포근한 봄바람 같은 이불.
[얼온 임] 정든 임. 사괴온 임.

○

[어져] 감탄으로 부르는 소리.
[그릴] 그리워질.
[모르던가] 몰랐던가.
[이시라] 있으라고.
[가랴마는 제 구태여] 제 구태여 가랴마는.

○

[노진] 선조 때 이조 판서. 호는 옥계玉溪. (단 3851—3911).
[만수산가] 궁중 잔치 때 축수祝壽한 노래.
[만수산] 오래 삶을 뜻하는 가상적의 신.
[만수동] 오래 삶을 뜻하는 가상적의 골짜기.
[만수천] 오래 삶을 뜻하는 가상적인 샘물.
[만수주] 오래 삶을 뜻하는 술.
[만수무강] 수명의 길이가 한이 없음.

○

[유희춘] 선조 때 부제학副提學. 호는 미암眉岩. 중종 33년에 문과文

科에 급제하고 선조 원년에 왕명으로 유선록儒先錄을 지었음. 전라 감사로 전주에 있을 때 왕명으로 내려온 박 순朴淳에게 이 시조를 지어 바쳤음.

[헌근가] 미나리를 드리는 노래.

[펄기] 포기.

[싯우이다] 씻소이다.

[언대 아니아] 다른 데 아니라.

[받자오이다] 바치옵니다.

[십어] 씹어.

19. 關東別曲(관동별곡)

선조 13년, 정철鄭澈 45세에 강원도 관찰사觀察使로 있을 때 지음. (속미인곡 해설 참고).

83[강호江湖애 병病이 깁퍼] 한가한 시골의 취미에 고질이 되어.

[죽림竹林의] 대숲 있는 고향에.

[관동關東 팔백리八百里에] 지방이 팔백 리 되는 강원도에.

[방면方面을 맛디시니] 지방 행정을 맡기시니.

[성은聖恩이야] 임금의 은혜야 말로.

[가디록 망극罔極ᄒᆞ다] 갈수록 그지없다.

83[연추문延秋門] 경복궁景福宮의 서쪽 문. 영추문迎秋門이라고도 함. 동문은 건춘문建春門, 남문은 광화문光化門, 북문은 신무문神武門이라 함.

[드리ᄃᆞ래] 달리어 들어가.

[경회남문慶會南門] 경회루慶會樓와 남대문南大門.

[하직下直고] 하직하고. 작별인사를 드리고.

[옥절玉節] 옥으로 만들어 임금이 신표信標로 준 패牌의 한 가지.

[알핀 셧다] 앞에 받들고 섰다.

[평구역平丘驛] 양주楊州의 동쪽 70리, 춘천과 원주로 갈려 가는 길목의 역.

[몰을 ᄀᆞ라] 말을 갈아 타고.

[흑수黑水] 여주驪州에 있는 지금의 여강驪江.

[섬강蟾江] 원주原州의 서쪽 50리에 있는 강.

[치악雉岳] 원주 동쪽 25리에 있는 강.

[소양강昭陽江] 춘천 동쪽 5리에 있는 강.

[ᄂᆞ린 믈이] 내리는 물이.

[고신孤臣 거국去國에] 외로운 신하가 서울을 떠날 제.

[하도 할샤] 많기도 많구나.

[동주東州] 철원鐵原의 옛 이름. ("동"는 "동쥬의").

[북관정北寬亭] 철원 북쪽에 있었던 정자.

[올나ᄒᆞ니] 올라 보니.

[ᄒᆞ마면] 조금만하면. 웬만하면.

[궁왕弓王] 태봉국泰封國을 세웠던 궁예弓裔라는 임금.

[아ᄂᆞᆫ다 몰ᄋᆞᄂᆞᆫ다] 아느냐 모르느냐.

[회양淮陽] 강원도에 있는 골 이름. 옛날 중국에도 "회양"이란 이름의 골이 있었음.

[마초아] 꼭 맞게. 마침 공교롭게.

[ᄀᆞ틀시고] 같구나그려.

[급장유汲長孺] 한나라漢 무제武帝때 회양 태수淮陽太守로 정사를 잘 한 사람. 이름은 암黯이요, 자字가 "장유長孺"임.

[풍채風彩] 위풍 있는 몸맵시.

[고텨 아니 볼게이고] (나한테서) 다시 볼 것이 아닌가.

[영중營中] 회양부淮陽府 안.

[화천花川] 회양 동쪽에 있는 골 이름.

[풍익楓岳] "금강산"을 운치 있게 일컫는 별명. 금강산은 경우에 따라 ①금강, ②개골皆骨, ③열반涅槃, ④풍악, ⑤지달怾怛 들의 명칭으로 불림. 또 사철로 구별하여 부를 때는 봄에 금강, 여름에 지달怾怛, 가을에 풍악, 겨울에 개골皆骨이라 한다고 함.

83[썰티고] 떨어 버리고.

[석경石逕] 돌이 많은 좁은 길.

[백천동百川洞] 장안사長安寺에서 동쪽 오른편으로 옥경대玉鏡臺 명경대明鏡臺로 들어가는 골안. 옛날 신라 왕자가 은거隱居하였다는 곳.

[만폭동萬瀑洞] 표훈사表訓寺로부터 보덕굴普德窟로 올라가는 골짜기.

[초리] 꼬리.

84[섯돌며] 섞여 돌며.

[ᄌᆞ자시니] 퍼졌으니. 깔렸으니.

[금강대金剛臺] 표훈사表訓寺 북쪽에 석벽으로 된 대.

[선학仙鶴이 삿기 치니] 신선 같은 학이 새끼를 기르니.

[ᄭᆡ돗던디] 깨었던지.

[호의현상縞衣玄裳] 온 몸이 희고 날개 끝과 꼬리 끝이 검은 그 아름다운 학.

[소소ᄠᅳ니] 솟아 뜨니.

[서호西湖 녯 주인主人] 중국 절강성浙江省 서호라는 호수 가에서 학을 아들처럼 사랑하여 기르던 주인인 임포林逋라는 사람.

[넘노ᄂᆞᆫ] 넘나들며 노는.

[소향로小香爐 대향로大香爐] 향로 모양으로 생긴 작고 큰 두 봉우리 이름.

[정양사正陽寺] 표훈사 북쪽에 있는 절.

[진헐대眞歇臺] 정양사 뒤에 있는 대.

[안ᄌᆞᆫ 말이] 앉아서 하는 말이.

[여산廬山] 중국 강서성江西省에 있는 경치 좋은 산.

[진면목眞面目] 생긴 그대로의 모습.

[조화옹造化翁] 우주 만물을 만들어 내는 조화를 부르는 신神.

[헌ᄉᆞ토 헌ᄉᆞ홀샤] 야단스럽기도 야단스러워라. 부산하 기도 부산하여라.

[마나] 말거나.

[믓것ᄂᆞᆫ ᄃᆞᆺ] 묶었는 듯.

[동명東溟을 박ᄎᆞᄂᆞᆫ ᄃᆞᆺ] 동해 바다를 차서 밀어 내는 듯.

[북극北極을 괴왓ᄂᆞᆫ ᄃᆞᆺ] 북극성北極星을 떠받쳐 괴고 있는 듯.

[망고대望高臺] 금강산의 동쪽 봉우리 이름.

[혈망봉穴望峰] 봉우리 이름.

[추미러] 치밀어.

[므ᄉᆞ] 무슨.

[ᄉᆞ로리라] 사뢰려고.

[천만겁千萬劫] 억천만 년.

[너여이고] 네가 과연 너로구나.

[개심대開心臺] 표훈사表訓寺 뒤 꼭대기에 있는 대.

[중향성衆香城] 봉우리 이름.

[혜여ᄒᆞ니] 세어 보니.

[조티 마나] 조촐하(깨끗하)지 말거나.

85[ᄌᆞ연이 되연마ᄂᆞᆫ] 자연적으로 되었건마는.

[비로봉毘盧峯] 금강산의 제일 높은 봉.

[올라보니] 올라 본 사람이.

[동산東山 태산泰山] 동산은 중국 산동성山東省 옛날 장자孔子가 살던 노나라(魯) 동쪽에 있는 산이요, 태산은 중국 오악五嶽의 하나로 또한 산동성에 있는 산인데, 맹자 "진심盡心" 상편上篇에 "공자가 동산에 올라 노나라를 작게 여기고, 태산에 올라 천하를 작게 여기었다"고 하였음.

[어ᄂᆞ야] 어느것이 이만큼.

[뎌 디위] 저(천하를 내려다 보는 그러한) 경계境界.

[알거이고] 알 것이고.

[고이ᄒᆞᆯ가] 괴이할 것 있으랴.

[원통圓通골] 표훈사 근처에 있는 골짜기.

[ᄀᆞᄂᆞᆫ 길] 가늘게 난 길. 좁은 길.

[사자봉獅子峯] 화룡소 북쪽에 사자 모양으로 된 봉우리.

[알ᄑᆡ 너러바회] 그 앞에 너럭바위.

[화룡火龍쇠 되어셰라] 화룡소가 되었구나. 화룡소는 구룡연 팔담八潭 가운데 여덟째 되는

못.

[구븨 구븨 서례이셔] 굽이 굽이 서리고 있어.

[창해滄海] 동해.

[디련ᄂᆞᆫ다] 내리려느냐.

[음애陰崖] 그늘진 벼랑. 응달 언덕.

[이온 풀] 이울어진 풀. 시들어 죽게 된 풀들.

[살와 내여ᄉᆞ라] 살리어 내고 싶어라.

[마가연摩訶衍] 만폭동을 다 올라가 안문재 턱밑에 있는 절.

[묘길상妙吉祥] 다하연에서 동쪽으로 3리쯤 되는 곳에 있는 석벽石壁 위에 새긴 미륵彌勒의 상像.

[안문鴈門재] 마하연에서 유점사楡岾寺로 넘어가는 중간에 있는 재의 이름.

[너머디여] 넘어서 내려가.

[불정대佛頂臺] 고성 군高城郡 서쪽 7리쯤에 있는 바위. 지금은 선대隱仙臺라고 부름.

[천심千尋] 천 길이나 되는.

[촌촌이] 마디마디.

[플텨 이셔] 풀어 가지고.

[뵈ᄀᆞ티 거러시니] 베 같이 걸었으니.

[도경圖經] 산수의 지세를 그리고 설명한 책.

[내보매 여러히라] 내 보기에는 여럿이라.

[이적선李謫仙] 중국 당나라 현종玄宗때의 시인詩人 이태백李太白을 이름. 그의 여산 폭포를 두고 "일조향노생자연 요간폭포괘장천 비류직하삼천척 의시은하락구천日照香爐生紫煙　遙看瀑布掛長川 飛流直下三千尺 疑是銀河落九天"이라고 지은 시가 있음.

85[여기도곤] 여기보다.

[가쟈ᄉᆞ라] 가자꾸나.

86[남여藍輿] 뚜껑 없이 걸어앉게 만든 작은 가마.

[산영루山映樓] 유점사楡岾寺 앞의 시내를 건너질러 지은 누각.

[영롱玲瓏] 물밑이 환하게 맑은.

[정기旌旗를 떨티니] 여러 가지 깃발을 휘날리니.

[고각鼓角을 섯브니] 북과 나발을 섞어 부니.

[명사鳴沙] 널리 깔려 있는 세모래밭. 은빛 같고 밟으면 빠드득 빠드득 소리가 남.

[니근 몰이] 익숙한 말이.

[취선醉仙] 송강 자기를 일컬은 말.

[빗기시러] 비스듬히 태우고.

[버딘 줄 엇디 아닏] 벗인 줄 어찌 혹 알겠느냐.

[금란굴金幱窟] 통천군通川郡 동쪽 12리 바닷가 높은 벼랑에 있는 넓고 깊은 굴.

[총석정叢石亭] 금란굴 북쪽 10리 쯤 되는 바닷가에 여러 개의 돌기둥을 묶어세운 듯한 석벽 위에 있는 정자. 신라 때 술랑述郎, 남랑南郎, 영랑永郎, 안상安詳 네 국선國仙이 이곳에서 놀았으므로 이곳을 사선봉四仙峰이라고 전하여 옴.

[백옥루白玉樓] 옥황상제玉皇上帝의 궁전.

[공수工倕] 중국 옛날에 이름난 공장工匠의 이름.

[성녕] 대장장이가 연장을 만드는 기술.

[귀부鬼斧] 귀신의 도끼. 신기한 연장.

[상象톳던고] 본떴던고.

[高城] 강원도 해안에 있는 골 이름.

[뎌만두고] 저기만큼 두고.

[삼일포三日浦] 고성군 북쪽 7리쯤에 있는 호수의 이름. 술랑, 남랑, 영랑, 안상 네 국선이 여기서 사흘 동안 놀았다 함.

[단서丹書] 삼일포 남쪽 벼랑에 붉은 글씨로 "영랑도남석행永郎徒南石行"이라고 쓴 것이 있음.

[선유담仙遊潭] 간성杆城 남쪽 100리쯤에 있는 큰 못.

[영랑호永郎湖] 간성의 남쪽 50리쯤에 있는 큰 호수. 둘레가 30여리 됨.

[청간정淸澗亭] 간성의 남쪽 45리쯤에 있는 정자.

[만경대萬景臺] 간성 남쪽 44리 해안의 청간 역驛 동쪽에, 층층으로 서 있는 돌봉우리로 된 대.

86[안돗던고] 앉았었던고.

[낙산洛山] 양양襄陽군 동쪽으로 15리쯤 되는 바닷가 오봉산五峰山에 있는 낙산사(寺)를 이른 말.

[의상대義相臺] 낙산사 동쪽 바닷가에 있는 바위. 신라 때 의상 법사義相法師가 여기서 열나흘 동안 염불 치성하였다 함.

[빔듕만 니러ᄒᆞ니] 밤중쯤 일어나 보니.

[상운祥雲] 상서로운 구름.

[집픠ᄂᆞᆫ동] 엉기는지(?).

[바퇴ᄂᆞᆫ동] 버티는지.

[일위더니] 새로 생겨나는 듯하더니(?). 혹 "얼의"(혼탁渾託)더니(?).

[텹ᄯᅳ니] 치올라 뜨니.

[호발毫髮] 가는 터럭.

87[녈구름] 지나가는 구름.

[머믈셰라] 행여나 머무를까 두려워라.

[시선詩仙] 이태백을 일컫는 말.

[해타咳唾] 훌륭한 사람의 입에서 나온 말이나 글.

[홀셔이고] 하였네그려.

[현산峴山] 양양 군에 있는 산.

[척촉躑躅] 철쭉.

[므니볼와] 사뭇 내쳐 밟아.

[우개 지륜] 푸른 새 깃으로 뚜껑을 꾸민 수레. 이 수레는 귀인貴人이 탄다고 함.

[경포鏡浦] 강릉江陵 동북쪽 15리에 주위 20리 되는 호수. 서쪽 언덕 위에 경포대가 있음.

[빙환氷紈] 얼음같이 희고 깨끗한 얇은 비단.

[장송長松 울흔 소개] 키큰 솔로 울타리를 한 속에.

[슬ᄏᆞ장] 싫도록. 끝끝까지.

[자도 잘샤] 잘기로 잘구나.

[해람解纜] 닻줄을 풀어 놓고.

[강문교江門橋] 경포 동쪽 어귀에 있는 다리. 다리 밖에 정자

가 있음.
[종용從容ᄒᆞ다] 조용하도다.
[활원濶遠ᄒᆞ다] 너르고 멀도다.
[ᄀᆞ존 ᄃᆡ] 갖은 데가.
[홍장紅粧] 고려 말기 강릉 기생의 이름. 강릉 부사가 경포에서 이 기생을 선녀같이 꾸미어 뱃놀이를 베풀어 안렴사按廉使를 혹하게 한 일이 있었음.
[대도호大都護] 대도호부大都護府. 안동安東, 창녕昌寧, 강릉江陵, 영변寧邊, 영흥永興 다섯 큰 부府를 특별한 행정 제도로 일컫는 이름.
[절효정문節孝旌門] 충신, 효자, 열녀들을 표창하기 위하여 세운 문.
[골골이 버러시니] 곳곳에 널려 있으니.
87[비옥가봉比屋可封] 요순 때, 사람이 다 착하여 집집마다 표창할 만하였다는 일.
[훌다] 하리로다.
[진주관眞珠舘] 삼척三陟에 있는 객관客舘.
[죽서루竹西樓] 진주관 서쪽 절벽 위에 있는 누각.
[오십천五十川] 죽서루 아래에 흐르는 내.
[태백산太白山] 삼척 서쪽 120리쯤에 있는 큰 산.
[목멱木覓] 서울 남산南山의 딴 이름.
[다히고져] 닿게 하고 싶구나.
[왕정王程] 벼슬을 띤 사람의 여정旅程.
[못슬믜니] 싫고 미워지지 아니 하니.
[유회幽懷] 깊은 회포.
[선사仙槎] 신선이 탄다는 떼배. 한나라(漢) 무제武帝때 장건張騫이 선사를 타고 은하수에 올라가 직녀織女를 만나 베틀 괸 돌을 얻어 왔다고 한 말이 있음.
[두우斗牛] 28 수宿의 두성斗星과 우성牛星.
[단혈丹穴] 고성 군 남쪽 10리쯤에 있는 굴. 전설에 네 국선國

仙이 놀았다 함.

88[천근天根] 하늘이 생겨나던 첫 끄트머리. 소강절邵康節 시에 "이목총명남자신 홍균부여불위빈 수탐월굴방지물 미섭천근기식인 건우손시간월굴 지봉뢰처견천근 천근월굴한래왕 삼십육궁도시춘耳目聰明男子身 洪鈞賦余不爲貧 須探月窟方知物 未涉天根豈識人 乾遇巽時看月窟 地逢雷處見天根 天根月窟閒來往 三十六宮都是春"이라 함이 있음.

[못내 보아] 내내 못 보아서.

[望洋亭] 울진蔚珍 바닷가에 있는 정자.

[올은 말이] 올라서 하는 말이.

[ᄀᆞ득] 가뜩이.

[구ᄂᆞᆫ디고] 구는 것인고.

[六合] 동, 서, 남, 북, 상, 하. 온 천하.

[長天] 넓은 공중.

[져근덧] 잠간 새에. 순식간에.

[扶桑] 해와 달이 뜨는 곳.

[咫尺의] 바로 가까운 듯한 이 곳에서.

[서광천장瑞光千丈] 상서스럽게 뻗친 빛.

[뵈ᄂᆞᆫ ᄃᆞᆺ 숨ᄂᆞᆫ고야] 뵈었다 숨었다 하는구나.

[옥계玉階] 옥돌을 깐 뜰.

[계명성啟明星] 샛별. 여기서는 다만 밤늦게 동쪽에서 뜨는 큰 별을 막연히 이른 말.

[곳초안자] 꽂꽂이 앉아.

[백련화白蓮花] 흰 연꽃. "서광천장瑞光天丈"에서 솟아 오른 달의 모양을 비유한 말인 듯.

[일이] 이리.

88[ᄂᆞᆷ대되] 다른 이 전부.

[유하주流霞酒] 신선이 먹는다는 좋은 술.

[선산仙山 동해東海] 신선 사는 산이 있다는 동해 바다. 백낙천白樂天 시에 "홀문해상유선산 산재허무표묘간忽聞海上有仙山 山在虛無縹緲間"이라함이 있음.

[픗ᄌᆞᆷ] 어렴풋이 잠간 든 잠.

[上界] 하늘 세계.

[黃庭經] 노자老子가 지은 도교道教의 글. 한 자라도 잘못 읽으면 상계에서 인간으로 귀양 온다는 전설이 있음.

[그릇] 그릇.

89[머겨늘] 먹이거늘.

[거후로니] 거우르오니.

[翯翯ᄒᆞ야] 건들건들하여.

[추혀드러] 추켜 들어.

[져기면] 적으나 하면.

[디쟈] 떨어지자.

[천산만락千山萬落] 모든 산과 모든 촌락.

20. 옛 시조 (7)

[양사언] 명종 때 부사府使. 호는 봉래蓬萊. (단 3850—3917).

89[태산] 중국 산동성山東省에 있는 높은 산.

[뫼히로다] 산이로다.

[뫼흘] 산을.

[하느니] 하느냐.

○

[김인후] 인종 때 교리郊理. 호는 하서河西. (단 3843—3893). 명종 2년에 애매하게 죽은 임형수林亨秀를 슬퍼하여 이 노래를 지었음.

90[임형수] 장래 나라에 크게 쓰일 사람인데, 간신 윤원형尹元衡에게 몰리어서 억울하게 죽었음.

[낙락 장송] 밋밋하게 키 큰 소나무.

[적은덧] 잠간 동안.

[두던들] 두었던들. 두었더면.

[동량재] 대들보와 도리가 될 재목. 나라의 중임을 맡을 만한 사람의 비유.

[어즈버] 감탄으로 부르는 소리.

[명당] 대궐 안의 정전正殿.

[낡이] 나무가.

[받티리] 받칠까.

○

[조식] 명종 때 상서원 판관尙書院判官. 호는 남명南溟. (단 3834—3905). 중종 국상國喪때 이 시조를 지었다 함.

[삼동] 겨울 석 달 동안

[뵈옷] 삼베 옷.

[암혈] 바위 굴. 깊은 산속을 뜻한 말.

[볕뉘] 볕의 덕. 해의 덕택.

90[디다] 떨어졌다고.

[겨워] 못 이기어.

○

[이황] 선조 때 우찬성右贊成. 호는 퇴계退溪. 유학儒學 대가大家. (단 3834—3903).

[청량산] 경상북도 안동군安東郡에 있는 산.

[육륙 봉] 36 봉우리.

[헌사하랴] 떠들랴.

[믿을쏜] 믿을 것은.

[떠디디] 떨어지지.

[어주자ㅣ] 배 탄 고기잡이가. (176쪽 [무릉武陵] 해설을 참고).

○

[도산십이곡] 이황이 고향인 경상도 안동에 도산서당陶山書堂을 짓고 강학講學하면서 읊은 열 두 수의 시조.

[고인] 옛날 어진이.

[뵈] 보네.

[여던] 다니던.

[앒에] 앞에.

○

[만고에] 아득한 옛적부터 늘.

[유수] 흐르는 물.

[주야] 밤낮.

[긏지] 그치지.

[만고 상청] 영원히 늘 푸름.

○

[송순] 명종 때 참찬參贊. 호는 면앙정俛仰亭. 중종 14년에 문과 급제. 돌아갈 때 나이 91.

91[곶이] 꽃이.

[슳어] 슬퍼.

[흩날리니] 흩어져 날리니.

[가노라] 가느라고.

[희짓는] 훼작질하는.

[새와] 가래서 새암하여.

[무슴] 무엇.

[붙임] 이 노래는 명종 원년에 명종의 외숙 윤원형尹元衡이 선

비를 많이 죽인 을사사화乙巳士禍를 보고 탄식하여 지었음.

○

[특사] 임금이 특히 줌. 명종이 홍문관弘文舘에 황국을 특사하고 노래를 지으라 하매, 모두 갑자기 못 짓고 송순에게 지어 달라 하여 바쳤음.

[풍상] 바람과 서리.

[섯거친] 섞여서 만물을 치는.

[갓 피온] 막 새로 핀.

[금분] 금으로 꾸민 화분.

[옥당] "홍문관"을 옛스럽게 일컫는 말인데, 경직을 맡아 보던 관아官衙.

[도리] 복숭아 꽃과 오얏꽃.

[곳이온 양] 꽃인 체.

○

[치사가] 늙어 벼슬을 내놓으면서 읊은 노래.

[믈러가쟈] 벼슬 내놓고 가자고.

[바리고] 버리고.

91[어드러로] 어디로.

[너란] 널랑은.

○

[면앙정 잡가] 송순이 고향인 전라도 담양潭陽에 면앙정이란 정자를 짓고 읊은 노래.

[경영하여] 계획하여.

[초려] 초가집.

[맛뎌] 맡겨.

○

[서경덕] 중종 때 이학자理學者. 호는 화담花潭. (단 3822—3879).

[어린] 어리석은.

[만중운산] 구름 속의 첩첩한 산.

[행혀] 행여나.

[긘가] 그이인가.

○

[이현보] 중종 때 병조 참판. 호는 농암聾岩. (단 3800—3888).

92[어부 단가] 고향인 경상도 예안禮安에 돌아와 지은 노래.

[굽어는] 굽어 보니는.

[천심 녹수] 천 길이나 되는 듯한 푸른 물.

[만첩 청산] 첩첩이 둘러 있는 푸른 산.

[십장 홍진] 높이 일어나는 번잡한 도시의 먼지.

[언매나] 얼마나.

[가롓는고] 가리어 있는고.

[강호] 강과 호수가 있는 한가한 곳.

[월백하니] 달이 밝으니.

[무심하얘라] 무심하여라. 도시의 생각이 없도다.

21. 感君恩(감군은)

[상진] 명종 때 영의정. 호는 범허정泛虛亭. (단 3826—3890). 이 노래는 악장가사樂章歌詞에 실림.

92[자히리어니와] 재리어니와.

[일간명월一竿明月] 한가한 낚시질로 자연 풍경을 즐김.

[역군은亦君恩이샷다] 또한 임금의 은혜이시도다.

[놉다컨마ᄅᆞᄂᆞᆫ] 높다 하건마는.

[몬 밋거니와] 못 미치거니와.

[놉ᄒᆞ샨] 높으신

[넙다ᄒᆞᆫ] 널따란.

[舟楫] 돛대.

[너브샨] 넓으신.

[此生] 이승. 살아 생전.

93[一片丹心ᄲᅮᆫ을] 임금에 대한 충성스러운 한 마음뿐임을.

[백골미분白骨虀粉] 죽어서 뼈가 흩어져 가루가 됨.

[丹心이ᄯᆞᆫ] 단심이야.

[가ᄉᆡ리잇가] 변하리이까.

22. 賞春曲(상춘곡)

[정극인] 세조 대 정언正言. 호는 불우헌不憂軒. (단 3734—3825). 늙어 벼슬을 그만두고 고향 전라도 태인泰仁으로 돌아가 지은, 사사四四 조의 노래. 조선조 최초의 가사歌詞. 원문은 불우헌집不憂軒集에 실림.

93[홍진紅塵] 햇빛에 벌겋게 비치는 먼지 속. 곧 난잡한 속세俗世.

[풍류風流] 고상한 취미의 생활.

[미ᄎᆞᆯ가] 미칠까.

[하건마ᄂᆞᆫ] 많건마는.

[지락至樂을 ᄆᆞᆯ 것가] 지극한 낙을 모를 것인가.

[모옥茅屋] 초가집.

[알ᄑᆡ] 앞에.

[울울리鬱鬱裏예] 빽빽하게 우거진 속에.

[풍월風月] 청풍과 명월.

[ᄆᆞᆯ아] 말라. 마름질하여.

94[헌ᄉᆞ롭다] 야단스럽다.

[ᄆᆞᆺ내] 못내. 한없이.

[계워] 겨워. 못 이기어.

[교태嬌態] 애교 있는 태도.

[물아일체物我一體어니] 동물이나 내나 마찬가지인데.

[시비柴扉] 사립문

[거러 보고] 걸음걸어 보고.

[소요逍遙 음영吟咏] 이리저리 거닐며 노래와 시를 읊조림.

[이바] 여보.

[가자스라] 가자꾸나.

[답청踏靑으란] 풀밭을 밟고 다니는 일을랑은.

[욕기浴沂란] 냇물에 목욕함을랑은. "기沂"는 중국 산동성山東省 추현鄒縣에 있는 서기하西沂河인데, 공자의 제자 증점曾點이 "욕호기浴乎沂"라고 하였음.

[채산採山] 산에서 나무함.

[나조ᄒᆡ] 저녁때에.

[조수釣水] 물에서 낚시질함.

[ᄀᆞᆺ 괴여] 금방 새로 괴어.

[갈건葛巾] 갈포葛布로 만든 두건. 산중처사處士가 씀.

[밧타] 웃국만 걸러.

[수 노코] 산算가지 삼아 잔을 세면서.

[지고] 떨어지고.

[낙홍落紅] 떨어진 붉은 꽃잎.

[옷새] 옷에.

[준중樽中] 술동이 속.

[미음微吟] 응얼응얼 읊조림.

[조ᄒᆞᆫ] 조촐한. 깨끗한.

[시어] 씻어.

[무릉武陵] 중국 호남성湖南省에 옛날 복숭아꽃이 많았었다는 곳. 진나라晉 도연명陶淵明의 도화원기桃花源記에 "어떤 고기잡

이가 복숭아꽃 떠내려오는 물을 따라 깊이 들어 간즉 선경仙境이 있더라"고 하였음.

94[믹] 들.

[긘 거이고] 그인 게로군. 거기인 게로군.

[부치들고] 붙들면서. 부여잡으면서.

[만락萬落] 수많은 부락.

[버리] 벌이어.

95[연하煙霞 일휘日輝] 연기와 안개에 비치는 햇빛.

[금수錦繡롤 재펴ᄂᆞᆫ ᄃᆞᆺ] 비단을 잡아 펴는 듯. 혹은, 비단폭을 저편까지 잡혀 놓고 있는듯.

[유여有餘ᄒᆞ샤] 얼마든지 많구나.

[ᄢᅴ우고] 꺼리고. 따르지 않고.

[단표簞瓢] 밥 담는 도시락과 물 떠먹는 표주박.

[누항陋巷] 빈궁한 촌구석. 공자가 안자顏子를 칭찬하여 "일단식표음 재루항 인불감 기우회야불개기락一簞食瓢飮 在陋巷 人不堪 其憂回也不改其樂"이라 하였음.

[흣튼 혜음] 허튼 셈속. 이것 저것 번잡한 생각.

[아모타] 아무렇든지.

[백년百年 행락行樂] 한평생 즐겁게 지냄.

23. 杜詩諺解(두시언해)

당나라(唐) 두보杜甫의 시를 세종世宗의 명으로 유윤겸柳允謙 등이 한글로 주석하고 뒤에 성종成宗의 명으로 조위曺偉와 중 의침義砧이 번역하였음.

【촉상蜀相】

95[촉상蜀相] 촉한나라(蜀漢) 정승 제갈량諸葛亮을 가리킴.

[승상丞相] 정승.

[사당祠堂] 혼령을 모시어 놓은 집.

[금관錦官] 중국 사천성四川省 성도成都 남쪽에 있는 성城의 이름.

[삼렬森列ᄒᆞᆫ] 빽빽이 서 있는.

[버텅] 뜰층계.

[프른 프른] 푸른 풀은.

[ᄃᆞ외옛고] 되었고

[ᄉᆞᅀᅵ ᄒᆞ얫ᄂᆞᆫ] 사이에 둔.

[곳고리] 꾀꼬리.

[세 번 도라보ᄆᆞᆯ] 제갈량이 선비로 시골 남양南陽에 있을 때 소열황제昭烈皇帝가 세 번 모시러 갔었음.

[어즈러이] 수고롭게.

[두 조朝] 두 왕조. 곧 소열황제와 후주後主 세대를 가리킴.

[거리츄믄] 건짐은.

【강촌江村】

96[ᄀᆞᄅᆞᇝ] 강의.

[고비] 굽이.

[ᄆᆞᅀᆞᆯᄒᆞᆯ] 미올을.

[아나] 안아. 안고.

[오ᄂᆞ닌] 오는 것은.

[져비오] 제비요.

[갓갑ᄂᆞ닌] 가까이하는 것은.

[죠ᄒᆡᄅᆞᆯ] 종이를.

[ᄆᆡᆼᄀᆞᆯ어ᄂᆞᆯ] 만들거늘.

[져믄] 젊은. 어린.

[낙ᄉᆞᆯ] 낚시를.

[한] 많은.

[져구맛] 조그마한.

【월야억사제月夜憶舍弟】

[월야억사제月夜憶舍弟] 달밤에 아우를 생각함.

[방수防戍ᄒᆞᄂᆞᆫᄃᆡᆺ] 국경을 지키는데 의.

[부페] 북에. 북 소리에.

[ᄃᆞᆫ니리] 다닐 것이. 다니는 것이.

[그츠니] 끊어지니.

[변방邊方] 국경 지방.

[ᄀᆞᅀᆞᆯᄒᆡ] 가을에.

[그려긔] 기러기의.

[조차] 마침 따라.

[녯 ᄀᆞ올ᄒᆡ] 옛 골에. 고향에.

[아ᇫ이] 아우가.

[흐터가니] 흩어져 가니.

[무론ᄃᆡ] 물은 데.

[브텨] 부쳐.

[댱샹] 늘.

[ᄉᆞ뭇디] 통하지. 전달되지.

[병과兵戈] 전쟁.

[마디] 말지. 그만두지. 그치지.

【가인佳人】

97[가인佳人] 아름다운 여자.

[일대一代에 그츤] 그 시대에 다시 없는.

[싸히] 땅이. 곳이.

[뷘] 빈.

[묏고래] 산골짜기에.

[양가良家] 좋은 집안.

[이라니] 이러니.

[서리] 사이. 속.

[브텃노라] 의지하였노라.

[관중關中] 중국의 섬서성陝西省.

[브스뫼 제] 병란을 만났을 때.

[아ᄾᆞ뫼] 친족을.

[수합收合] 모아 들임.

[득得디] 능히 하지.

[세간世間애 쁘디] 세상 인심이.

[쇠헐衰歇ᄒᆞ니를] 쇠하여 궁하게 된 사람을.

[아쳗고] 싫어하고.

[옮ᄂᆞᆫ 촉燭ㅅ브를 좃ᄂᆞ니라] 세력勢力이 옮는 대로 따라 다닌다는 뜻.

[샤옹] 남편.

[합혼合昏나모] 자귀나무. 밤이면 잎이 서로 붙음. “합환목合歡木”, “야합수夜合樹”라고도 함.

[ᄢᅢ를 알오] 때를 알고.

[ᄒᆞ오ᅀᅡ] 홀로.

[우수믈] 웃음을.

[뫼해] 산에.

[더브렛ᄂᆞᆫ] 데리고 있는.

98[벽라薜羅] 산에서 나는 덩굴풀의 이름.

[ᄭᅳᅀᅥ다가] 끄어다가.

[새집] 초가집.

[고ᄌᆞᆯ] 꽃을.

[ᄒᆞᆫ다마다] 하자마자.

[주메] 줌에. 줌 안에.

[ᄉᆞ매] 소매.

[열우니] 엷으니.

[지여] 기대어.

【춘망春望】

[춘망春望] 봄에 바라봄.

[뫼콰] 산과.

[ᄀᆞ룸쑨] 강만.

[잣앇] 성 안의.

[ᄲᅳ리게코] 뿌리게 하고.

[여희여슈믈] 여의었음을. 이별 하였음을.

[슬호니] 슬퍼하오니.

[ᄉᆞ도다] 싸도다.

[글구니] 굵으니.

[뎌르니] 짧으니.

[빈혀를] 비녀를.

【만흥漫興】

99[만흥漫興] 흐트러진 감흥.

[헐오] 헐고. 없어지고.

[디위] 번.

[다ᄋᆞᆳ 업슨] 다함 없는. 끝남이 없는.

[일란] 일을랑은.

[ᄉᆞ랑티] 생각하지.

[그지 있는] 한성이 있는

[다 ᄒᆞ고져 ᄒᆞᄂᆞᆫ] 다 하고자 하는. 보이지 않을 만한.

[그테서] 끝에서.

[애를 긋노니] 창자를 끊으니.

[도ᄐᆞ랏] 명아주

[딥고] 짚고. 지팡이 삼고.

[날호야] 천천히.

[셔쇼라] 섰노라.

[업드리 미친] 엎드러지게 미친 듯한.

[열운] 엷은

[복셨고ᄌᆞᆫ] 복숭아 꽃은.

[이플] 외짝 문을.

[즈슴ᄒᆞ얏ᄂᆞᆫ] 이웃하여 있는.

[노ᄒᆞᆫ노ᄒᆞᆫᄒᆞ니] 하늘하늘하니.

[열 다ᄉᆞ신] 열 다섯 살인.

[니르왇디] 일으키지.

[안직] 가장.

[돌ᄋᆡ야] 당기어

[그처 ᄇᆞ리ᄂᆞ다] 끊어버리는구나. 버들가지를 심술궂게 꺾어 버렸다는 뜻.

【추흥秋興】

100 [추흥秋興] 가을 흥.

[싣나모] 신나무. 단풍나무.

[ᄠᅳᆺ드려] 듣들어. 뚝뚝 떨어져.

[무산巫山] 중국 사천성四川省에 있는 산.

[무협巫峽] 무산 골짜기.

100[기운氣運이] 분위기가. 공기가.

[소삼蕭森] 쓸쓸하고 처량함.

[겸兼ᄒᆞ야] 연하여. 잇달아.
[변새邊塞ㅣ] 국경 지방의.
[짜히] 땅에.
[니서] 이어.
[퍼기] 포기.
[두 번] 두 해째.
[다룬날브터] 떠나왔을 때부터.
[외ᄅᆞ왼] 외로운.
[매야 이쇼니] 매어 있으니. 맨대로 있으니.
[고원故園] 고향.
[치운젯 오ᄉᆞᆯ] 추울 때의 옷을.
[ᄀᆞ새와 자콰] 가위와 자와.
[저소ᄆᆞᆯ] 지움을.
[뵈아ᄂᆞ니] 재촉하나니.
[나죗] 저녁때의.
[방하] 방아.
[딘놋나] 찧는구나.

【등고登高】

[등고登高] 높은 데 올라서.
[나ᄇᆡ] 원숭이의.
[되ᄑᆞ라미] 휘파람이.
[몰애 힌 ᄃᆡ] 모래 흰 데.
[디ᄂᆞᆫ 나모 니픈] 지는 나무 잎은.
[소소蕭蕭히] 우수수.
[다ᄋᆞᆳ 업슨] 끝짐이 없는.
[니ᅀᅥᆷ니ᅀᅥᆷ] 술렁술렁 길게 이어서.
101[슬허셔] 슬퍼하여.
[샹녜] 늘. 줄창.
[ᄃᆞ외요니] 되오니.
[한] 많은.
[ᄒᆞ올로] 홀로.
[올오라] 오르노라.
[간난艱難] 고생살이.
[어즈러우믈] 자꾸 많아짐을.
[사오나오매] 꼴사나우매.
[흐린술] 탁주.
[새려] 새삼스레.

【취적吹笛】

[취적吹笛] 저를 불다.
[ᄀᆞᅀᆞᆳ 뫼해서] 가을 산에서.
[뎌 부로매] 저를 불매.
[율려律呂] 음악.
[불여] 불리어.
[절당切當ᄒᆞ니] 적당하니.
[관산關山] 고향.

[바라] 의지하여.

[되] 북쪽 오랑캐.

[ᄆᆞᆯᄐᆞ니] 말 탄 군사.

[ᄃᆞ롬직ᄒᆞ도소니] 달아남직 하더니.

[무릉武陵] 호남성湖南省에 있는 골 이름.

[스치노라] 곧 생각하노라.

[이어 ᄠᅥ러디거시니] 흔들리어 떨어졌으리니.

[시러곰] 능히.

【고안孤雁】

102[고안孤雁] 외로운 기러기.

[닥먹디] 찍어 먹지.

[무를] 무리를. 동무들을.

[념念ᄒᆞᄂᆞᆺ다] 부르는구나.

[그르메] 그림자.

[만중萬重] 여러 겹.

[일허슈믈] 잃었음을.

[어엿비] 불쌍히.

[ᄇᆞ라오매] 바라봄에.

[하니] 많으니.

[ᄆᆡ햇] 들엣.

[수수미] 수떪이. 수선거림이.

[제] 제마냥.

【연자래주중작燕子來舟中作】

[연자래주중작燕子來舟中作] 제비 옴을 보고 배에서 지음.

[호남湖南] 중국 호남성湖南省.

[ᄃᆞ외야신다마다] 되자마자.

[져비] 제비.

[ᄒᆞᆯᄀᆞᆯ] 흙을.

[두버늘 새롭도다] 두 해 봄을 맞이하도다.

[고원故園] 고향.

[님자ᄒᆞᆯ] 임자를. 주인인 나를.

[사일社日] 입춘立春 후 다섯 번째의 무일戊日.

[머리] 멀리.

[사ᄂᆞᆫ 지븨] 사람 사는 집에.

[깃ᄒᆞᄂᆞ니] 집 짓나니.

[표표飄飄히] 훌훌히 정처없이.

[이 몸을 브텨슘과] 내 몸을 붙여 있음과.

[어느 다ᄅᆞ료] 무엇이 다르리요.

[빗ᄃᆡ] 돛대.

[니러] 일어나.

[고ᄌᆞᆯ 들워] 꽃을 뚫어. 꽃 사이로 날아 꽃을 건드리어.
[므레 디어놀] 물에 떨어뜨리거늘.
[저지노라] 적시노라.

【견형화見螢火】

103[견형화見螢火] 반딧불을 보다.
[무산巫山] 중국 사천성四川省에 있는 산.
[ᄀᆞᇫ 바ᄆᆡ] 가을 밤에.
[반ᄃᆡ] 개똥벌레.
[바리 드믄 ᄃᆡ로] 발이 성긴 데로.
[오새 앉ᄂᆞ대] 옷에 앉는구나.
[서늘호ᄆᆞᆯ] 쓸쓸함을. 서재에 가을이 들어옴을.
[집 기슭 알ᄑᆡ] 처마 앞에.
[버ᄆᆞ래] 둘러.
[더으고] 많아지고.
[ᄒᆞ놀이놋다] 희롱하는구나.
[창강滄江] 푸른 강.
[오ᄂᆞᆫ 힛] 내년의.
[이ᄢᅴ] 이맘 때.

【객지客至】

[객지客至] 손이 오다.
[보ᄆᆡᆺ] 봄의.
103[뭀] 뭇.
[곳 ᄠᅥ러뎃ᄂᆞᆫ] 꽃 떨어져 있는.
[소ᄂᆡ 젼ᄎᆞ로] 손 때문에.
[ᄡᅳ디] 쓸지.
[다봇 문門] 다복쑥 대로 얽어 만든 사립문.
[그듸] 그대.
[반盤애 다ᄆᆞᆫ] 소반에 담은.
[차바니] 반찬이.
[져제 머러] 장거리가 멀어.
104[아니 걸운] 거르지 않은 대로의.
[다ᄆᆞᆺ] 함께.
[긍허肯許ᄒᆞ면] 허락하면. 괜찮다고 하면.
[울흘 ㅈ슴쳐] 울타리를 넘어다 보고.
[나ᄆᆡᆺ는] 남아있는.
[ᄆᆞᄌᆞ] 마저.

【빈교행貧交行】

[빈교행貧交行] 가난한 때의 사

귐을 읊음.

[소ᄂᆞᆯ 두위혀] 손을 뒤집어.

[업더리혀] 엎어. (손을 뒤집었다 엎었다 함으로써 이랬다 저랬다 함을 비유함).

[어즈러운] 수많이 날뛰는

[가ᄇᆡ얍고 열운] 가볍고 엷은. 방정맞고 건방진.

[관중管仲 포숙鮑叔] 관중과 포숙은 춘추 때 제나라 사람인데, 가난했을 때부터 서로 맘을 알아 주는 친한 친구이었음.

[아니ᄒᆞᄂᆞᆫ대] 아니하느냐.

[도道] 도리道理.

[ᄇᆞ료ᄆᆞᆯ] 버림을.

[ᄒᆞᆰᄀᆞ티] 흙 같이.

24. 옛 시조 (8)

[김정구] 연산군 때 사람.

105 [읻껏] 일껏. 가장 잘.

○

[곶] 꽃

[우음] 웃음.

[흗나는] 흩어져 날리는.

[붙임] 이 "뉘라서"시조는 청구영언에 이중집李仲集의 지음으로 적었으나 이희령李希齡의 약파만록藥坡漫錄에 김정구의 지음으로 되었음.

○

[성종] 조선조 일곱째 임금. (단 3790—3827. 재위 3803—3827). 사랑하는 문신 유호인兪好仁이 늙은 어머니를 위하여 고향으로 돌아가매 이 노래를 지어 주었음.

[이시렴] 있으려무나.

[부디] 기어이.

[갈따] 가려느냐.

[못할쏘냐] 못할 것이냐.

[슳더냐] 싫더냐.

[들었는다] 들었느냐.

[그려도] 그리면서도. 그리워하면서도.

○

[남이] 세조 때 병조 판서. 태종의 외손. (단 3774—3801).

105[장검] 긴 칼.

[빠혀] 빼어.

[대명 천지] 환하게 밝은 세상.
[성진] 전쟁으로 피비린내 나는 먼지.
[잠겨세라] 끼어 있도다.
[풍진] 어지러운 바람과 띠끌. 북쪽의 이시애李施愛와 남쪽의 건주위建州衛의 반란叛亂을 가리킴.

○

[왕방연] 세조 때 금부 도사禁府都事. 세조의 명으로 단종을 압송押送하여 강원도 영월寧越에 갔다가 오는 길에 이 시조를 읊었음.
[여희옵고] 떠나옵고.
[앉아이다] 앉았나이다.
[안] 속. 마음.
[예놋다] 가도다.

○

[원호] 단종 때 직제학直提學. 호는 무항霧巷. 생육신生六臣의 한 사람. 영월寧越의 단종 배소 가까이 가 살다가 단종 돌아간 뒤 삼년복을 마치고 원주原州 고향에 가 숨었음.

106[여흘] 여울.
[지내어다] 지내었다.
[거스리] 거꾸로.
[예리라] 가게 하리라. 보내리라.

○

[성삼문] 단종 때 참판參判. 호는 매죽헌梅竹軒. 사육신死六臣의 하나. (단 3751—3789).
[수양산] 중국 산서성에 있는 산.
[이제] 백이伯夷와 숙제叔齊. 은나라(殷) 때 처사 형제인데, 주무왕이 은나라를 치매 주나라 곡식을 먹기 싫어하여 수양산에 들어가, 고사리를 캐먹고 살다가 굶어 죽었음.
[죽은진들] 죽을지언정.
[채미] 고사리를 캠.
[푸새] 풀 종류.
[긔] 그것이.
[따헤] 땅에.

○

[가서] 저승에 가서.

[봉래산] 삼신산三神山의 하나.

[제일봉] 제일 높은 봉우리.

[낙락장송] 밋밋한 키 큰 소나무.

[되어 이셔] 되어 있어.

[만건곤] 온 세계에 가득함.

[독야청청] 혼자 시퍼럼.

○

[이개] 단종 때 직제학. 백옥헌白玉軒. 사육신死六臣의 하나. (단 ?―3789).

[혓는] 켰는. 켜 있는.

[촉불] 촛불.

[눌과] 누구와.

106[지고] 떨어지고.

[뎌] 저.

[날과 같하야] 나와 같아.

○

[박팽년] 단종 때 형조 참판刑曹參判. 호는 취금헌醉琴軒. 사육신의 하나. (단 ?―3789).

[가마괴] 까마귀.

[희는 듯 검노매라] 희어진 듯하나 검구나.

[야광] 빛나는 구슬 이름.

[명월] 좋은 빛나는 구슬 이름.

[일편 단심] 한결 같은 충성스러운 마음.

[이시랴] 있으랴.

○

[유응부] 단종 때 승지. 사육신의 하나. (단 ?―3789). 세조 정변政變을 보고 읊은 노래.

[기울어지단 말가] 넘어진단 말인가.

[무삼] 무엇.

○

[김종서] 단종 때 좌의정. 호는 절재節齋. 세종 때 육진六鎭을 개척하고, 문종의 유언으로 단종을 보좌하다가 세조에게 죽었음. (단 3738―3786).

107[삭풍] 북풍

[긑] 끝.

[변성] 국경 지대의 성.

[파람] 휘파람.

25. 月印釋譜 序(월인석보 서)

[세조] 조선 조 일곱째 임금. 세종의 둘째 아들. (단 3750—3801. 재위 3789—3801). 세조 4년에 월인천강지곡月印千江之曲과 석보상절釋譜詳節을 합쳐 엮어, 월인석보라 하고 친히 서문을 썼음. 원문은 희방사喜方寺 판에 의함.

107[영양榮養올 샐리 ᄇᆞ려시늘] 영화스러운 봉양을 빨리 버리시거늘. 일찍이 돌아가시거늘.

[셜벍 슬ᄊᆞᄫᆞ매 이셔] 설워 슬프옴에 있어.

[ᄒᆞᇙ 바롤 아디 몯ᄒᆞ다니] 어찌하올 바를 알지 못하더니.

[추언追薦] 죽은 이가 좋은 데 나게 하기 위하여 불교 사업을 하는 일.

[전경轉經] 경문經文을 띄엄띄엄 가려 읽는 일.

[곧ᄒᆞ니] 같은 것.

[석보釋譜] 석가여래의 전기傳記.

[ᄆᆡᇰᄀᆞ라] 만들어.

[ᄉᆞ랑호ᄆᆞᆯ] 생각함을.

[너비ᄒᆞ야] 널리하여.

[승우僧祐] 중국 남제南劑 때 율사律師.

[도선道宣] 중국 당나라 때 율사.

[율사律師] 율법에 밝은 중.

[ᄆᆡᇰᄀᆞ로니 잇거늘] 만든 것 있던 것을.

[시러 보ᄃᆡ] 볼 수 있었는데.

107[수ᄫᅵ 알에] 쉬이 알게.

[진상進上ᄒᆞᅀᆞᄫᆞ니] 올리오니.

[보ᄆᆞᆯ 주ᅀᆞ오시고] 보아 주옵시고.

[지ᅀᅳ샤] 지으시어.

[일후믈] 이름을.

[존숭尊崇ᄒᆞᅀᆞᄫᆞᄆᆞᆯ] 존숭하여 받드옵기를.

[누기리오] 눅이리요. 풀어지게 하리요.

[ᄆᆞᆮ 아ᄃᆞ리] 맏아들이. 도원군(桃元君. 곧 덕종)을 가리킴.

[즐어] 미리. 앞질러.

[업스니] 죽으니.

[ᄠᅳ든] 정情은.

[뮈유미] 움직임이. 감동됨이.

[오라며 갓가보매] 지난 시간의 길고 짧음에.

[ᄉᆞ랑호ᄃᆡ] 생각하되. 생각건대

[삼도三途ㅅ 수고受苦] 지옥도地獄途, 아귀도餓鬼途, 축생도畜生途의 고통.

[열오져ᄒᆞ며] 길을 열고자 하며.

[나 여희욣 道롤] 벗어나 떠날 길을.

[이 ᄇᆞ리고] 이것轉經을 버리고.

[어듸 브트리오] 무엇에 의지하리요.

[요의了義] 완전한 교의教義, 곧 대승교大乘教의 교의.

[전轉ᄒᆞ며 일우미] 요지를 따며 전부를 갖춘 것이.

[ᄒᆞ마 하나] 이미 많으나.

[지스샨] 지으신.

108[의연依然ᄒᆞ야] 이제도 어제런 듯하여.

[상로霜露애] 서리와 이슬에 죽은 부모 생각이 날 때.

[애와텨] 한이 되어.

[슬허ᄒᆞ노래] 슬퍼하노라.

[율추聿追] 조상을 생각하여 그 덕을 좇아 행함.

[모로매] 모름지기. 반드시.

[일 ᄆᆞᄌᆞ 일우ᅀᆞ보믈] 일을 마저 완성하옴을.

[만기萬幾] 임금의 모든 할 일.

[ᄒᆡ 다ᄋᆞ며 나롤 니ᅀᅥ] 해를 다하며 날을 이어. 몇 해고 몇 날이고 힘써서.

[선가仙駕] 죽은 이의 영혼.

[조쳐] 겸하여.

[제진諸塵] 모든 더러움.

[머리 나샤] 멀리 떠나서.

[바ᄅᆞ] 바로

[백성白性을 ᄉᆞᄆᆞᆺ 아ᄅᆞ샤] 타고난 본성을 투철하게 알게 되시어.

[각지覺地를 믄득 증證ᄒᆞ시게] 부처 지위를 곧 확신하시게.

[ᄀᆞ다ᄃᆞ매] 갈아 다듬어서.

[다ᄃᆞᆫ게 지극至極게 ᄒᆞ며] 끝간데까지 철저히 정밀하게 하며.

[고텨 다시 더어] 고치고 다시 더하여.

[수다라修多羅] 대장경大藏經을 열 두 종류로 나누어 부르는 명칭.

[출입出入호딕] 샅샅이 두루 살피되

[기튼 히미] 남은 힘이.

[ᄇᆞ리며 ᄡᅮ딕] 버리며 쓰되.

[ᄆᆞᅀᆞᆷ 다보믈] 마음 다하기를. 정신 들이기를.

[닐웛ᄀᆞ장] 지극한 데까지. 지극히 하도록.

[긔지ᄒᆞ야] 기약하여.

[의심疑心ᄃᆞ뷘 고디] 의심된 곳이.

[너비] 널리.

[일승一乘] 유일무이한 성불成佛의 도.

[펴 ᄀᆞ장ᄒᆞ며] 다 나타내며.

[ᄉᆞᄆᆞᆺ게코져] 환히 알게 하고자.

[도리道理 닐온 거시] 도리를 말한 것이.

[몸사ᄆᆞ시니] 몸 삼으신 이가. 도리로 몸이 된 이가.

[닐긇] 읽는.

[광명光明을 두르혀 제 비취요미 귀貴하고] 눈을 돌이켜 자기를 봐야 할 것이요.

[솑가락 자ᄇᆞ며 전筌 두미 ᄀᆞ장 슬ᄒᆞ니라] 달을 가리키는 손가락만 보고, 달을 아니 보며, 고기를 잡고도 통발을 버리지 못함이 절대로 못쓰느니라. 곧 경문에 붙들린 병을 비유한 말.

[서천西天ㄷ 자字앳 경經이] 범서梵書로 된 책이.

[노피 사햇거든] 많이 쌓였어요.

[옮겨 써 펴면] 번역하여 써서 퍼뜨리면.

[시러 키 울월리니] 크게 숭배할 수 있으리니.

[아ᅀᆞᆷ] 척분戚分 있는 사람.

[발원發願ㅅ 술위롤] 축원을 실은 수레 채를.

[석디 아니호매 믹며] 영구히

썩지 않는 데에 잡아 매며.

[덕본德本] 덕의 뿌리.

[그지 업소매] 영원 무궁한 데에.

[괴외ᄒᆞ고] 평화하여 조용하고.

[녀르미 ᄃᆞ외며] 농사가 잘 되며.

[우희 닐온] 위에 말한.

[요ᅀᆞ시예 ᄒᆞ욘 공덕功德] 요새 닦은 좋은 일. 곧 불경을 전경하여 월인석보를 지은 일.

109[유정有情과] 중생으로 더불어.

[보제菩提 피안彼岸] 진리를 깨달은 이상적理想的 경지.

26. 月印千江之曲(월인천강지곡)

[세종] 조선 조 넷째 임금. 태종의 셋째 아들. (단 3730—3783. 재위 3752—3783). 세종 29년에 수양대군首陽大君의 지어 올린 석보상절釋譜詳節을 보고 지은 노래. 그 31년에 간행한 일이 있고, 세조 4년에 석보상절과 합본하여 간행하였음. 원문은 희방사喜方寺판에 의함.

109[외외巍巍] 높고 큰.

[겁겁劫劫] 여러 겁. 천지가 여러 번 개벽하는 동안.

[어느] 어찌.

[ᄉᆞᆲ보리] 사뢰리요.

[세존世尊] 석가모니불釋迦牟尼佛을 높여 일컫는 말.

[ᄉᆞᆲ보리니] 사뢰오리니.

[보논가] 보옵는가.

[너기ᅀᆞᄫᆞ쇼셔] 여기옵소서. (소헌왕후의 영에게 고함임).

[천재상千載上] 천년 전. (석가모니 입멸한 지가 천구백 년이 지마는 노래 음절 관계로 "천재"라 한 것임).

[아승저阿僧祇] 무한한.

[ㄹ] 를.

[안잿더시니] 앉아 있더시니이다. (석가모니의 한없이 아득한 옛 세상의 전신前身이던 한 보살菩薩이 임금 되었다가 왕위를 아우에게 맡기고, 성 밖의 사탕수수 밭에 정사精舍를 짓고 도

를 닦고 앉았었음).

[쳔] 돈.

[일버ᅀᅢ] 훔치어. 도둑질하여.

[바다] 볼맞추어 보아. 버선볼 받듯이 대어 보아.

[남ᄀᆡ] 나무에.

[ᄢᅦ여] 꿰어.

[성명性命을 ᄆᆞᄎᆞ시니] 목숨을 마치시도다. (왕이 잘 모르고 그 보살을 죽였음).

[뫼화] 모아.

110[내ᅀᆞᄫᆞ니] 내옵도다.

[어엿브신] 딱하신. 가엾으신.

[명종命終에] 생명 끊어짐에.

[감자씨甘蔗氏] 그 죽은 보살의 피로된 자손들의 성씨.

[니ᅀᆞ샤ᄆᆞᆯ] 이으심을. 후사後嗣를 잇게 함을.

[대구담大瞿曇] 전날 그 보살을 지도하여 주던 바라문婆羅門 도사道士. (죽은 보살의 피를 모아 남자와 여자를 만들어 그의 뒤를 잇게 하고, 그 성을 "감자씨"甘蔗氏라 하였음).

[ᄃᆞ외ᅀᆞᄫᆞᆯ] 되실 줄을.

[보광불普光佛] 전에 죽은 그 보살이 뒤에 "선혜"善慧라는 선인仙人으로 태어났을 때에 나타난 부처님 이름.

[외도인外道人] 불도佛道에 들지 못한 사람.

[선혜善慧] 전에 나무에 꿰이어 죽었던 보살이 선인仙人으로

111[기리ᅀᆞᆸ디] 칭찬하옵지.

[ᄇᆡ호ᅀᆞᄫᆞ리] 배우올 사람이.

[나아ᄃᆞᆫ니시며] 나다니시며

[ᄀᆞ마니겨시던] 나다니지 않고 계시던.

[처섬 ᄆᆞᄎᆞᄆᆞᆯ] 처음부터 끝까지의 일을.

[알리] 알 사람이.

[노니] 적으니. 흔하지 않으니.

[알오져ᄒᆞ리라도] 알고자할 이라도.

[팔상八相] 석가모니가 겪은 여덟 가지 모양의 일. 곧 전생에서 내려온 모양, 육신으로 탄생할 때의 모양, 사대문 밖에서

구경하던 모양, 성을 넘어서 출가하던 모양, 설산雪山에서 수도하던 모양, 나무 밑에서 마귀를 항복시키던 모양, 녹원鹿苑에서 설법하던 모양, 쌍림雙林에서 운명하던 모양.

112[추천追薦] 죽은 이를 위하여 부처에게 좋은 일을 함. 여기서는 돌아간 소헌왕후昭憲王后의 명복冥福을 빌기 위하여 석보상절을 짓는 일.

[이저긔] 이제.

[경經] 부처의 글.

[골히여] 가리어.

[각별各別히] 따로.

[ᄒᆞ마] 이미.

[브터] 따라.

[세존世尊] 그 시절의 부처님. 여기서는 석가모니불.

[이릐] 일의.

[양ᄌᆞ] 모양.

[수ᄫᅵ] 쉬이. 쉽게.

[삼보三寶] 부처와 교법과 중.

[븓긧고] 의지하게 되기를.

28. 釋譜詳節(석보상절)

[수양대군] 세조의 임금 되기 전 군호君號. 세종의 둘째 아들. (단 3750—3801). 이 글은 세종 28년에 여읜 어머니 소헌왕후昭憲王后의 명복冥福을 위하여 세종의 명으로 지은 석가불의 전기傳記. 다음 29년에 완성하여 세종께 바치었는데, 그 31년에 간행한 일이 있고, 세조 4년에 월인천강지곡과 합본하여 간행하였음. 원문은 희방사喜方寺 판에 의함.

112[아승저阿僧祗] 무한한 수.

[겁劫] 하늘과 땅이 한번 개벽한 때로부터 다음 개벽할 때까지의 동안.

[보살菩薩] 부처의 다음되는 성인.

[ᄃᆞ외야] 되어.

[아ᅀᆞ] 아우.

[맛디시고] 맡기시고.

[ᄇᆡ호라] 배우러.

[구담瞿曇] 사람의 성性.

[파라문婆羅門] 바라문교의 대

표자.

[ᄌᆞ걋] 자기의.

[오ᅀᆞ란] 옷을랑은.

[밧고] 벗고.

[좌시고] 자시고.

[좌선坐禪] 고요히 앉아 정신을 집중하여 불도를 생각함.

[빌머그라] 빌어먹으러.

[소구담小瞿曇] "작은 구담 씨"란 뜻.

[밧] 밖.

[감자원甘蔗園] 사탕수수 밭.

[정사精舍] 깨끗한 집.

[ᄆᆡᆼᄀᆞᆯ오] 만들고.

[ᄒᆞ오ᅀᅡ] 홀로.

[그윗거슬] 나랏 재물을.

[일버ᅀᅥ] 도둑질하여.

[전세생前世生] 전생.

[이틄나래] 그 이튿날에.

[나라해이셔] 나라에서.

[바다가아] 밟아 가서.

[남ᄀᆡ] 나무에.

[뻬ᅀᆞᄫᅡ뒷더니] 꿰어 두었더니.

[대구담大瞿曇] 전에 보살이 만났던 구담바라문瞿曇婆羅門을 이른 말.

[천안天眼] 신神의 눈.

113[그듸] 그대.

[므슷] 무슨.

[죄罪오]죄인고.

[ᄒᆞ마] 벌써. 이미.

[내어니] 나인데.

[의논ᄒᆞ리여] 말하리요.

[왕王] 보살의 아우를 이른 말.

[브려] 부리어. 시키어.

[슬허] 슬퍼하여.

[ᄡᅳ리여] 꾸리어. 싸서.

[녀ᅀᆞᆸ고] 넣삽고.

[ᄒᆞᆯᄀᆞᆯ] 흙을.

[닫담고] 따로 담고.

[올ᄒᆞᆫ녁] 오른편.

[도사道士] 도를 닦는 사람.

[ᄒᆞ단디면] 하던 것이면.

[당다이] 마땅히.

[ᄃᆞ외에] 되게.

[마내] 만에.

[니ᅀᅳ시니] 이으시니.

29. 龍飛御天歌(용비어천가)

[세종] 조선 조 넷째 임금. 태종의 셋째 아들. (단 3730—3783, 재위 3752—3783). 이 글은 훈민 정음을 반포하기 한 해 전인 세종 27년에 권제權踶, 정인지鄭麟趾, 안지安止 등에게 명하여 목조穆祖, 익조翼祖, 도조度祖, 환조桓祖, 태조太祖, 태종太宗의 사적을 옛날 중국의 성군聖君, 영주英主들에 대비對比하여 찬송하고 후왕後王들에게 경계警戒하기 위하여 지은 노래. 모두 125장章. 당년에 간행한바 있고, 광해군 4년, 효종 10년, 영조 41년에 각각 중간되었음.

【제1장】(강령)

113[海東] 황해의 동쪽. 곧 우리나라.

[六龍] 세종대왕의 직계直系 조종祖宗인 목조, 익조, 도조, 환조, 태조, 태종의 여섯 임금을 비유로 이른 말.

[ᄂᆞᄅᆞ샤] 날으시어. 성인이 임금 되는 것을, 용이 날아 하늘에 오른 것으로 비유함.

[古聖] 옛날 중국의 은나라(殷)를 세운 탕왕湯王과, 주나라(周)를 세운 문왕文王, 무왕武王들을 가리킨 말.

[同符] 똑같이 맞음.

[ᄒᆞ시니] 하시니이다. 하시도다.

【글뜻】우리 나라에 여섯 성인이 나시어, 일마다 하늘이 준 복이니, 옛 성인들이 다 똑같다.

【제2장】(천리)

[불휘] 뿌리.

[남ᄀᆞᆫ] 낡은. 나무는.

[뮐씨] 흔들릴쌔. 흔들리므로.

[곶] 꽃.

[됴코] 좋고.

[여름] 열매.

[하ᄂᆞ니] 많으니이다. 많도다.

[ᄉᆡ미] 샘이. 물구멍이.

[ᄀᆞᄆᆞ래] 가물에.

[내히 이러] 내가 이루어져서. 냇물이 되어.

114[바ᄅᆞ래] 바다에.

【글뜻】 뿌리가 깊이 박힌 나무는 바람에 아니 흔들리므로, 꽃이 좋고 열매가 많다.
샘구멍이 깊은 데서 나오는 물은 가물에 아니 마르므로, 내가 되어 바다에 이른다.

【사실】 이씨 조선 건국의 유래가 깊고 멀므로 나라가 영구히 흥왕하리라는 뜻.

【제3장】 (목조의 일)

114[대왕大王] ("태왕"이라고 읽음.) 문왕의 할아버지인 고공단보古公亶父의 왕호.

[빈곡豳谷] 중국 섬서성陝西省 기산岐山 북쪽의 땅.

[사ᄅᆞ샤] 살으시어.

[제업帝業] 중국 천하를 차지하여 다스릴 큰 일.

[시조始祖] 목조를 가리킴.

[경흥慶興] 함경 북도 두만강 하류 바다에 닿은 골.

[왕업王業] 나라를 다스릴 큰 일.

【글뜻】 주나라 태왕이 빈곡에 살 때 백성이 많이 붙따르게 되어, 장래의 큰 주나라 될 일이 이로부터 시작되었다.
우리나라 목조가 경흥에 살 때 백성이 많이 붙따르게 되어, 장래의 조선 건국될 일이 이로부터 시작되었다.

【사실】 목조가 본디 전주全州에 살다가 강원도 삼척三陟, 함경도 덕원, 그리고 경흥에 가서 원나라(元) 벼슬 오천호소장五千戶所長이 되었음.

【제4장】 (익조의 일)

114[적인狄人] 북방의 야만인.

[서리] 사이. 많이 있는 속.

[ᄀᆞ외어늘] 덤비거늘.

[기산岐山] 중국 섬서성陝西省에 있는 산.

[올ᄆᆞ샴] 옮으심.

[야인野人] 두만강 안팎의 여진女眞 및 오랑캐 들의 통칭.

[덕원德源] 지금의 함흥.

【글뜻】 태왕이 빈곡에 살다가 야만인들이 함부로 덤비거

늘, 기산 남쪽으로 옮은 것이 큰 주나라 되게 할 하늘의 뜻이다. 익조가 경흥에 살다가 오랑캐들이 해치려고 덤비거늘, 덕원으로 옮은 것이 조선 건국이 되게 할 하늘의 뜻이다.

【사실】 목조의 뒤를 이어 익조가 오천호소장으로 있으면서 인심을 많이 얻으니, 여진 장수들이 시기하여 죽이려고 하므로 붉은섬赤島으로 피하였다가 덕원으로 옮았음.

【제5장】 (익조의 일)

[칠저漆沮] 빈곡에 있는 칠수漆水와 저수沮水의 두 내.

[ᄀᆞᇫ] 가옛. 가에 있는.

[움흘] 움집을.

[후성後聖] 그 뒤의 성인. 무왕의 아우 주공周公을 가리킴.

[니ᄅᆞ시니] 일러 주시니. 주공이 선조의 고생한 일을 어린 조카 성왕成王에게 일러 주기를 "선선과질 민지초생 자토저칠 고공단부綿綿瓜瓞 民之初生 自土沮漆 古公亶父(태왕) 도복도혈 미유가실陶復陶穴 未有家室"이라 하였음. (시경詩經 대아편大雅篇).

[우근憂勤] 걱정하고 애씀

[적도赤島] (블근셤→붉은섬). 경흥부 동쪽 60리쯤 되는 두만강 어귀에 있는 섬.

[안햇] 안옛. 안에 있는.

[간난艱難] 힘들고 어려움.

【글뜻】 칠수 저수 가에 태왕이 움파고 살던 일을 주공이 조카에게 일러 주었으니, 제업의 시초에 고생하고 애씀이 저러하다.

붉은섬 안에 익조가 움파고 살던 구덩이를 오늘까지 볼 수 있으니, 왕업의 시초에 고생되고 어려움이 이러하다.

【제6장】 (익조의 일)

115[상덕商德] 상나라(곧 은殷나라)의 덕화德化, 곧 국운國運.

[맛ᄃᆞ시릴ᄊᆡ] 맡으실 것이므로.

[서수西水] 서쪽 지방의 칠수漆水와 저수沮水.

[여운麗運] 고려의 운수.

[동해東海ㅅ ᄀᆞᅀᅵ] "덕원"지방을 가리킴.

【글뜻】 은나라 국운이 쇠망하면 주나라가 천하를 맡을 것이므로, 태왕 때부터 빈곡 지방이 장거리 같이 사람이 모여 들었다.

고려의 운수가 쇠망하면 이씨가 나라를 맡을 것이므로, 익조 때부터 덕원 지방이 장거리같이 사람이 모여 들었다.

【제7장】 (도조의 일)

115[이페] 방 문에.

[성자聖子] 거룩한 아들. 여기서는 문왕의 아들은 무왕을 가리킴.

[혁명革命] 나라 운명을 뒤집어 고침.

[제호帝祜] 하느님의 복.

[뵈ᄉᆞᄫᆞ니] 보이오니이다.

[즘게] 즘게나무. 정지나무.

[가재] 가지에.

[연ᄌᆞ니] 얹으니.

[성손聖孫] 거룩한 손자, 여기서는 도조의 손자인 태조를 가리킴.

[몬졔시니] 먼저하시니이다.

【글뜻】 붉은 새가 글발을 물고 문왕의 방문에 앉으니, 뒷날 무왕이 나라를 바로잡을 하늘 징조를 미리 뵌 것이다.

뱀이 까치를 물고 정지나무의 가지에 얹으니. 뒷날 태조가 일어날 좋은 징조가 먼저 나타난 것이다.

【사실】 문왕의 방문에 붉은 새가 "경승태자길敬勝怠者吉 태승경자멸怠勝敬者滅(하략下略)"이라고 붉은 글씨로 쓴 글발을 물고 왔었다 함.

도조가 큰 나무에 앉은 까치 두 마리를 활로 쏘아 한번에 다 떨어졌는데, 큰 뱀이 물고 다른 나무 위에 얹고 먹지 아니하니, 사람들이 이상한 징조라 하였음.

【제8장】 (환조의 일)

[태자太子] 장래 황제의 자리를

물려받은 아들. 여기서는 주나라 태왕의 뒤를 이을 아들을 뜻한 말.

[ᄀᆞᆯᄒᆡ샤] 가리시어.

[형兄] 계력季歷의 형 태백泰伯을 가리킴.

[일어시ᄂᆞᆯ] 작정되었거늘.

[성손聖孫] 여기서는 태왕의 손자인 무왕을 가리킴.

[세자世子] 장래 왕의 자리를 물려받을 아들. 여기서는 도조의 뒤를 이을 아들을 뜻한 말.

[제명帝命] 원나라(元) 황제의 명.

[聖子] 여기서는 환조桓祖의 아들인 태조를 가리킴.

【글뜻】 태왕의 태자를 하늘이 계력季歷으로 가리어, 그 형 태백이 양보하기로 작정 되었거늘, 계력의 손자 무왕을 하늘이 내었다.

도조의 세자를 하늘이 환조桓祖로 가리어, 원나라 황제의 명으로 그렇게 나왔거늘, 환조의 아들 태조를 하늘이 내었다.

【사실】 태왕이 계력으로 태자 삼을 뜻을 가진 줄을 태백이 알고 다음 아우 중옹仲雍과 더불어 멀리 나가 버렸음.

도조의 맏아들 자흥子興이 뒤를 이었다가 곧 죽고 그 아들이 어리므로, 원나라 황제의 명에 의하여 도조의 둘째 아들 환조桓祖가 뒤를 이었음.

【제9장】 (태조의 일)

115[봉천토죄奉天討罪] 천명을 받들어 죄 있는 자를 침. 무왕이 은주殷紂를 침을 말함임.

[몯더니] 모이더니.

[성화聖化] 거룩한 덕화. 여기서는 태왕 이래 역대의 덕화를 말함임.

[서이西夷] 서쪽 여러 족속 사람들.

116[창의반사唱義班師] 정의를 주장하여 군사를 돌이킴. 태조가 우왕禑王의 명에 못 이기어 요동遼東을 치러 가다가 압록강

위화도威化島에서 장마 비에 막혀 하늘 뜻임을 알고 조정의 간신奸臣들을 없애려고 군사를 돌이켰음.

[천리인민千里人民] 두만강 근처의 백성들을 가리킨 말.

[성화聖化] 여기서는 목조 이래 선조들의 덕화를 말함임.

[북적北狄] 북방 여진女眞 사람들.

【글뜻】 봉천토죄할 제 각처 제후가 모이더니, 역대의 덕화가 오래인지라, 서쪽 여러 족속들도 모이어 왔다.

창의 반사할 제 천리 밖의 백성들이 모이더니, 조상 때부터 덕화가 깊은지라, 북방 여진 사람들도 모이어 왔다.

【제10장】 (태조의 일)

[일부一夫] 한 개인. 임금 자격이 없게 된 사람이란 뜻으로 은주殷紂를 가리킨 말. 맹자의 말에 "문주일부주의 미문시군야聞誅一夫紂矣 未聞弑君也"라 함이 있고, 그 주해에 "일부언중반친리 불복이위군야一夫言衆畔親離 不復以爲君也"라 하였음.

[유독流毒] 백성에게 해독을 끼침. 서경書經에 "일부언중반친리 불복이위군야一夫言衆畔親離 不復以爲君也"이란 말이 있음.

[아후我后] 사모하는 임금. 백성들이 내 임금이라고 생각하는 무왕이란 말.

[기드리ᅀᆞᄫᆞᆼ] 기다리와.

[현황광비玄黃筐篚] 폐백幣帛을 담은 대그릇. 서경書經에 "비궐현황篚厥玄黃"이란 말이 있음. 옛날 예법에 웃어른을 처음 뵈려면 예물로 폐백을 드리는데, 하늘빛을 상징한 감장빛과 땅빛을 상징한 누른빛의 비단을 썼음.

116[광부狂夫] 미친 개인. 고려 왕 우왕禑王을 가리킨 말.

[사학肆虐] 포학한 일을 맘대로 함.

[의기義旗] 정의의 깃발. 곧 압

록강에서 송경松京으로 돌아오는 깃발.

[단식호장簞食壺漿] 도시락 밥과 병에 담은 국물. 맹자에 "단식호장 이영왕사簞食壺漿 以迎王師"란 말이 있음.

【글뜻】 개인 주紂가 해독을 끼치므로, 백성들이 사모하는 무왕을 기다리어, 폐백을 들고 길에서 바라고 있었다.

미친 우禑가 포학을 함부로 하므로, 백성들이 태조의 깃발을 기다리어 음식을 들고 길에서 바라고 있었다.

【제11장】 (태조의 일)

[우예虞芮] 문왕 때 주나라 동쪽에 있던 두 나라 이름.

[질성質成] 시비의 공평한 해결을 구함. 우虞와 예芮의 임금이 밭을 서로 가지려고 다투다가, 문왕에게 가서 시비를 가리려고 주나라 국경에 들어선즉 농부들이 서로 밭고랑을 사양하고, 다니는 사람이 서로 길을 비켜 주며, 읍내에 들어가 본즉 남녀가 따로 다니고 늙은이가 짐을 들지 않으며, 서울에 들어가 본즉 선비가 벼슬을 사양하고, 벼슬아치가 높은 벼슬을 사양하니, 두 임금이 문왕을 보기 전에 서로 부끄러운 말로 화해하고 돌아와서 밭을 서로 사양하여 묵밭이 되었고, 이 말을 두고 40여 나라가 주나라로 와서 붙었다 함.

[ᄒᆞᄂᆞ로] 한 때문으로. 한 일로 인하여.

[방국方國] 사방의 나라들이.

[해] 많이.

[지덕至德] 지극한 덕. 천하의 3분의 2가 자기에게 돌아왔으되, 그로써 은나라를 섬긴 문왕의 덕을 말함.

[독부獨夫] 동정해 줄 이 없는 고독한 일개인.

[수受ㄹ] "수受"를. "수受"는 주紂의 이름임. 왕호王號로는 "신辛"이요, "주紂"는 그 시호諡號임.

[위화威化] 압록강에 있는 섬. ("울헤셤"이라 하였음).

[진려振旅] 행군을 중지함.

[여망輿望] 민중의 신망.

[몯ᄌᆞᄫᆞ나] 모이오나.

[지충至忠] 지극한 충성. 고려 왕실을 부흥시키려고 애쓴 태조의 충성을 말함.

[중흥주中興主] 침체한 왕실을 다시 일으킬 임금. 여기서는 공양왕恭讓王을 이른 말.

【글뜻】 우와 예가 화해된 일로 인하여 사방의 나라들이 많이 모이어 왔으나, 문왕은 지극한 덕이므로 천자 아니 되고 은주를 그냥 섬기었다.

위화도에서 군사를 돌이킨 일로 인하여 민중의 신망이 다 모이었으나, 태조는 지극한 충성이므로 임금 아니 되고 고려 부흥시킬 임금을 세웠다.

【제12장】 (태조의 일)

116[오년五年] 여기서는 여유 있는 여러 해라는 뜻으로 쓴 말.

[학정虐政] 포학한 정치.

[더을ᄊᆡ] 더하므로.

[도과倒戈] 창을 거꾸로 쥠. 곧 반기叛旗를 들고 혁명을 일으킴.

[선고先考] 돌아간 아버지. 여기서는 문왕을 가리킨 말.

[참소讒訴] 무고誣告. 죄 없는 사람을 죄 있는 양으로 거짓말을 만들어 웃사람에게 고함.

[흉모兇謀] 흉악한 모략.

[권진勸進] 임금 자리에 오르기를 권함.

【글뜻】 여러 해를 두고 봐도 은주가 회개하지 못하여 포학한 정치가 날마다 더하므로, 무왕이 부득이 반기를 들게 되어 은나라를 끝까지 섬기려던 문왕의 뜻을 그대로 완수하지 못했다.

공양왕을 세웠던 첫날에 태조를 시기하는 자의 참소를 들어 죽이려는 모략이 나날이 심하므로, 왕위에 오르라는 중신들의 권을 듣게 되어 고려를 부흥시키려던 평소의 뜻을 그대로 완수하지 못했다.

【제90장】 (태종의 일)

117[하건마ᄅᆞᆫ] 많건마는.

[계우니] 겨우니. 못 이기니.

[지ᄒᆞ신 일훔] 지으신 이름.

[배얀마ᄅᆞᆫ] 뒤집히건마는.

【글뜻】 두 형제 꾀 많건마는 약이 하늘을 못 이기니, 아버님이 지어 주신 이름이 과연 어떠한가?

동행하던 두 배는 뒤집어졌건마는 바람이 하늘을 못 이기니, 어머님이 들은 말이 과연 어떠한가?

【사실】 당 태종의 두 형제가 태종을 죽이려고 술에 독약을 타서 먹였으되 죽지 않았는데, 태종의 어렸을 때 누가 보고 "장래 세상을 건지고 백성을 편하게 하리라"하므로 이름을 "세민"世民이라 지었었음.

태종이 남경南京에 갔다가 배를 타고 올 때 풍랑이 일어나 다른 두 배는 뒤집어 졌으되 태종의 배는 무사했는데, 태종의 어렸을 때 누가 보고 그 어머니더러 "이 아이가 천명天命이 있다"고 했었음.

【제91장】 (태종의 일)

117[이받ᄌᆞᄫᆞᇙ] 이바지할. 잔치할.

[하ᅀᆞᄫᅡ] 참소하와.

[뵈ᅀᆞᄫᆞᇙ] 뵈오실.

[여희신] 여의신. 잃으신.

[슬ᄊᆞᄫᅡ] 슬퍼하와.

[일ᄏᆞᄅᆞ시니] 일컬으시니이다. 칭찬하시니이다.

【글뜻】 아버님 모시고 잔치할제 어머님 생각하신 눈물을 옆엣 사람들이 참소하여 아버님이 성내었다.

아버님 뵈오실 제 어머님 여의신 눈물을 옆엣 사람들이 슬퍼하여 아버님이 칭찬했다.

【사실】 당 태종이 궁중 잔치 때 죽은 어머니 생각으로 눈물을 흘렸더니, 총희寵姬들이 저희를 미워하여 우는 것이라고

참소하여 고조高祖가 태종을 꾸짖었음.
태종이 어머니 상사 중에 아버지를 뵙고 섧게 울매, 보는 이들이 다 슬퍼하고 태조도 그 효성을 칭찬했음.

【제93장】 (태종의 일)
[재궁梓宮] 황제의 널棺.
[ᄃᆞᆺᄉᆞ샤] 사랑하시어.
[고평高平] 중국 산서성의 골 이름.
[배천지업配天之業] 임금 되는 일. 서경書經에 "덕배어천德配於天"이란 말이 있음.
[산륙山陸] 임금의 뫼.
[속촌粟村] 태종 어머니의 능소 있는 동네 이름.
【글뜻】 아버님 관을 차마 못 떠나서 고평에 아니 갔더면, 왕업이 어찌 굳어졌으리요?
어머님 능소를 차마 못 잊어서 속촌으로 돌아오셨더면, 건국의 공을 어찌 이루었으리?
【사실】 후주後周 세종世宗이 몽상蒙喪 중에 갑자기 쳐 들어오는 북한北漢 군을 고평에 나가 막았기 때문에 나라가 보전되었음.
태종이 어머니 능소를 모시고 있을 때, 해주海州에 사냥 갔다 낙상하여 돌아오는 태조를 중도에 나가 보고, 바로 모시고 개성에 달려가, 문병問病으로 온 정몽주를 죽이어 건국을 쉽게 했음.

【제110장】 (경계의 말)
118[사조四祖] 목조, 익조, 도조, 환조.
[현] 몇. 얼마.
[고ᄃᆞᆯ] 곳을. 목조가 전주에서 삼척, 덕원, 경흥, 오동斡東에, 익조가 블근셤, 덕원에, 환조가 개성에 옮았음.
[지븨] 집에.
[구중九重] 구중 궁궐. 아홉 겹의 대문 안에 있는 깊은 데란 뜻.

【제114장】 (경계의 말)
118[ᄂᆞ리오리라] 내리오려고. 곧

하늘이 태조에게 큰 왕업을 내리어 주려고.

[근골筋骨] 힘줄과 뼈. 곧 육체.

[ᄀᆞᆺ고샤] 가쁘게 하시어. 괴롭게 하시어.

[옥체玉體] 고귀高貴한 이의 몸.

[창반創瘢] 상처와 헐미. 태조가 홍건적紅巾賊을 칠 때 오른 귓뒤를 창에 찔리고, 운봉雲峰에서 왜적에게 왼 무릎을 화살로 맞았음.

[병위兵衛] 군병으로 호위함.

[엄연儼然] 씩씩하고 으리으리함.

[수공垂拱] 옷을 늘어뜨리고 손을 팔짱끼이 아무 일도 아니함. 서경書經에 "수공이천하치垂拱而天下治"라 함이 있음.

[임조臨朝] 조정에 임함. 신하들을 거느림.

【제116장】 (경계의 말)

[강시僵尸] 뻣뻣이 죽은 송장. 고려 우왕禑王 때 왜적이 삼남에 침입하여 죽인 송장이 길에 널리었었는데, 태조가 보고 마음이 아파 침식을 폐했음.

[그쳐시니] 그치어 계시니. 그치셨으니.

[민천旻天] 가을 하늘. 만물을 불쌍히 여기는 하늘.

[쁜디시리] 알뜰히 돌보시리.

[민막民瘼] 백성의 고통.

【제121장】 (경계의 말)

119[내그에] 나에게.

[모딜언마ᄅᆞᆫ] 모질건마는.

[브려시니] 부리어 계시니. 부리셨으니. 태종이 정몽주의 자손과 방석芳碩의 부하들을 벼슬시켜 부렸음.

[ᄒᆞ믈며] 하믈며. 더군다나.

[곤직袞職] 임금의 직분.

[돕ᄉᆞᄫᆞ려] 돕사오려고.

[면절정쟁面折廷爭] 임금의 잘못을 면대하여 꺾고 조정에서 논쟁함.

【제125장】 (경계의 말)

[천세千世 우희] 상고 때에.

[정定ᄒᆞ샨] 정하신. 하늘이 정

하여 놓온. 단군 때 신지神誌가 한양에 이 씨의 건국이 될 것을 예언함이 있다 함.

[한수북漢水北] 한양. 곧 지금의 서울.

[누인累仁] 여러 대의 어진 덕.

[복년卜年] 지정된 햇수.

[성신聖神] 거룩하고 신성한 이가.

[니ᄉᆞ샤도] 이으시어도.

[경천근민敬天勤民] 하늘을 공경하고 백성을 끊임없이 생각함.

[ᄒᆞ샤ᅀᅡ] 하시어야.

[님금하] 임금이시여.

[낙수洛水] 중국 황하黃河의 한 지류支流. 섬서성陝西省에서 발원하여 하남성河南省 낙양洛陽에서 황하로 들어감.

[산행山行] 사냥. 하나라(夏) 우왕禹王의 손자 태강太康 왕이 사냥을 즐기어 낙수에 사냥 가서 십 순十旬이 되도록 아니 돌아오매, 유궁후예有窮后羿가 폐하여 버렸음.

[하나빌] 할아비를.

30. 옛 시조 (8)

[태종] 조선 조 셋째 임금. (단 3703—3752. 재위 3734—3751).

120[하여가] 태종이 혁명을 계획할 쌔 정몽주의 뜻을 보려고 잔치 자리에서 읊은 노래.

[만수산] 개성 서쪽에 있는 산. 고려 일곱 왕릉이 있음.

[드렁츩] 넌출이 들엉긴 칡.

○

[변계량] 태종 때 대제학. 호는 춘정春亭. (단 3702—3763).

[슳은] 싫은.

[의] 옳은 일.

[말리] 않으리라.

[천성] 타고난 본성.

[삼긴대로] 생긴대로

○

[황희] 세종 때 영의정. 호는 방촌厖村. (단 ?—3785).

[강호] 강과 호수가 있는 시골

[하다] 많다.

[뫼헤] 산에.

[엄 기는] 싹이 자라는.

[약] 약초.

○

[대초] 대추.

[볼] 꼭지 쪽의 통통한 부분.

[뜯들으며] 뚝뚝 떨어지며.

[뷘] 벤.

[그루] 그루터기.

[체 장사] 체를 파는 장수.

[붙임] 이 두 시조는 지은이를 황희로 적은 데도 있고 무명씨無名氏로 적은 데도 있음.

○

[맹사성] 세종 때 좌의정. 호는 고불古佛. (단 2693—2764).

[겨월] 겨울.

[기피] 쌓인 깊이가.

[자히] 한 자가.

[빗기] 비슥이.

[누역] 도롱이.

[칩디] 춥지.

[아니해옴도] 아니하옴도.

[역군은이샷다] 또한 임금의 은혜이시로다.

○

[길재] 고려 우왕禑王 때 주서注書. 호는 야은冶隱. (단 3686—3751).

121[도읍지] 서울이었던 개성開城

[필마로] 말 한 마리 타고.

[의구하되] 예와 같되.

[인걸] 잘난 사람들.

[태평연월] 태평한 시절의 평화스러운 풍경.

○

[이존오] 고려 공민왕恭愍王 때 정언正言. 호는 고산孤山. (단 3974—3704).

[이셔] 있어.

[임이] 임이로. 맘대로.

[단니며서] 다니면서.

[붙임] 이 시조는 지은이를 이존오로 적은 데도 있고 무명씨로 적은 데도 있음.

○

[정몽주] 고려 공양왕恭讓王 때 문하시중門下侍中. 호는 포은圃隱. 이학理學의 대가大家. 고려 왕실王室

을 붙들려다가 태종에게 죽었음. (단 3670—3725).

[단심가] 태종의 하여가에 화답한 노래.

[백골] 죽은 사람의 뼈.

[진토] 먼지와 흙.

[가실 즐이] 변할 이가.

[이시랴] 있으랴.

○

[이색] 고려 공민왕 때 문하시중門下侍中. 호는 목은牧隱. 유학儒學의 대가大家. (단 3661—3729).

[잦아진] 자지라져 붙은.

[머흘에라] 뭉클뭉클 험하구나.

○

[최형] 고려 우왕 때 팔도도통사八道都統使. (단 3649—3721).

[녹이] 옛날 좋은 말의 이름.

[상제] 옛날 좋은 말의 이름.

[살지게] 살찌게.

[용천] 옛날 좋은 칼의 이름.

[설악] 옛날 좋은 칼의 이름.

[위국 충절] 나라를 위한 충성의 절개.

[붙임] 이 시조는 지은이를 최형으로 적은 데도 있고 무명씨로 적은 데도 있음.

○

[이조년] 고려 충혜왕忠惠王대 예문관 대제학藝文舘大提學. (단 3602—3676).

122[이화] 배꽃

[월백하고] 달이 환하게 비치고.

[은한] 은하수.

[삼경] 하룻밤을 다섯으로 나눈 셋째. 곧 한밤중.

[일지 춘심] 꽃을 보고 일어나는, 봄철의 애틋한 심회.

[자규] 소쩍새.

[아랴마는] 알랴마는.

123[다정] 애틋한 정이 많음.

[양하야] 듯하여. 것 같아서.

○

[우탁] 고려 충숙왕 때 성균 좨주成均祭酒. 호는 역동易東. (단 3594—3675).

[적은덧] 잠간 동안.

[마리 우헤] 머리 위에.

[불리고저] 불게 하고 싶으이.

[귀밑] 살쩍.

[해묵은 서리] 늙어서 센 머리를 비유한 말.

31. 靑山別曲(청산별곡)

고려 때 노래. 지은이 모름. 악장가사樂章歌詞에 실림.

[살어리 살어리랏다] 살만도 살만도 하더라.

[멀위랑] 머루랑.

[얄리얄리 얄랑셩 얄라리 얄라] 감탄으로 부르는 소리.

[우러라] 우는구나.

[니러] 일어나.

[널라와] 너보다.

[시름 한] 근심 많은.

[우니노라] 자꾸 우노라.

123[가던 새]날아 가던 새.

[본다] 보았느냐.

[잉무든] "잇무든"(이끼 묻은)인 듯? 두시언해(9권 28)에 "온 몸이 ᄒᆞᆫ가지로 잇무뎃도다"(백신일매태百身一莓苔)라 함이 있음.

[장글란] 쟁길랑은.

[이링공 뎌링공] 이렁 저렁.

[나즈란] 낮을랑은.

[디내와손뎌] 지내왔을망정.

[오리도 가리도 업슨] 올 이도 갈 이도 없는.

[바므란] 밤을랑은.

[호리라] 하올 것인가.

[어듸라] 어디이라.

[더디던] 던지던.

[돌코] 돌인고.

[누리라] 누구를이라.

[마치던] 맞히던.

[믜리도] 미워할 이도.

[괴리도] 사랑할 이도.

[마자셔] 맞아 가지고.

[바ᄅᆞ래] 바다에.

[ᄂᆞᄆᆞ자기] 나문재. 해홍채海紅菜.

[구조개] 굴조개.

124[드로라] 듣노라.

[에졍지] 알 수 없음. 혹 "어디

든지"의 뜻.

[사ᄉᆞ미] 사슴이.

[짒대] 긴 말뚝.

[올아셔] 올라서.

[해금奚琴] 깡깡이.

[혀거를] 켜더라 함을.

[가다니] 가더니.

[ᄇᆡ브른] 중툭이 불룩한.

[도긔] 독에.

[설진 강수를] 살찐 강술을, 곧 진한 전국 술을.

[비조라] 빚노라.

[조롱곳 누로기] 조롱박 꽃을 박은 누룩.

[ᄆᆡ와] 독하여.

[잡ᄉᆞ와니] 붙잡사오니. 곧 술이 나를 못 가게 하오니.

32. 西京別曲(서경별곡)

고려 때 노래. 지은이 모름. 악장가사樂章歌詞에 실림.

124[서경西京] 평양. 고려 태조 때부터 일컫던 말.

[아즐가] 감탄으로 부르는 소리.

[셔울히마르는] 서울이지마는.

[위] 감탄으로 부르는 소리.

[두어렁셩] 감탄으로 부르는 소리.

[다링디리] 감탄으로 부르는 소리.

[닷곤ᄃᆡ] 닦으온 데.

[쇼셩경] 작은 서울(小城京).

[고외마른] 괴오이다마는. 사랑하오이다마는.

[여ᄒᆡ므론] 여읨으로는. 이별하기 보다는.

[질삼뵈] 길쌈하는 베.

[ᄇᆞ리시고] 버리고.

[괴시란ᄃᆡ] 사랑하실찐대.

[우러곰] 울면서.

[좃니노이다] 따라가노이다.

125[디신ᄃᆞᆯ] 떨어진들.

[긴히ᄯᆫ] 끈이야.

[그츠리잇가] 끊어지리이까.

[나ᄂᆞᆫ] 감탄으로 부르는 소리.

[즈믄] 천千.

[외오곰] 외따로. 홀로.

[녀신될] 가신들.

[신信잇 뚠] 신이야.

[너븐디] 넓은지.

[빅 내여] 배를 내어.

[노훈다] 놓았느냐.

[샤공아] 사공아.

[네가시] 네 아내가.

[럼난디] "넘난디"(정욕情慾난지)인 듯?

[녈빅예] 갈 배에.

[연즌다] 얹었느냐. 태웠느냐.

[고즐여] 꽃을. ("여"는 군소리임) 예쁜 사람을.

[빅타들면] 배를 타거드면.

[것고리이다] 꺾으오리이다. 얻으오리이다.

33. 가시리

고려 때 노래. 지은이 모름. 악장가사樂章歌詞에 실림.

126[가시리 가시리 잇고] 가시려 가시려나이까.

[나는] 감탄으로 부르는 소리.

[위 증즐가] 감탄으로 음악에 맞추는 소리.

[대평성대大平盛大] 즐거운 흥을 나타내어 부르는 말.

[날러는] 날랑은.

[잡ᄉᆞ와] 붙잡아.

[두어리마ᄂᆞᄂᆞᆫ] 둘 일이지마는.

[선ᄒᆞ면] 서운하면. 토라지면.

[셜온님] 내게 설우온 임.

[가시ᄂᆞᆫ 둣] 가시는 길로 곧.

[도셔] 되돌아 서서.

34. 鄭石歌(정석가)

고려 때 노래. 지은이 모름. 악장가사樂章歌詞에 실림.

127[딩아 돌아] 알 수 없음. 아마 "딩"은 성이요 "돌"은 이름인 듯(?)

[계샹이다] 계시사이다. 계셔 주소서.

[선왕선대先王聖代] 태평성대泰平聖代의 뜻.

[노니ᄋᆞ와지이다] 놀고 지내옵사이다.

[삭삭기 셰몰애] 사각사각한 세

모래.
[별헤] 벼랑에.
[나논] 감탄으로 부르는 소리.
[구은 밤] 구운 밤.
[심고이다] 심그오이다.
[삭 나거시아] 싹이 나야.
[님믈] 임을.
[여히ᄋᆞ와지이다] 이별하옵사이다.
[사교이다] 새기오이다.
[접주接柱ᄒᆞ요이다] 접붙이오이다.
[삼동三同이] 세 줄기로.
[퓌거시아] 피어야.
[므쇠] 무쇠.
[텰릭] 철릭天翼. 허리에 주름잡아 만든 공복公服.
[몰아] 마로재어.
[바고이다] 박으오이다.
[헐어시아] 해져야.
[한쇼] 황소.
[디여다가] 부어 만들어다가.
[철수산鐵樹山] 쇠나무 자란 산.
[노호이다] 놓아 두오이다.
[철초鐵草] 쇠풀.
[머거아] 먹어야.
[디신돌] 떨어진들.
[긴힛돈] 끈이야.
[그츠리잇가] 끊어지리이까.
[즈믄 ᄒᆡ롤] 천년을.
[외오곰 녀신돌] 외따로 가신들
[신信잇돈] 신信이야.

35. 動動(동동)

고려 때 노래. 지은이 모름. 악학궤범樂學軌範에 실림.

129[으란] 을랑은.
[곰ᄇᆡ예] 뒤에로.
[받즙고] 바치압고.
[림ᄇᆡ예] 앞에로.
[덕德이여] 덕이며.
[호놀] 하온 것을.
[나ᄋᆞ래] 나수러. 드리려고.
[오소이다] 오사이다. 옵시다.
[아으] 감탄으로 부르는 소리.
[동동動動다리] 북 치는 소리.
[나릿므른] 냇물은.
[어져 녹져 ᄒᆞ논ᄃᆡ] 얼고자 녹

고자 하는데.

[누릿 가온ᄃᆡ] 세상에.

[나곤] 나고는. 나고서는.

[몸하] 몸아.

[ᄒᆞ올로] 홀로.

[녈셔] 갈 것이여. 지낼 것인가.

[보로매] 브름에.

[현] 켠.

[다호라] 같아라. 같구나.

[즈이샷다] 얼굴이시로다.

[나며] 되며. 시작되며.

[개開ᄒᆞᆫ] 핀.

[만춘滿春ᄃᆞᆯ] 모춘暮春 달.

[욋고지여] 오얏 꽃이며.

[ᄂᆞᄆᆡ 브롤 즈을] 남의 부러워 할 얼굴을.

130[디녀 나샷다] 지니고 나오시 도다.

[니지] 잊고서.

[오실셔] 오시는구나.

[곳고리새여] 꾀꼬리새여.

[므슴다] 어찌타. 어찌하여.

[녹사錄事니ᄆᆞᆫ] 관리님은.

[닛고신뎌] 잊고 계신가.

[수릿날] 단옷날.

[즈믄힐] 천년을.

[장존長存ᄒᆞ샬] 장수하실.

[별헤] 벼랑에.

[ᄇᆞ룐 빗] 버린 빗.

[젹곰] 조금. 잠간.

[좃니노이다] 따라 가나이다.

[백종百種] 여러 가지 과실이나 농산물 따위.

[배排ᄒᆞ야 두고] 차리어 놓고.

131[ᄒᆞᆫᄃᆡ] 함께.

[녀가져] 살아 가고자.

[가배嘉俳나리마ᄅᆞᆫ] 가윗날이다 마는

[녀곤] 가고는. 가고야.

[고지] 꽃이.

[안해] 집안에.

[새셔가] 세서歲序가(?)

[만ᄒᆞ애라] 늦었구나(?)

[져미연] 저민(가늘게 저며 놓은).

[ᄇᆞᄅᆞᆺ] 보리수.

[것거] 꺾어.

[ᄒᆞᆫ부니] 한 분이.

[봉당] 흙바닥으로 된 방.

[자리] 잘자리.

132[汗衫] 손을 덮도록 소매를 길게 만든 홑적삼.

[두퍼] 덮어.

[슬홀ᄉᆞ라온뎌] 가련스럽구나.

[고우닐] 고운 이를.

[싀싀옴 녈셔] 스스로 두고 갈 것인가. 제각금 지낼 것인가.

[분디남ᄀᆞ로] 분디나무로.

[갓곤] 깎은.

[나ᄋᆞᆯ반盤잇] 나술 소반에 있는.

[져] 젓가락.

[알ᄑᆡ] 앞에.

[드러] 받들어.

[얼이노니] 한데 합치노니.

[소니] 손님이.

[가재다] 가져다.

[므ᄅᆞ웁노이다] 입에 무옵나이다.

36. 鄭瓜亭(정과정)

[정서] 고려 의종 때 내시랑중內侍郎中. 호는 과정瓜亭. 의종 5년(단 3484)에 환자宦者들의 무고誣告를 입어 고향인 동래東萊로 귀양 가게 되어, 떠날 때 왕이 "오늘 일은 조정 의논에 못 이기어 된 것이니, 뒤에 다시 부르겠노라." 하였는데, 그 뒤 오래 기다려도 부름이 없으므로 의종 20년 경에 이 노래를 지어 거문고를 탔음. 그 뒤 의종 24년에 다시 불리었음. 노래는 악학궤범樂學軌範에 실려 있음.

[님믈] 임을.

[그리ᄉᆞ와] 그리워하와.

[우니다니] 늘 울더니.

[산山졉동새] 소쩍새.

[난 이슷ᄒᆞ요이다] 나는 비슷하오이다.

[아니시며] 사실이 아니며.

[거츠르신 돌] 허황한 줄. 거짓말인 줄.

[아으] 감탄하는 소리.

[님은 ᄒᆞᆫᄃᆡ 녀져라] 임과 함께 지내고 싶어라.

[벼기더시니] 우기던 이가.

[뉘러시니잇가] 누구더이까.

[믈힛마러신뎌] 잘 알 수 없음. "맨헛말이니이다"의 뜻? 혹 "뭇 헐뜯는 말이니이다"의 뜻?

[솔웃브뎌] 슬프도다.

[ᄒᆞ마] 벌써.

133[니ᄌᆞ시니잇가] 잊으셨나이까.

[아소] 맙소서.

[님하] 임이시여.

[도람 드르샤] 마음 돌려 들으시어. 생각 돌이킴을 들으시어.

[괴오쇼셔] 사랑하소서.

37. 思母曲(사모곡)

고려 때 노래. 지은이 모름. 악장가사樂章歌詞에 실림.

[호ᄆᆡ] 호미.

[놀히언마ᄅᆞᄂᆞᆫ] 쇠붙이의 연장이지마는.

[낟 ᄀᆞ티] 낫과 같이.

[어이어신마ᄅᆞᄂᆞᆫ] 어버이시지마는.

[위 덩더둥셩] 감탄으로 부르는 소리.

[괴시리] 사랑하실 이.

[아소] 말 마오.

38. 相杵歌(상저가)

고려 때 노래. 지은이 모름. 시용향악보時用鄕樂譜에 실림.

[듥긔동] 방아 찧는 소리.

[디히] "디허"인 듯. "찧어"의 뜻.

[히얘] 감탄으로 부르는 소리.

[게우즌] "지룩한. 누긋한"의 뜻인 듯.

[지ᅀᅥ] 지어.

[히야해] 감탄으로 부르는 소리.

[내머고리] 내가 먹으오리.

39. 維鳩曲(유구곡)

고려 때 노래. 지은이 모름. 시용향악보時用鄕樂譜에 실림.

134 [비두로기새] 비들기.

[우루ᄃᆡ] 울되.

[버곡댱이ᅀᅡ] 뻐꾸기야.

[난 됴해] 나는 좋의.

40. 井邑詞(정읍사)

지은이 모름. 신라 때 옛 백제 지방인 정읍에 사는 어떤 행상行商의 부인이 오래 돌아오지 않는 남편을 걱정하여 지은 노래. 악학궤범樂學軌範에 실림.

[둘하] 달아.

[노피곰] 높이쯤.

[어긔야] 감탄으로 부르는 소리.

[머리곰] 멀리쯤.

[비취오시라] 비치고 있어지라.

[어강됴리] 감탄으로 부르는 소리.

[아으] 감탄으로 부르는 소리.

[다롱디리] 감탄으로 부르는 소리.

[져재] 저자.

[녀러신고요] 가 계신가요.

[즌딕] 진 데. 땅이 진 곳.

[드딕욜셰라] 디디올쎄라. 디딜까 두려워라.

[어느이다] 어디다. 어디다가든지.

[노코시라] (짐을)놓고 계셔지라.

[내] 나의. 곧 우리 임의.

[가논딕] 가는 데.

[졈그롤셰라] 저물쎄라.

41. 願往生(원왕생) 노래

[광덕의 아내] 신라 문무왕文武王 때 중 광덕의 아내. 이 노래는 불교의 굳은 신앙으로 아미타불阿彌陀佛을 사모하여 극락세계에 왕생하기를 간절히 원한 것임.

[月下(달하)] 달님이시여.

[西方念丁(꺼정)] 서쪽의 아미타불 계시는 정토국淨土國, 곧 극락 세계까지.

[去賜里遣(가샤리고)] 가시려나이까.

[無量壽佛] 아미타불을 일컫는 말.

[惱叱古音多可攴(닏곰다가)] 일러다가.

[白遣賜立(숣고샤셔)] 사뢰소서.
[誓音(다짐)] 맹세. 약속.
[深史隱(깊으샨)] 깊으신.
[尊衣希(에게)] 당신(아미타불)에게.
[仰攴(우럴이)] 우러르옵게. 우러러서.
[集刀花乎白良] 모으오아.
[願往生] 극락 세계에 왕생하기를 원하고 원하는.
[慕人(그릴 사람)] 그리는 사람.
[有如(있다)] 있다고.
[阿邪(아으)] 아아.
[遺也(끼쳐)] 남겨. 버려.
[四十八大願] 아미타불이 부처 되기 전에 세자재왕불世自在王佛에게 세운 48가지 큰 소원.
[成遣賜去(일고샬가)] 이루어지실까.

표준 옛글

정가定價 300 환圜

단기檀紀 4288년年 3월月 16일日 인쇄印刷

단기檀紀 4288년年 3월月 20일日 발행發行

편자編者 이병기李秉岐

정인승鄭寅承

인쇄印刷 고려시보사공무국高麗時報社工務局

(No. 162. 4288.1.19.)

발행처發行處

서울특별시特別市 중구中區 을지로乙支路 5街 77

신구문화사新丘文化社

(등록燈錄No. 474. 4286. 10. 5)

[부록] 26권 교육학 Ⅱ 상세목록

7	문학독본 상	1948.8.30	상문당	이병기 편
8	표준 옛글(1,2,3 중1)	1955.3.20	신구문화사	이병기, 정인승 엮음

가람 이병기 전집 ㉖

교육학 Ⅱ(문학독본 상 · 표준 옛글)

지은이 이병기
펴낸이 양오봉
펴낸곳 전북대학교출판문화원

초판 1쇄 인쇄 2024. 12. 16
초판 1쇄 발행 2024. 12. 25

전북대학교출판문화원 전북특별자치도 전주시 완산구 어진길 32 (풍남동2가)
전화 (063) 219-5319~5322
FAX (063) 219-5323
출판등록 2012년 8월 20일 제465-2012-000021호

값 28,000원

ISBN 979-11-6372-240-3 04810
ISBN 979-11-87892-59-5(세트) 04810

* 이 책은 2024년도 익산시와 전라북도의 지원에 의해 간행되었습니다.